법인세법의 이해

2024

이선표 저

도서출판
어울림
www.aubook.co.kr

머리말

본 교재는 중소기업과 관련된 세무조정에 초점을 맞춰 체계적으로 정리하였다. 따라서 중소기업과 관련된 세무조정을 담당하는 기업체와 세무회계사무소의 실무자에게 기본적인 실무서 역할을 할 수 있을 것이며, 한편으로는 세무회계를 전공하는 학습자들에게 있어서 법인세법의 기초를 쉽게 이해할 수 있는 교재가 될 수 있을 것이다. 본 교재는 다음과 같이 구성하였다.

첫째, 법인세법의 체계와 흐름을 쉽게 이해하도록 정리하였다. 다시 말해, 본 교재는 방대한 내용보다 법인세법을 실무에서 적용하는 방법에 대해 간결한 방식으로 요약정리하고, 그것에 대한 예제를 활용하여 설명함으로써 법인세법을 처음 배우는 학습자라도 법인세법의 체계와 흐름을 이해할 수 있도록 정리하였다.

둘째, 기업체와 세무회계사무소에서 세무조정을 하는 실무자들이 활용할 수 있도록 실무에서 반복적으로 처리하는 내용을 중심으로 정리하였다. 즉, 실제 세무조정을 하면서 참고할 수 있도록 예제 중심으로 설명함으로써 실무에 활용할 수 있도록 정리하였다.

셋째, 세무조정에 있어서 활용될 수 있도록 주요 계정과목별로 구분하여 정리하는 방식으로 설명하고, 관련 서식에 대한 예제를 직접 작성하여 보여줌으로써 실무에서도 활용될 수 있도록 정리하였다.

넷째, 세무조정을 하면서 작성해야 하는 서식을 직접 작성할 수 있도록 설명하였다. 다시 말해, 주요 계정과목별 세무조정 항목에 대한 예제, 풀이 및 세무조정명세서 작성사례를 제시함으로써 전산세무회계프로그램을 이용하여 법인세신고를 하는 데 이해할 수 있도록 정리하였다.

이러한 의도를 반영하여 가능한 한 학습자의 관점에서 설명하였지만, 세무조정을 담당하는 실무자와 법인세법을 처음 배우는 학습자들에게 충분한 도움이 될 수 있는지는 독자들이 판단할 것이다. 따라서 본 교재의 내용에 대한 독자들의 의견과 비판을 경청하여 지속해서 수정 및 보완하도록 노력할 것이며, 가능한 한 예제를 통해 학습자들이 실무에 적용할 수 있도록 개정된 세법을 지속해서 반영하여 보완할 것이다.

끝으로, 이 교재가 나오기까지 여러모로 배려를 해 준 가족들과 동료 교수들에게 감사드리며, 또한 교재를 완성할 수 있도록 많은 도움을 준 도서출판 어울림의 허병관 사장님과 편집부 직원 여러분께 깊이 감사드립니다.

2024년 2월
저　자

제1장   법인세의 개요

제1절 ## 법인의 구분

1. 납세의무자

법인세는 법인을 납세의무자로 하고, 법인에 귀속되는 소득을 과세대상으로 하여 그 법인에 부과되는 조세이다.

법인세법의 적용을 받는 법인에는 법인설립등기를 함으로써 법인격을 취득한 법인뿐만 아니라 법인설립등기를 하지 아니하였으나 국세기본법의 규정에 따라 법인으로 보는 법인 아닌 단체1)도 포함된다.

법인세의 납세의무자인 법인은 본점 등의 소재지가 국내인지 여부에 따라 내국법인과 외국법인, 영리추구여부에 따라 영리법인과 비영리법인으로 구분되며 그 유형에 따라 과세소득의 범위에 차이가 있다. 여기서 영리란 단순히 이윤추구를 목적으로 하는 사업에 그치지 않고, 그러한 사업에서 발생한 이윤을 구성원(주주)에게 분배하는 것을 의미한다.

---

1) 당연 법인 의제 규정에 따른 법인 아닌 단체와 신청·승인에 의하여 법인으로 보는 법인 아닌 단체를 의미한다.

2. 법인의 유형별 구분

(1) 내국법인

내국법인이란 본점, 주사무소 또는 사업의 실질적 관리장소가 국내에 있는 법인을 말한다.

(2) 비영리내국법인

비영리내국법인이란 내국법인 중 다음의 어느 하나에 해당하는 법인을 말한다.

① 민법 제32조에 따라 설립된 법인
② 사립학교법이나 그 밖의 특별법에 따라 설립된 법인으로서 민법 제32조에 규정된 목적과 유사한 목적을 가진 법인
다만, 다음에 해당하는 조합법인 등이 아닌 법인으로서 그 주주·사원 또는 출자자에게 이익을 배당할 수 있는 법인은 비영리내국법인으로 보지 아니한다.
- 농업협동조합(조합공동사업법인 포함)과 그 중앙회
- 소비자생활협동조합과 그 연합회 및 전국연합회
- 수산업협동조합(어촌계 포함)과 그 중앙회
- 산림조합(산림계 포함)과 그 중앙회
- 엽연초생산협동조합과 그 중앙회
- 중소기업협동조합과 그 연합회 및 중앙회
- 신용협동조합과 그 연합회 및 중앙회
- 새마을금고와 그 연합회
- 대한염업조합
③ 국세기본법 제13조에 따른 법인으로 보는 단체

(3) 외국법인

외국법인이란 본점 또는 주사무소가 외국에 있는 법인(사업의 실질적 관리장소가 국내에 있지 아니하는 경우에 한함)을 말한다.

(4) 비영리외국법인

비영리외국법인이란 외국법인 중 다음에 해당하는 법인을 말한다.

① 외국의 정부와 지방자치단체

② 영리를 목적으로 하지 아니하는 법인(법인으로 보는 단체를 포함)

【법인의 구분】

본점의 소재지에 따른 구분	법인의 설립목적에 따른 구분
내국법인	영리법인
외국법인	비영리법인

3. 연결납세제도

(1) 정의

연결납세제도(consolidated tax return)는 모(母)법인과 자(子)법인이 경제적으로 결합되어 있는 경우 해당 모법인과 자법인을 하나의 과세표준과 세액을 계산하는 단위로 하여 각 사업연도 소득을 통산하여 법인세를 신고·납부하는 제도를 말한다. 이 제도는 일반적인 법인세제가 법률적으로 독립된 법인을 과세단위로 하는 개별납세제도(separate tax return)와 비교되는 과세방식이다. 이러한 연결납세제도는 연결재무제표 중심의 한국채택국제회계기준을 도입함에 따라 더욱 활성화될 것이다.

가령, 모회사인 甲의 과세소득이 500이고, 자회사인 乙과 丙의 과세소득이 각각 300, △400인 경우 예전에는 甲과 乙의 과세소득인 800에 대해 과세하였으나 연결납세제도에 의하면 甲, 乙 및 丙의 과세소득을 합산한 400에 대해서만 과세하는 것이다.

다시 말해, 연결납세방식이란 둘 이상의 내국법인을 하나의 과세표준과 세액을 계산하는 단위로 하여 법인세를 신고·납부하는 방식을 말하는 것으로, 경제적 동일성이 인정되는 기업의 다양한 조직형태(모법인과 자법인, 사업부제와 분사(分社))에 대한 조세중립성을 보장하여 기업경영의 효율성을 제고시킬 수 있고, 또한 경제적 실질에 맞게 과세함에 따라 조세부담에 있어서 수평적 공평과세를 제고시킬 수 있다.

(2) 연결법인의 범위

연결법인이란 연결납세방식을 적용받는 내국법인을 말하며, 연결집단에는 연결모법인과 연결자법인으로 구성된다. 여기서 연결모법인은 연결집단 중 다른 연결법인을 연결 지배하는 연결법인을 말하고, 연결자법인은 연결모법인의 연결지배를 받는 연결법인을 말한다. 이러한 연결모법인과 연결자법인은 관할 지방국세청장의 승인을 받아 연결납세방식을 적용할 수 있는데, 연결자법인이 2 이상인 때에는 해당 법인 모두가 연결납세방식을 적용하여야 한다. 다만 다음의 경우에 해당하는 법인은 연결납세방식 적용대상인 연결모법인과 연결자법인의 대상에서 제외된다.

① 비영리내국법인
② 해산으로 청산 중인 법인
③ 유동화전문회사 등 소득공제 적용대상법인
④ 동일기업과세특례를 적용하는 법인
⑤ 해운기업에 대한 법인세 과세표준계산특례를 적용하는 법인

그리고 다른 내국법인(비영리내국법인은 제외)으로부터 완전지배를 받는 법인은 연결모법인에서 제외된다.

(3) 연결과세표준의 계산

각 연결법인의 각 사업연도 소득금액에 연결수정(연결법인간 내부거래손익 제거 및 기부금·기업업무추진비 재계산 등 연결에 따른 추가적인 세무조정을 말함)을 하여 수정소득금액(결손금 포함)을 산출하고, 이를 통산하여 연결소득금액을 계산한다. 그리고 연결소득금액에서 연결이월결손금2, 비과세소득, 소득공제를 차감하여 과세표준을 계산한다.

단, 연결집단 결손이 발생한 경우 연결법인별 세액배분의 기준은 다음과 같이 계산한다. 즉, 연결집단의 각 연결사업연도 법인별 세액을 모든 연결법인 간 소득·결손금 크기에 비례하여 배분한다(①×②).

① 연결법인별 소득금액 또는 공제된 결손금
② 연결사업연도 결손 시 연계세율(A)

$$(A) = \frac{\text{연결사업연도 결손금} \times \text{법인세율}}{\text{연결법인의 연결조정 후 개별소득금액 및 개별 결손금의 합계액}}$$

---

2) 연결납세방식 적용 전 결손금은 연결 후 해당 법인의 소득금액 내에서만 공제하고, 타인의 지분을 취득하여 100% 출자 관계가 성립한 연결자법인의 결손금은 취득 후 15년간 해당 법인의 소득에서만 공제된다.

(4) 연결세액의 계산

연결과세표준에 법인세율을 적용하여 세액을 산출한다. 이때 토지 등 양도소득에 대한 법인세는 연결법인별로 계산하여 연결법인세액에 가산하고, 조세특례제한법에 의한 세액공제는 연결법인별로 적용하여 계산한 후 합산한 금액을 연결법인세액에서 차감한다. 그리고 중소기업에 대한 특례는 연결집단을 하나의 법인으로 보아 중소기업의 여부를 판정하여 적용한다. 다만, 연결 전 중소기업에 대하여는 4년간 중소기업 졸업유예기간을 적용한다.

(5) 신고·납부

연결모법인은 연결사업연도 종료일로부터 4개월 이내에 연결사업연도의 소득에 대한 과세표준과 세액을 신고하고 세액을 납부하여야 한다. 이처럼 연결납세방식의 신고납부의무는 연결모법인이 부담하되, 연결자법인은 연대납세의무를 진다. 따라서 연결자법인은 연결모법인의 법인세신고기한까지 연결법인별 산출세액에서 해당 법인의 감면세액, 중간예납세액, 원천징수된 세액 등을 차감하고, 가산세 등을 가산하여 연결모법인에게 지급하여야 한다.

1. 의의

법인세는 법인의 소득을 과세대상으로 하며, 현행 법인세법상 법인의 과세소득은 각 사업연도 소득, 청산소득, 토지 등 양도소득 및 미환류소득으로 구성되며, 법인의 유형에 따라 과세하는 과세소득의 범위는 다음과 같다. 다만, 내국법인 중 국가와 지방자치단체(지방자치단체조합을 포함)에 대하여는 법인세를 부과하지 아니한다.

【법인의 유형별 과세소득의 범위】

법인유형	과세소득유형	각 사업연도 소득	청산소득	토지 등 양도소득
내국법인	영리법인	국내외 모든 원천소득	있음	있음
내국법인	비영리법인	국내외 원천소득 중 수익사업 발생소득		있음
외국법인	영리법인	국내 원천소득	없음	있음
외국법인	비영리법인	국내 원천소득 중 수익사업 발생소득	없음	있음

2. 각 사업연도 소득

각 사업연도 소득은 가장 기본적인 과세소득으로서 사업연도별로 법인에 귀속되는 순자산의 증가액인 익금의 총액에서 순자산의 감소 금액인 손금의 총액을 차감하여 계산된다. 즉, 각 사업연도 소득은 법인이 일정 기간 정상적인 사업활동 등을 통해서 얻은 순자산의 증가액을 말한다.

① 내국법인은 국내에서 발생한 소득뿐만 아니라 국외에서 발생한 소득에 대해서도 각 사업연도 소득에 대한 법인세의 납세의무가 있다.

② 외국법인은 국내에서 발생한 소득(국내원천소득)에 대해서만 각 사업연도 소득에 대한 법인세의 납세의무가 있다.

③ 영리법인은 해당 법인에 귀속되는 모든 소득에 대하여 각 사업연도 소득에 대한 법인세의 납세의무가 있다.

④ 비영리법인은 고유목적사업(비영리사업)에서 발생하는 소득에 대해서는 법인세의 납세의무가 없으며, 법인세법에서 규정하고 있는 수익사업에서 발생하는 소득에 대해서만 각 사업연도 소득에 대한 법인세의 납세의무가 있다.

3. 청산소득

청산소득은 각 사업연도 소득으로 포착되지 아니하는 자산의 평가차액 등을 해산·합병 또는 분할의 단계에서 파악하여 과세하는 별개의 소득을 의미하며, 청산소득은 법인이 해산·합병 또는 분할로 소멸하는 경우에 잔여재산가액(합병·분할의 경우에는 합병대가·분할대가)에서 자기자본 총액을 차감하여 계산한다.

법인이 보유하고 있는 자산의 보유이득 등에 대하여 청산소득으로 과세함으로써 법인의 설립 시점부터 해산 시점까지 증가한 순자산에 대한 과세는 완결되는 것이다. 하지만 청산소득에 대한 법인세 납세의무는 영리내국법인에게만 있다. 왜냐하면, 비영리법인은 해산으로 인한 잔여재산을 구성원에게 배분하지 않고, 국가나 다른 비영리법인에게 귀속되기 때문이다. 또한, 외국법인의 경우 본점 등이 외국에 있으므로 청산소득의 계산이 불가능하기 때문이다.

4. 토지 등 양도소득

모든 법인은 지가가 급등하거나 급등할 우려가 있는 지역에 소재한 토지 등과 법으로 정한 주택 및 비사업용 토지를 양도한 경우 발생하는 양도소득에 대해서는 법인세의 납세의무가 있다. 토지 등 특정 자산을 양도함으로써 발생하는 양도소득은 양도가액에서 양도 당시의 법인세법상 장부금액을 차감한 금액으로 계산되며, 부동산 투기를 억제하기 위하여 토지 등 양도소득에 대하여는 각 사업연도 소득 또는 청산소득에 대한 법인세를 과세함은 물론 특별히 이중으로 과세하는 것이다.

따라서 각 사업연도 소득(청산소득)이 없거나 △인 경우에도 토지 등 양도소득이 있으면 별도로 납부해야 한다. 가령, 사업연도소득 100, 토지 등 양도소득 100이면 200에 대해 법인세를 납부하여야 한다. 그러나 사업연도소득 △50, 토지 등 양도소득 150이면 합산하여 100인 아닌 150에 대해 법인세를 납부하여야 한다.

1. 의 의

실질과세의 원칙은 공평과세의 이념을 구현하기 위하여 세법에 내재하는 당연한 원리로서 세법의 해석 또는 적용상 기준이 되는 대전제이므로 이를 세법에 법문으로 규정한 것이다. 즉, 실질과세의 원칙은 법문의 규정을 통하여 법적 효력을 갖게 되는 창설적 성격의 규정이라기보다는 선언적·주의적 성격의 규정으로 보는 것이 일반적이다.

세법에 실질과세의 원칙을 규정하지 아니하여도 과세소득을 납세의무자에게 귀속시킴에 있어서 형식보다 사실에 근거하여 정당하게 과세함으로써 공평과세를 구현하여야 하는 당연한 원리를 세법에 법문으로 규정하여 더욱 강조한 것이다.

2. 실질과세에 관한 규정

법인세법상 실질과세의 원칙은 국세기본법에 규정하고 있는 내용을 법인세법에서도 같게 적용하고 있는데, 그 내용에 따라 귀속에 대한 실질과세와 거래내용에 대한 실질과세로 구분할 수 있다.

(1) 귀속에 대한 실질과세

자산이나 사업에서 생기는 수익의 전부 또는 일부가 법률(명의)상 귀속되는 법인과 사실상 귀속되는 법인이 서로 다른 경우에는 그 수익이 사실상 귀속되는 법인에 대하여 법인세법을 적용한다.

(2) 거래내용에 대한 실질과세

법인세의 과세소득이 되는 금액계산에 관한 법인세법의 규정은 소득·수익 등의 명칭이나 형식에도 불구하고 그 거래의 실질 내용에 따라 법인세법을 적용한다. 이 경우 거래의 실질 내용은 건전한 사회통념, 통상 사인(私人) 간의 상관행(지급조건과 지급방법을 포함) 및 구체적인 정황을 기준으로 판단하여야 한다.

(3) 구체적인 사례

① 공부(公簿)상 등기가 법인의 명의로 되어 있지 아니하더라도 사실상 해당 법인이 취득하였음이 확인되는 경우에는 이를 법인의 자산으로 본다(법기통 4-0…7 : 법인 명의로 등기되지 아니한 자산 취급).

② 차입금의 명의인과 실질적인 차용인이 다른 경우에는 실질적인 차용인의 차입금으로 하며, 실질적인 차용인은 금전대차 계약의 체결, 담보의 제공, 차입금의 수령, 각종 비용의 부담 등 차입에 관한 업무의 실질적인 행위 내용과 차입한 금액의 용도 등과 같은 기준을 고려하여 판단한다. 이 경우 차입금을 분할한 경우에는 차입한 금액의 전부 또는 일부를 타인에게 다시 대여한 것으로 인정되는 때에만 해당 차입금 총액을 당초 차용인의 차입금으로 한다(법기통 4-0…8 : 타인 명의 차입금에 대한 취급).

③ 「상법」에 따라 정당하게 설립된 회사의 자본금은 같은 법의 규정에 따른 자본금이 감소할 때까지는 당초 자본금을 정당한 자본금으로 본다. 그리고 일시적인 차입금으로 주금납입의 형식을 취한 후 곧 그 납입금을 인출하여 동 차입금을 갚는 대신 가공자산을 계상한 경우에 해당 가공자산의 처리는 법인세법 기본통칙 67-106…12(가공자산의 익금산입 및 소득처분)[3]에 의한다(법기통 4-0…10 : 가공불입 자본금의 처리).

---

3) ① 외상매출금, 받을어음, 대여금 등 가공채권은 익금에 산입하여 이를 소득처분하고 동 금액을 손금에 산입하여 사내유보로 처분하며 동 가공채권을 손비로 계상하는 때에는 익금에 산입하여 사내유보로 처분한다.
　② 재고자산의 부족액은 시가에 의한 매출액 상당액을 익금에 산입하여 대표자에 대한 상여로 처분하고 동 가공자산은 손금에 산입하여 사내유보로 처분하며 이를 손비로 계상하는 때에는 익금에 산입하여 사내유보로 처분한다.
　③ 가공 계상된 고정자산은 처분 당시의 시가를 익금에 산입하여 이를 소득처분하고, 해당 고정자산의 장부가액을 손금에 산입하여 사내유보로 처분한다. 다만, 그 후 사업연도에 있어서 동 가공자산을 손비로 계산한 때에는 이를 익금에 산입하여 사내유보로 처분한다.
　④ ①부터 ③에 따라 익금에 가산한 가공자산 가액 또는 매출액 상당액을 그 후 사업연도에 법인이 수익으로 계상한 경우에는 이미 익금에 산입한 금액의 범위 내에서 이를 이월익금으로 보아 익금에 산입하지 아니한다.

1. 사업연도

과세기간은 일정 기간을 정하여 그 기간에 생긴 소득에 세금을 부과하는 기간으로, 법인세법에서는 "사업연도"라고 한다. 사업연도는 법인의 각 사업연도 소득을 계산하는 회계기간으로서 사업연도 개시일로부터 종료일까지의 기간으로 한다.

계속기업을 전제로 할 때 법인의 설립등기일부터 잔여재산가액이 확정된 날(합병등기일 및 분할등기일 포함)까지 발생한 모든 소득에 대하여 단 1회만 과세소득을 계산하게 된다면, 법인이 사업을 계속하는 동안에는 법인세를 과세할 수 없을 뿐만 아니라 적시에 과세하지 못하게 됨에 따라 조세수입을 확보하지 못하는 문제가 발생하게 될 것이다.

사업연도는 이러한 문제점을 해소하고 법인의 과세소득을 일정한 기간 단위로 구분하여 계산하기 위하여 규정한 것이고, 한편으로는 이월결손금을 공제할 수 있는 근거가 되는 것이다.

2. 일반적인 사업연도

(1) 원 칙

사업연도는 법령이나 법인의 정관 등에서 정하는 회계기간으로 하되, 그 기간은 1년을 초과하지 못한다. 이처럼 사업연도를 1년 초과하지 못하도록 한 것은 사업연도를 길게 설정하여 법인세의 납부를 지연시키는 것을 방지하기 위한 것이다.

(2) 법령 등에 사업연도에 관한 규정이 없는 경우

① 내국법인의 경우 따로 사업연도를 정하여 법인 설립신고 또는 사업자등록과 함께 납세지 관할 세무서장에게 사업연도를 신고하여야 한다.
② 외국법인의 경우 따로 사업연도를 정하여 국내사업장 설치신고 또는 사업자등록과 함께 납세지 관할 세무서장에게 사업연도를 신고하여야 한다.

(3) 국내사업장이 없는 외국법인으로서 부동산 · 양도소득이 있는 법인

부동산소득 등이 발생한 외국법인은 따로 사업연도를 정하여 해당 부동산 · 양도소득이 최초로 발생하게 된 날로부터 1개월 이내에 납세지 관할 세무서장에게 사업연도를 신고하여야 한다.

(4) 위 '(2)~(3)'에 따른 신고가 없는 법인의 경우

매년 1월 1일부터 12월 31일까지를 그 법인의 사업연도로 한다.

3. 최초 사업연도 개시일

(1) 내국법인

가. 설립등기를 한 내국법인

- 설립등기일. 이 경우 설립등기를 한 후 사업실적이 없는 경우에도 설립등기일로부터 정관상의 사업연도 종료일까지를 최초 사업연도로 한다.

나. 법인으로 보는 법인 아닌 단체의 경우(법인 설립등기를 하지 아니한 경우)

① 법령에 따라 설립된 단체의 경우
- 해당 법령에 설립일이 정하여진 경우에는 그 설립일
② 설립에 관하여 허가 또는 인가를 필요로 하는 단체와 법령에 따라 주무관청에 등록한 단체의 경우
- 그 허가일 · 인가일 또는 등록일
③ 공익을 목적으로 출연된 기본재산이 있는 재단의 경우
- 그 기본재산의 출연을 받은 날
④ 국세기본법 제13조 제2항의 규정에 따라 승인을 얻은 법인으로 보는 단체의 경우
- 그 승인일

(2) 외국법인

- 국내사업장을 가지게 된 날. 다만, 국내사업장이 없는 경우에는 부동산 · 양도 또는 산림소득이 최초로 발생한 날을 최초 사업연도 개시일로 한다.

(3) 특 례

법인의 최초 사업연도 개시일 전에 발생한 손익을 사실상 그 법인에 귀속시킨 것이 있는 경우 조세포탈의 우려가 없을 때는 최초 사업연도의 기간이 1년을 초과하지 아니하는 범위 내에서 이를 해당 법인의 최초 사업연도의 손익에 산입할 수 있다. 이 경우에는 법인에 귀속시킨 손익이 최초로 발생한 날을 최초 사업연도 개시일로 한다.

4. 사업연도의 변경

(1) 절 차

사업연도를 변경하려는 법인은 직전 사업연도 종료일부터 3개월 이내 납세지 관할 세무서장에게 사업연도의 변경을 신고하여야 하며, 기한 내 사업연도의 변경신고를 하지 아니하는 경우 사업연도는 변경되지 아니하는 것으로 한다. 다만, 법령에 따라 사업연도가 정하여지는 법인의 경우 관련 법령의 개정에 따라 사업연도가 변경된 경우에는 사업연도의 변경신고를 하지 아니한 경우에도 그 법령의 개정 내용에 따라 사업연도가 변경된 것으로 본다.

한편, 신설법인의 경우 최초 사업연도가 지나기 전에는 사업연도를 변경할 수 없으며, 상법 기타 법령의 규정에 따라 그 조직을 변경(예컨대, 합명회사가 합자회사로 또는 유한회사가 주식회사로 변경되는 경우 등)한 때도 조직변경 전의 법인해산등기 또는 조직변경 후의 법인설립등기에 관계없이 해당 법인의 사업연도는 조직변경 전 사업연도가 계속되는 것으로 한다.

(2) 사업연도 변경 후 사업연도

사업연도가 변경된 경우에는 종전 사업연도의 개시일부터 변경된 사업연도의 개시일 전일까지의 기간을 1사업연도로 한다. 이 경우 변경 후 사업연도가 1개월 미만이면 그 기간을 변경한 사업연도에 포함한다(예외적으로 1년 초과 가능).

5. 사업연도의 의제

(1) 내국법인이 해산한 경우(합병·분할 또는 분할합병에 의한 해산 제외)

가. 일반적인 경우

내국법인이 사업연도 중에 해산한 경우에는 다음에 해당하는 기간을 각각 1사업연도로 본다.

① 해산한 사업연도 개시일부터 해산등기일(파산등기일 및 법인으로 보는 단체의 해산일 포함)까지의 기간
② 해산등기일 다음 날부터 해산한 사업연도 종료일까지의 기간

나. 청산 중인 내국법인의 특례
① 청산 중에 있는 법인의 잔여재산가액이 사업연도 중에 확정된 경우

그 사업연도 개시일부터 잔여재산의 가액이 확정된 날까지의 기간을 1사업연도로 한다.

② 사업을 계속하는 경우

청산 중에 있는 내국법인이 상법의 규정에 따라 사업을 계속하는 경우에는 다음에 해당하는 기간을 각각 1사업연도로 본다.
　㉠ 그 사업연도 개시일부터 계속등기일(사실상의 사업개시일 포함)까지의 기간
　㉡ 계속등기일 다음날부터 그 사업연도 종료일까지의 기간

(2) 내국법인이 합병·분할 또는 분할합병에 따라 해산한 경우

그 사업연도 개시일부터 합병등기일 또는 분할등기일까지의 기간을 1사업연도로 한다.

(3) 내국법인이 사업연도 중에 연결납세방식을 적용받는 경우

그 사업연도 개시일부터 연결사업연도 개시일의 전날까지의 기간을 1사업연도로 한다.

(4) 국내사업장이 있는 외국법인이 국내사업장을 폐쇄한 경우

그 사업연도 개시일부터 해당 사업장을 가지지 아니하게 된 날까지의 기간을 1사업연도로 한다. 다만, 국내에 다른 사업장을 계속하여 가지고 있는 경우에는 이를 적용하지 아니한다.

(5) 국내사업장이 없는 외국법인이 부동산소득 등이 발생하지 아니하게 된 경우

국내사업장이 없는 외국법인이 부동산·양도 및 산림소득이 발생하지 아니하게 되어 납세지 관할 세무서장에게 이를 신고한 경우에는 해당 사업연도 개시일부터 그 신고일까지의 기간을 1사업연도로 본다.

(6) 설립 무효 등의 판결을 받은 법인의 경우

법인이 사업연도 기간에 설립 무효 또는 설립취소의 판결을 받으면 해당 사업연도 개시일부터 확정판결일까지 1사업연도로 본다.

【사업연도의 의제 유형】

유 형	실 제 상	세 법 상
해산(합병 등에 의한 해산을 제외)의 경우	1/1 ──── 7/31 ──── 12/31 해산등기일	1사업연도 1/1 ──── 7/31 ──── 12/31
합병·분할 및 분할합병의 경우	1/1 ──── 7/31 ──── 12/31 합병(분할)등기일	1사업연도 1/1 ──── 7/31
청산 중 법인의 잔여재산가액이 확정된 경우	1/1 ──── 10/15 ── 12/31 잔여재산확정일	1사업연도 1/1 ──── 10/15
청산 중의 법인이 사업을 계속할 경우	1/1 ──── 5/20 ──── 12/31 계속등기일	1사업연도 　 1사업연도 1/1 ── 5/20 ── 12/31
외국법인의 국내사업장 폐쇄의 경우	1/1 ──── 8/30 ──── 12/31 사업장폐쇄일	1사업연도 1/1 ──── 8/30
사업연도의 규정이나 신고가 없는 경우		1사업연도 1/1 ──── 12/31
신설법인의 경우	1/1 ──── 4/6 ──── 12/31 설립등기일	1사업연도 4/6 ──── 12/31
사업연도를 변경한 경우	1/1 ──── 3/1 ──── 12/31 변경연도개시일	1사업연도 　 1사업연도 1/1 ── 3/1 ── 12/31 2/28
사업장 없는 외국법인의 소득미발생 신고시	1/1 ── 2/27 ──── 12/31 소득미발생신고일	1사업연도 1/1 ── 2/27

예제)

다음 자료에 의하여 ㈜경인의 각 사업연도 소득금액과 청산소득금액에 대한 과세표준과 산출세액을 계산하라.

1. ㈜경인은 2022년 4월 1일에 자본금 10억원을 가지고 설립된 부동산 임대법인이다.
2. 정관상 사업연도는 매년 1월 1일부터 12월 31일까지이다.
3. ㈜경인은 2022년 4월 1일 건물 10억원(취득가액)을 취득하여 등기하였다. 다른 자산은 없는 것으로 가정한다.
4. ㈜경인은 2022년 4월 1일 (주)인천에 건물 전체를 임대하기로 다음과 같이 계약하였다.
   (1) 매월 33,000,000원씩 임대료를 매월 초일에 받는 것으로 하다.
   (2) 전세보증금은 없고, 임대료를 지급하지 않으면 계약을 해지하는 것으로 본다.
5. ㈜경인은 차입금 과다법인이 아니며, 임대료수익 외에는 어떤 수익도 없는 것으로 가정한다.
6. 임대사업과 관련된 모든 경비의 합계는 매월 3,000,000원씩 발생하며 모두 적절하게 회계처리한다.
7. ㈜경인은 동 건물을 15억원에 처분하기로 하고, 다음과 같이 법인해산을 주주총회에서 결의하였다.
   (1) 해산결의일 : 2024년 3월 10일(주주총회일)
   (2) 해산등기일 : 2024년 6월 30일
   (3) 잔여재산가액 확정일 : 2024년 10월 30일
8. ㈜경인은 각 사업연도 소득에 대한 잉여금은 주주총회결의에 따라 매년 100% 배당하였으며, 잉여금은 없다고 가정한다.
9. 세율은 2억원 이하 9%, 2억원 초과 19%로 가정한다(초과누진세율).

해답

1. 2022년 (4/1~12/31) 소득금액 = (33,000,000원 - 3,000,000원) × 9개월 = 270,000,000원
   2022년 (4/1~12/31) 산출세액 = (270,000,000원 ×12/9) × 누진세율(9%, 19%) ×9/12
   = [360,000,000원 × 누진세율(9%, 19%)] ×9/12
   = 48,400,000원 × 9/12 = 36,300,000원
2. 2023년 (1/1~12/31) 소득금액 = (33,000,000원 - 3,000,000원) × 12개월 = 360,000,000원
   2023년 (1/1~12/31) 산출세액 = 360,000,000원 × 누진세율(9%, 19%) = 48,400,000원
3. 2024년 (1/1~ 6/30) 소득금액 = (33,000,000원 - 3,000,000원) × 6개월 = 180,000,000원
   2024년 (1/1~ 6/30) 산출세액 = (180,000,000원 ×12/6) × 누진세율(9%, 19%) ×6/12
   = 360,000,000원 × 누진세율(9%, 19%) × 6/12 = 24,200,000원
4. 2024년 청산소득금액 = 1,500,000,000원 - 1,000,000,000원 = 500,000,000원
   2024년(청산)산출세액 = 500,000,000원 × 누진세율(9%, 19%) = 75,000,000원

1. 의의

납세지란 납세의무자가 납세의무를 이행하고, 과세권자가 권리(부과징수)를 행사하는 기준이 되는 장소를 말한다.

2. 내국법인의 납세지

(1) 설립등기를 한 법인

내국법인의 납세지는 그 법인의 등기부에 따른 본점이나 주사무소의 소재지(국내에 본점 또는 주사무소가 있지 아니할 때는 사업을 실질적으로 관리하는 장소의 소재지)로 한다.

(2) 법인으로 보는 법인 아닌 단체

법인으로 보는 단체의 경우에는 법인설립등기를 하지 아니하였으므로 다음에 해당하는 장소를 납세지로 하도록 별도로 규정하고 있다.

① 일반적인 경우

주된 사업장의 소재지

② 주된 소득이 부동산임대소득인 단체의 경우

주된 부동산의 소재지

③ 사업장이 없는 단체의 경우

정관에 기재된 주사무소의 소재지를 납세지로 하되, 정관 등에 주사무소에 관한 규정이 없는 경우에는 대표자 또는 관리인의 주소지

> **참고** 주된 사업장 또는 주된 부동산의 소재지
>
> 주된 사업장 또는 주된 부동산의 소재지란 직전 사업연도의 사업수입금액이 가장 많은 사업장 또는 부동산의 소재지를 말한다. 이러한 주된 사업장 또는 주된 부동산 소재지의 판정은 최초로 납세지를 정하는 경우에만 적용한다.

3. 외국법인의 납세지

(1) 국내사업장이 있는 경우

국내사업장이 있는 외국법인의 납세지는 국내사업장의 소재지로 하며, 2 이상의 국내사업장이 있는 외국법인의 경우에는 주된 국내사업장 소재지로 한다.

(2) 국내사업장이 없는 경우

국내사업장이 없는 외국법인으로서 부동산소득 또는 양도소득이 있는 경우에는 각각 그 자산의 소재지를 납세지로 하되, 2 이상의 자산이 있는 경우에는 2 이상의 국내원천 소득이 발생한 날로부터 1월 이내 납세지 관할 세무서장에게 납세지로서 신고하는 장소를 납세지로 한다.

(3) 외국법인의 국내사업장 범위

1) 원 칙

외국법인이 국내에 사업의 전부 또는 일부를 수행하는 고정된 장소를 가지고 있는 경우에는 그 장소를 국내사업장으로 한다.

2) 의제 국내사업장

[특정한 장소를 기준으로 하는 국내사업장의 의제]

외국법인의 국내사업장에는 다음에 해당하는 장소를 포함하는 것으로 한다.
① 지점 사무소 또는 영업소
② 상점 기타의 고정된 판매장소
③ 작업장·공장 또는 창고
④ 6개월을 초과하여 존속하는 건축 장소, 건설공사의 현장 등 또는 이와 관련되는 감독 활동을 수행하는 장소
⑤ 고용인을 통하여 용역을 제공하는 경우로서 다음의 하나에 해당하는 장소
- 용역의 제공이 계속되는 12개월의 기간 중 합계 6개월을 초과하는 기간 용역이 수행되는 장소
- 용역의 제공이 계속되는 12개월의 기간 중 합계 6개월을 초과하지 아니하는 경우로서 유사한 종류의 용역이 2년 이상 계속적·반복적으로 수행되는 장소

⑥ 광산·채석장 또는 해저 천연자원 등의 탐사 및 채취장소(국제법에 따라 우리나라가 영해 밖에서 주권을 행사하는 지역으로서 우리나라의 연안에 인접한 해저 지역의 해상과 하층토에 있는 것을 포함함)

[대리행위를 기준으로 하는 국내사업장의 의제]

외국법인이 고정된 장소를 가지고 있지 아니한 경우에도 다음에 해당하는 자를 두고 사업을 영위하는 경우 그 자의 사업장소재지에 국내사업장을 둔 것으로 본다.

① 계약을 체결할 권한을 가지고 그 권한을 반복적으로 행사하는 자
② 외국법인의 자산을 상시 보관하고 관례로 이를 배달 또는 인도하는 자
③ 중개인·일반 위탁판매인 기타 독립적 지위의 대리인으로서 주로 특정의 외국법인만을 위하여 계약체결 등 사업에 관한 중요한 부분의 행위를 하는 자(이들이 자기사업의 정상적인 과정에서 활동하는 경우를 포함함)
④ 보험사업(재보험사업 제외)을 영위하는 외국법인을 위하여 보험료를 징수하거나 국내소재 피보험물에 대한 보험을 인수하는 자

3) 국내사업장으로 보지 아니하는 장소

다음에 해당하는 장소는 이를 국내사업장으로 보지 아니한다.

① 자산의 단순한 구입만을 위하여 사용하는 일정한 장소
② 판매를 목적으로 하지 아니하는 자산의 저장 또는 보관을 위하여만 사용하는 일정한 장소
③ 광고, 선전, 정보의 수집과 제공, 시장조사, 그 밖에 그 사업수행상 예비적이며 보조적인 성격을 가진 사업활동을 행하기 위하여 사용되는 일정한 장소
④ 자기 자산을 타인이 가공하기 위하여만 사용하는 일정한 장소

4. 납세지의 지정

(1) 납세지 지정의 사유

법인의 납세지가 다음 중 하나에 해당하여 그 법인의 납세지로서 부적당하다고 인정되는 경우에는 납세지를 지정할 수 있다.

① 내국법인의 본점 등의 소재지가 등기된 주소와 같지 아니한 경우

② 내국법인의 본점 등의 소재지가 자산 또는 사업장과 분리되어 있어 조세포탈의 우려가 인정되는 경우

③ 둘 이상의 국내사업장이 있는 외국법인의 경우로서 주된 국내사업장의 소재지를 판정할 수 없는 경우

④ 국내사업장이 없고 둘 이상의 자산이 있는 외국법인의 경우로서 납세지 신고를 하지 아니한 경우

(2) 납세지 지정의 절차

① 지정권자

납세지의 지정은 관할 지방국세청장이 지정하는 것을 원칙으로 하되, 새로이 지정될 납세지가 그 관할을 달리할 때는 국세청장이 납세지를 지정할 수 있다.

② 지정의 통지

납세지 지정의 통지는 그 법인의 해당 사업연도 종료일부터 45일 이내 하여야 하며, 기한 내에 납세지 지정의 통지를 하지 아니한 경우에는 납세지의 지정은 없는 것으로 보아 종전의 납세지를 그 법인의 납세지로 본다.

5. 납세지의 변경

(1) 납세지의 변경신고

법인의 납세지가 변경된 경우에는 그 변경된 날로부터 15일 이내 변경 후의 납세지 관할 세무서장에게 이를 신고하여야 한다. 이 경우 부가가치세법 규정에 따라 사업자등록의 정정 신고를 한 경우에는 납세지 변경의 신고를 한 것으로 본다.

(2) 납세지 변경의 통보

납세지 변경신고를 받은 세무서장은 신고 받은 내용을 변경 전의 납세지 관할 세무서장에게 통보하여야 한다.

(3) 납세지 변경의 신고를 하지 아니한 경우

납세지 변경의 신고를 하지 아니한 경우에는 종전의 납세지를 그 법인의 납세지로 한다. 이 경우 법정기일이 지나간 후 납세지 변경의 신고를 한 경우에는 그 신고한 날로부터 변경된 등기부상의 본점 또는 주사무소의 소재지를 법인의 납세지로 한다.

(4) 외국법인이 국내에 납세지를 가지지 아니하게 된 경우

외국법인이 납세지를 국내에 가지지 아니하게 된 경우에는 그 사실을 납세지 관할 세무서장에게 신고하여야 한다.

6. 납세지의 특례

(1) 원천징수한 법인세의 납세지

1) 원천징수의무자가 개인인 경우

원천징수의무자가 개인이면 소득세법 규정에 따른 다음의 소재지를 납세지로 한다.

① 거주자인 경우

해당 거주자의 주된 사업장의 소재지를 납세지로 한다. 다만, 주된 사업장 외의 사업장에서 원천징수를 할 때는 그 사업장의 소재지로 하며, 사업장이 없는 경우에는 그 거주자의 주소지 또는 거소지를 납세지로 한다.

② 비거주자인 경우

그 비거주자의 주된 국내사업장의 소재지를 납세지로 한다. 다만, 주된 국내사업장 외의 국내사업장에서 원천징수를 할 때는 그 국내사업장의 소재지로 하며, 국내사업장이 없는 경우에는 그 비거주자의 거류지 또는 머무는 곳을 납세지로 한다.

2) 원천징수의무자가 법인인 경우

① 일반적인 경우

해당 법인의 본점·주사무소 또는 국내에 본점이나 주사무소가 소재하지 아니하는 경우의 사업의 실질적 관리장소의 소재지를 납세지로 한다. 다만, 법인으로 보는 단체의 경우에는 그 단체의 소재지로 하며, 외국법인의 경우에는 주된 국내사업장의 소재지로 한다.

② 지점이 독립채산제에 따라 독자적으로 회계처리하는 경우

법인의 지점·영업소 기타 사업장이 독립채산제에 따라 독자적으로 회계 사무를 처리하는 경우에는 그 사업장의 소재지(그 사업장의 소재지가 국외에 있는 경우를 제외)로 한다.

③ 본점 등에서 전자계산조직 등에 의하여 일괄 계산하는 경우

법인이 지점·영업소 기타 사업장에서 지급하는 이자·배당소득에 대한 원천징수세액을 본점 등에서 전자계산조직 등에 의하여 일괄 계산하는 경우에는 본점 등의 관할세무서장에게 신고하여 해당 법인의 본점 등을 이자·배당소득에 대한 법인세 원천징수세액의 납세지로 할 수 있다.

3) 원천징수의무자가 국내에 그 소재지를 가지지 아니하는 경우

원천징수의무자가 국내에 그 소재지를 가지지 아니할 때는 다음에 해당하는 장소를 납세지로 한다.

① 법인세법 시행령 제132조 제7항 규정에 따른 유가증권양도소득이 있는 경우에는 해당 유가증권을 발행한 내국법인 또는 외국법인의 국내사업장 소재지
② 위 ① 외의 경우에는 국세청장이 지정하는 장소

(2) 합병 또는 분할로 인하여 소멸한 피합병법인 등의 납세지

법인이 사업연도 중에 합병 또는 분할로 인하여 소멸한 경우 합병등기일 또는 분할등기일이 속하는 각 사업연도의 소득 및 청산소득에 대한 피합병법인·분할법인 또는 소멸한 분할합병의 상대방법인의 납세지는 납세지의 변경신고를 하는 경우 합병법인·분할신설법인 또는 분할합병의 상대방법인의 납세지(분할의 경우에는 승계한 자산가액이 가장 많은 법인의 납세지를 말함)로 할 수 있다.

제2장 결산과 세무조정

제1절 기업회계와 세무회계

1. 기업회계와 세무회계의 차이

기업회계는 다수의 불특정 이해관계자들에게 기업과 관련된 경제적 의사결정을 할 수 있도록 목적적합성과 신뢰성을 가진 유용한 회계정보를 제공하는 것을 목적으로 하지만, 세무회계는 국가의 재정수요를 충당함과 동시에 공평과세를 실현하기 위하여 세법의 규정에 따라 적정한 과세소득과 세액을 산정하는 것을 목적으로 한다. 이처럼, 기업회계와 세무회계는 그 목적에 있어 근본적인 차이가 존재하고 있으므로 법인세를 신고·납부하기 위해서는 법인세법에서 규정되어 있는 절차에 따라 차이를 조정하여야 한다.

2. 기업회계와 세무회계의 계산방식 차이

기업회계와 세무회계의 계산방식에 있어서 차이는 기업회계의 당기순이익과 세무회계의 각 사업연도 소득을 계산하면서 차이를 말하는 것이다. 다시 말해, 기업회계의 당기순이익은 수익의 합계에서 비용의 합계를 차감하여 산출하고, 세무회계의 각 사업연도 소득은 익금산입 및 손금불산입 항목의 합계에서 손금산입 및 익금불산입 항목의 합계를 차감하여 산출한다.

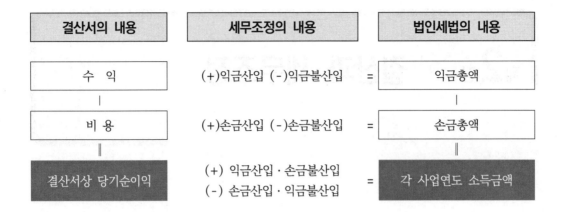

세무조정을 하면서 표시되는 항목인 익금산입, 익금불산입, 손금산입 및 손금불산입의 구분은 다음과 같다.

① **익금산입** : 결산서에 수익으로 계상되어 있지 않지만, 법인세법에 따른 익금에 해당하는 금액은 당기순이익에서 가산한다.

② **익금불산입** : 결산서에 수익으로 계상되어 있으나 법인세법에 따른 익금에 해당하지 않는 금액은 당기순이익에서 차감한다.

③ **손금산입** : 결산서에 비용으로 계상되어 있지 않지만, 법인세법에 따른 손금으로 인정되는 금액은 당기순이익에서 차감한다.

④ **손금불산입** : 결산서에 비용으로 계상되어 있으나 법인세법에 따른 손금으로 인정되지 않는 금액은 당기순이익에서 가산한다.

여기서 익금산입과 손금불산입은 각 사업연도 소득금액에 가산(+)되며, 손금산입과 익금불산입은 각 사업연도 소득금액에 차감(△)된다. 따라서 세무조정에 표시되는 항목을 세분하는 것은 중요하지 않으며, 소득금액에 어떠한 영향을 주는지 파악하는 것이 더 중요하다. 한편, 기업의 회계처리가 기업회계기준을 위배하여 행해질 수도 있기 때문에, 세무조정은 기업회계기준에 의한 금액과 법인세법에 의한 금액과의 차이를 조정하는 것이 아니라 법인이 결산서(장부)에 계상한 금액과 법인세법에 의한 금액과의 차이를 조정하는 것이다.

3. 차이의 발생원인과 유형

(1) 차이의 발생원인

차이의 발생원인	기 업 회 계	세 무 회 계
소 득 의 개 념	손익거래와 자본거래의 엄격한 구분	순자산증가설에 의한 소득금액 계산
손익의 인식기준	발생주의(수익은 실현주의, 비용은 수익·비용대응의 원칙)	권리의무확정주의 (예) 기부금의 어음 지급
경 제 적 계 산	객관적인 증거를 바탕으로 계산	공평과세의 실현과 조세채권의 확보를 위한 경제적 계산
법률 강제성 여부	없지만 정상적인 활동하면서 제한을 받음(계속성과 중요성에 따라 특정 방법을 선택할 수 있음)	있음(규정을 준수하지 않으면 제재를 받으며, 법인이 임의대로 선택하는 방법이 제한)
조세정책적 규정	규정의 존재 불가	세법상 특전 및 불이익 규정 (예) 준비금의 손금산입

(2) 차이의 유형

구 분	내 용	사 례
일 시 적 차 이	일정기간 경과 후 차이가 해소되는 경우 - 소득처분(유보)	• 손익의 귀속시기 차이 • 자산과 부채에 관한 세무조정
영 구 적 차 이	차이가 영구적으로 해소되지 아니하는 경우 - 소득처분(사외유출)	• 기부금 및 기업업무추진비의 부인액 • 벌금 등의 부인액

4. 기업회계와 세무회계의 관계

법인세법에서는 기업회계의 당기순이익을 기초로 세무회계와의 차이만을 조정하여 각 사업연도의 소득금액을 계산하는 형식인 간접법을 채택하고 있으므로 기업회계와 세무회계는 상호 밀접한 관계를 유지할 수밖에 없는 특성이 있다.

기업회계와 세무회계의 상호의존관계를 유형별로 구분하면 다음과 같다.

유 형	내 용
승 계	세무회계에서 기업회계를 존중하여 이를 인정 (예) 기업회계의 존중(국세기본법 20, 법인세법 43)
수 정	기본적으로 기업회계를 수용하되 일부를 수정하여 적용 (예) 손익 귀속시기, 자산·부채의 평가
보 완	기업회계의 규정을 구체적이고 명백하게 보완하여 규정 (예) 고정자산의 내용연수 및 잔존가액
강 조	기업회계에서 인정하는 사항을 보다 강조하여 규정 (예) 계속성의 원칙 – 퇴직연금운용자산
창 설	기업회계에는 없는 규정을 세무회계에서 독창적으로 창설 (예) 부당행위계산 부인
선 택	기업회계에서 인정하고 있는 방법 중 선택하여 적용 (예) 감가상각방법(정액법, 정률법, 생산량비례법)
특 설	기업회계에서 인정하지 아니하는 것을 특별히 규정하여 이를 인정 (예) 특별감가상각, 일시상각충당금·압축기장충당금
배 제	기업회계에서 인정하고 있는 사항을 세무회계에서 배제 (예) 보수주의

1. 의 의

세무조정이란 기업회계와 세무회계의 차이를 규명하고, 이러한 차이를 기업회계의 당기 순이익에 가감하여 법인세법 과세소득에 해당하는 각 사업연도 소득금액을 계산하는 과정을 말한다. 일반적으로 세무조정이란 이와 같은 협의의 세무조정(신고조정)을 의미한다. 반면, 광의의 세무조정이란 과세소득에 해당하는 각 사업연도 소득금액, 과세표준 및 세액계산에 이르기까지의 일련의 절차를 말하는 것으로 기업회계에 따른 장부기장 및 결산절차도 포함하는 것이다.

2. 결산조정

(1) 의 의

결산조정이란 법인세법상 익금항목과 손금항목을 결산재무제표, 즉 장부에 반영된 수익과 비용을 이용하여 과세소득을 계산하는 절차를 말한다. 이러한 결산조정은 간접법에 따른 각 사업연도 소득금액 계산의 기초가 될 뿐만 아니라 결산조정항목에 해당하는 특정 손금항목을 손금에 산입하기 위한 전제조건이 된다. 즉, 결산조정항목에 해당하는 손금항목은 결산재무제표상 비용으로 계상한 때에만 법인세법상 손금으로 인정되며, 이러한 손금항목은 순이익의 감소를 통하여 같은 금액이 사외로 유출되는 것을 방지하는 효과도 있다.

(2) 결산조정항목

결산조정항목이란 결산재무제표에 비용으로 계상하는 때에만 손금으로 인정되는 손금항목을 말한다. 따라서 결산재무제표에 비용으로 계상하지 아니한 경우에는 세무조정(신고조정)을 통해서도 손금산입할 수 없다.

법인세법상 규정되어 있는 주요 결산조정항목은 다음과 같다.

【주요 결산조정항목】

유형 구분	결산조정항목	예 외
자산의 상각비	• 유형·무형자산의 감가상각비 • 감가상각자산의 즉시상각	• 특별감가상각비 – 신고조정 선택 가능 • 국제회계기준적용 법인의 감가상각비 – 신고조정 가능 • 업무용승용차의 감가상각비 – 신고조정 (강제사항)
자산의 평가손실	• 재고자산의 평가손실 • 유형·무형자산의 평가손실 • 유가증권의 평가손실	• 천재·지변 또는 화재가 발생한 경우 고정자산 평가손 • 재고자산의 평가방법을 저가법으로 신고한 경우
대손금	• 회수불능채권의 대손금	• 강제 대손 사유에 해당 – 신고조정(강제사항)
충당금의 설정	• 대손충당금 • 구상채권상각충당금 • 일시상각충당금 등	• 퇴직연금충당금 – 신고조정(강제사항) • 신고조정 선택 가능
준비금의 설정	• 법인세법상 준비금 • 조세특례제한법상 준비금	• 외부회계감사를 받는 비영리법인의 고유목적사업준비금 – 신고조정 선택 가능 • 신고조정 선택 가능

3. 신고조정

(1) 의 의

신고조정이란 기업회계상 당기순이익과 법인세법상 소득금액의 차이를 세무조정계산서에 직접 익금산입·손금불산입 또는 손금산입·익금불산입으로 조정하는 것을 말하며, 이러한 신고조정은 단순신고조정과 잉여금처분에 의한 신고조정으로 구분된다.

(2) 유 형

1) 단순신고조정

단순신고조정이란 기업회계상 수익 또는 비용과 법인세법상 익금 또는 손금의 차이를 세무조정계산서 상에서 단순히 조정하는 것을 말한다. 예를 들어, 강제대손 사유에 의한 대손금을 회계처리하지 아니한 경우에는 신고기한 내 손금(익금)으로 처리하는 것이다.

2) 잉여금처분에 의한 신고조정

기업회계상 비용에 해당하지 아니하지만, 법인세법상 손금에 해당하는 조세특례제한 법상 준비금 및 외부회계감사를 받는 비영리법인의 고유목적사업준비금에 대하여는 법인이 주주총회에서 이익잉여금 처분에 따라 준비금으로 적립하고 이를 세무조정계산서상 손금에 산입할 수 있도록 예외적인 규정을 두고 있는데, 이를 잉여금처분에 의한 신고조정이라 한다.

잉여금처분에 의한 신고조정은 조세특례의 적용으로 손금에 산입한 금액이 배당 등 잉여금처분에 의하여 사외로 유출되는 것을 방지하여 재무구조의 개선을 지원하고자 하는 조세특례의 취지 및 목적을 위해 규정한 것으로서, 이와 같은 잉여금처분에 의하여 사내에 적립한 준비금상당액은 성격상 임의적립금에 해당한다.

(3) 신고조정항목

법인세법상 규정되어 있는 주요 신고조정항목은 다음과 같다.
① 이월결손금 보전에 사용한 자산수증이익(국고보조금 등 제외)과 채무면제이익
② 퇴직연금부담금
③ 공사부담금·보험차익·국고보조금으로 취득한 고정자산가액 손금산입
④ 자산평가감의 손금불산입
⑤ 모든 충당금·준비금 등 한도초과액의 손금불산입
⑥ 건설자금이자의 손금불산입
⑦ 손익귀속시기 차이로 인한 익금산입과 손금산입
⑧ 손익계산서에 계상한 전기오류수정손익 중 전기 이전에 확정된 것에 대한 손금불산입과 익금불산입
⑨ 감가상각비 부인액의 손금불산입

4. 세무조정 과정

(1) 20×1년 12월 31일 제품을 인도한 후 수취한 현금 4,000,000원을 선수금으로 계상하였다.

【세무조정과정】

구 분	차 변		대 변	
	자산·부채 항목	손익항목	자산·부채 항목	손익항목
회계처리상태	현 금 4,000,000		선수금 4,000,000	
세법의 규정	현 금 4,000,000			매출액 4,000,000
차이 분석 (순자산에 미치는 영향)	차이 없음		부채 과대 4,000,000 (순자산 ↓)	익금 과소 4,000,000
세무조정 (순자산 조정)			유 보 4,000,000 (순자산 ↑)	익금산입 4,000,000

(2) 20×1년 감가상각비 5,000,000원을 결산서에 계상하였다. 단, 세법상 손금으로 인정되는 금액이 3,000,000원이다.

【세무조정과정】

구 분	차 변		대 변	
	자산·부채 항목	손익항목	자산·부채 항목	손익항목
회계처리상태		감가상각비 5,000,000	감가누계액 5,000,000	
세법의 규정		감가상각비 3,000,000	감가누계액 3,000,000	
차이 분석 (순자산에 미치는 영향)		손금 과대 2,000,000	자산 과소 2,000,000 (순자산 ↓)	
세무조정 (순자산 조정)		손금불산입 2,000,000	유 보 2,000,000 (순자산 ↑)	

(3) 은행예금에 대한 이자수익(원천징수대상이 되는 이자에 해당함) 발생액 3,000,000원을 미수수익으로 계상하였다. 단, 세법상 은행의 이자수익은 현금주의로 익금산입한다.

【세무조정과정】

구 분	차 변		대 변	
	자산·부채 항목	손익항목	자산·부채 항목	손익항목
회계처리상태	미수수익 3,000,000			이자수익 3,000,000
세법의 규정				
차이 분석 (순자산에 미치는 영향)	자산 과대 3,000,000 (순자산 ↑)			익금 과대 3,000,000
세무조정 (순자산 조정)	△유 보 3,000,000 (순자산 ↓)			익금불산입 3,000,000

(4) 업무용 차량의 교통위반범칙금 500,000원을 현금으로 납부하고 잡비계정에 계상하였다. 단, 세법상 위법행위에 대해서는 손금으로 산입하지 않는다.

【세무조정과정】

구 분	차 변		대 변	
	자산·부채 항목	손익항목	자산·부채 항목	손익항목
회계처리상태		잡 비 500,000	현 금 500,000	
세법의 규정				
차이 분석 (순자산에 미치는 영향)		손금 과대 500,000	현금유출과대 500,000 (정부·자치단체)	
세무조정 (순자산 조정)		손금불산입 500,000	기타사외유출	

(5) 대주주에게 무상으로 대여한 금액 30,000,000원이 있다. 단, 세법상 이자수익(인정이자)을 계산하였더니 3,000,000원이 산출되었다.

【세무조정과정】

구 분	차 변		대 변	
	자산·부채 항목	손익항목	자산·부채 항목	손익항목
회계처리상태	없음			없음
세법의 규정	현 금　3,000,000			이자수익　3,000,000 (인정이자를 의미함)
차이 분석 (순자산에 미치는 영향)	현금유입과소 3,000,000 (주 주)			익금 과소　3,000,000
세무조정 (순자산 조정)	배　당			익금산입　3,000,000

(6) 자기주식처분에 따른 이익이 6,000,000원 발생하였다. 단, 세법상 자기주식처분이익은 순자산증가로 보아 익금산입항목에 해당된다.

【세무조정과정】

구 분	차 변		대 변	
	자산·부채 항목	손익항목	자산·부채 항목	손익항목
회계처리상태	현 금 6,000,000			자기주식처분이익 (자본잉여금) 6,000,000
세법의 규정	현 금 6,000,000			자기주식처분이익 (순자산 ↑) 6,000,000
차이 분석 (순자산에 미치는 영향)	차이 없음			자본잉여금 과대, 익금과소(순자산 불변)
세무조정 (순자산 조정)	기 타			익금산입　6,000,000

(7) 법인세환급금의 이자로 2,000,000원을 현금으로 수취하였다. 단, 세법상 법인세비용은 손금불산입항목이므로, 법인세환급금에 대한 이자상당액은 익금불산입항목에 해당된다.

【세무조정과정】

구 분	차 변		대 변	
	자산·부채 항목	손익항목	자산·부채 항목	손익항목
회계처리상태	현 금 2,000,000			이자수익(당기순이익) 2,000,000
세법의 규정	현 금 2,000,000			국세환급금이자 (순자산 ↑)2,000,000
차이 분석 (순자산에 미치는 영향)	차이 없음			당기순이익 과대, 익금과대(순자산 불변)
세무조정 (순자산 조정)	기 타			익금불산입 2,000,000

(8) 20×1년도 기말결산 때 기간이 경과되지 않은 보험료 2,000,000원을 수정분개(선급보험료) 하지 않았다.

【20×1년도 세무조정과정】

구 분	차 변		대 변	
	자산·부채 항목	손익항목	자산·부채 항목	손익항목
회계처리상태	없음			없음
세법의 규정	선급비용 2,000,000			보험료 2,000,000
차이 분석 (순자산에 미치는 영향)	자산 과소 2,000,000 (순자산 ↓)			손금 과대 2,000,000
세무조정 (순자산 조정)	유 보 2,000,000 (순자산 ↑)			손금불산입 2,000,000

【20×2년도 세무조정과정】

구 분	차 변		대 변	
	자산·부채 항목	손익항목	자산·부채 항목	손익항목
회계처리상태		없음	없음	
세법의 규정		보험료 2,000,000	선급비용 2,000,000	
차이 분석 (순자산에 미치는 영향)		손금 과소 2,000,000	자산 과대 2,000,000 (순자산 ↑)	
세무조정 (순자산 조정)		손금산입 2,000,000	△유 보 2,000,000 (순자산 ↓)	

법인세의 계산구조

1. 각 사업연도 소득금액의 계산

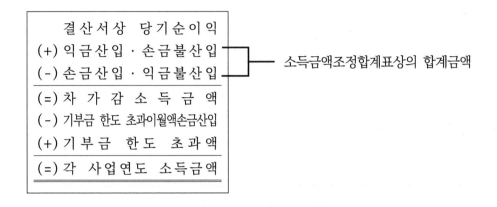

2. 과세표준의 계산

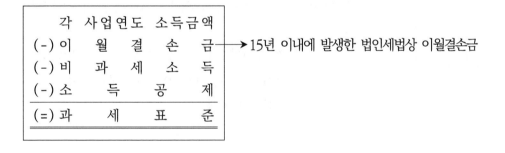

3. 산출세액의 계산

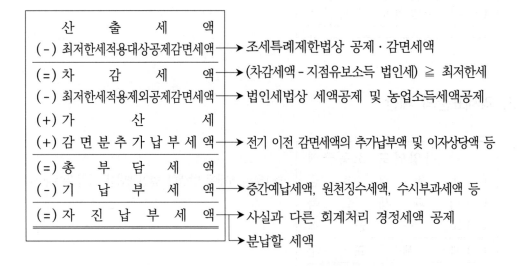

```
    과    세    표    준
(×) 세                율  ─────→
(=) 산    출    세    액
(+) 지점유보소득에 대한 법인세
(=) 산 출 세 액 합 계
```

과세표준	세율	누진공제
~ 2억 이하	9%	
2억 초과 ~ 200억 이하	19%	20,000,000원
200억 초과 ~ 3,000억 이하	21%	420,000,000원
3,000억 초과 ~	24%	9,420,000,000원

4. 자진납부세액의 계산

```
    산    출    세    액
(-) 최저한세적용대상공제감면세액 ─────→ 조세특례제한법상 공제·감면세액
(=) 차    감    세    액 ─────→ (차감세액 - 지점유보소득 법인세) ≧ 최저한세
(-) 최저한세적용제외공제감면세액 ─────→ 법인세법상 세액공제 및 농업소득세액공제
(+) 가    산    세
(+) 감 면 분 추 가 납 부 세 액 ─────→ 전기 이전 감면세액의 추가납부액 및 이자상당액 등
(=) 총    부    담    세    액
(-) 기    납    부    세    액 ─────→ 중간예납세액, 원천징수세액, 수시부과세액 등
(=) 자    진    납    부    세    액 ─────→ 사실과 다른 회계처리 경정세액 공제
                                  ─────→ 분납할 세액
```

제**3**장 소 득 처 분

제1절 소득처분의 개요

1. 의 의

기업회계상 당기순이익은 주주총회의 이익잉여금 처분이라는 절차를 통하여 사내에 유보할 금액과 사외로 유출할 금액을 확정한다. 이와 마찬가지로 법인세법상 각 사업연도 소득금액에 대하여도 사내에 유보할 금액과 사외로 유출할 금액을 소득처분이라는 절차를 통하여 확정한다.

기업회계상 당기순이익에 대하여는 이미 이익잉여금 처분에 따라 사내에 유보할 금액과 사외로 유출할 금액을 확정하였으므로 실무에서는 기업회계상 당기순이익과 법인세법상 각 사업연도 소득금액과의 차이에 해당하는 세무조정사항에 대하여만 소득의 귀속을 추가로 밝혀주는 소득처분을 하는 것이다.

결국, 당기순이익에 대한 이익잉여금 처분 절차와 세무조정사항에 대한 법인세법상 소득처분의 절차가 결합하여 각 사업연도 소득금액 전체에 대해 귀속이 모두 확정되는 것이다. 가령, 당기순이익에서 이익잉여금 처분절차를 거쳐 상여금을 받는 임직원에게 소득세가 과세하므로, 세무조정을 통해 당기순이익에 가산되는 익금산입액이 임직원에게 귀속되는 경우에는 그 경제적 실질이 잉여금 처분에 의한 상여와 같으므로 해당 임직원에게 소득세가 과세하여야 한다.

2. 소득처분의 형식

(1) 기업회계상 당기순이익

상법 규정에 따라 주주총회에서 잉여금 처분 → 귀속 결정

(2) 법인세법상 각 사업연도 소득금액

기업회계상 당기순이익은 잉여금 처분을 통하여 이미 귀속이 결정되어 있으므로 세무
조정사항에 대해서만 추가로 소득처분 → 귀속 결정

각 사업연도 소　　득	세무조정사항	법인세법상 소득처분 (사외유출 · 유보 · 기타)
	당기순이익	주주총회 등을 통한 잉여금 처분 (배당 · 상여 · 유보)

3. 소득처분의 유형

세무조정	소 득 처 분		귀 속 자	귀속자의 소득
익 금 산 입 손 금 불 산 입	사외유출	배　당	개인 출자자 (임원 · 사용인 제외)	배당소득 (인정배당)
		상　여	임원 또는 사용인 (출자자 포함)	근로소득 (인정상여)
		기타사외 유　출	법인 또는 개인사업자 단, 소득을 구성하는 경우에 한정	법인의 소득 개인의 사업소득
			기타 세법상 열거된 항목 (간주임대료 등)	-
		기타소득	상기 이외의 자	기타소득
	사내유보	유　보	법인세법상 잉여금의 증가	-
	잉여금반영	기　타	자본잉여금, 이익잉여금 등	-
손 금 산 입 익 금 불 산 입	사내유보	△유 보	법인세법상 잉여금의 감소	-
	기　타	기　타	유보 이외의 사항 (자기주식처분손실 등)	-

1. 익금산입 · 손금불산입 항목에 대한 유보(적극적 유보)

익금산입 또는 손금불산입된 금액이 기업 외부로 유출되지 아니하고 기업 내부에 남아 있는 경우에는 이를 유보로 처분한다. 이러한 금액은 차기 이후의 사업연도에 소멸하는 일시적 차이에 해당하므로 이연법인세회계의 원인이 된다. 또한, 사내유보로 처분된 금액은 기업회계상 잉여금과 법인세법상 잉여금 간에 차이를 발생시키는 원인이 된다. 다시 말해, 유보로 처분된 금액은 해당 법인에게 귀속되어 과세소득금액 계산상 자산을 증가시키거나 부채를 감소시킴으로써 법인세법상 자기자본을 증가시킨다.

한편, 내국법인이 수정신고기한 내 매출 누락, 가공경비 등 부당하게 사외유출된 금액을 회수하고 세무조정으로 익금산입하여 수정신고 하는 경우의 소득처분은 사내유보로 한다. 다만, 세무조사의 통지를 받거나 세무조사에 착수된 것을 알게 된 경우 등 경정이 있을 것을 미리 알고 사외유출된 금액을 익금산입하는 경우에는 대표자상여로 소득처분한다.

① 발생의 원인

> ■ 기업회계상 잉여금 < 법인세법상 잉여금
>   기업회계상 잉여금(자기자본) + 유보 = 법인세법상 잉여금(자기자본)

② 결   과

과세소득금액 계산상 자산이 증가하거나 과세소득금액 계산상 부채가 감소

③ 사   례

- 감가상각부인액 : 기업회계상 자산의 과소계상 → 과세소득금액 계산상 자산의 증가
- 퇴직연금충당부채 부인액 : 기업회계상 부채의 과대계상
  → 과세소득금액 계산상 부채의 감소

2. 손금산입·익금불산입 항목에 대한 유보(소극적 유보)

손금산입 또는 익금불산입한 금액이 해당 법인에 귀속되어 과세소득금액 계산상 자산을 감소시키거나 부채를 증가시킴으로써 법인세법상 자기자본을 감소시키는 경우에는 이를 △유보로 처분한다.

① 발생의 원인

> ■ 기업회계상 잉여금 > 법인세법상 잉여금
>   기업회계상 잉여금(자기자본) − 유보 = 법인세법상 잉여금(자기자본)

② 결 과

과세소득금액 계산상 자산이 감소하거나 과세소득금액 계산상 부채가 증가

③ 사 례

■ 선급비용 손금산입 : 기업회계상 자산의 과대계상
　　　　　　　　　　　→ 과세소득금액 계산상 자산의 감소

■ 준비금의 손금산입 : 기업회계상 부채의 과소계상
　　　　　　　　　　　→ 과세소득금액 계산상 부채의 증가

■ 미수이자 익금불산입 : 기업회계상 자산의 과대계상
　　　　　　　　　　　→ 과세소득금액 계산상 자산의 감소

1. 개 념

익금산입 또는 손금불산입 항목에만 적용되는 소득처분으로서 세무조정에 의하여 증가한 과세소득금액이 기업 외부로 유출된 경우에는 외부 귀속자의 지위에 따라 배당, 상여, 기타사외유출 및 기타소득으로 구분하여 소득처분한다. 이러한 금액은 유보와 달리 기업회계상 잉여금과 법인세법 잉여금 간에 차이가 발생하지 아니하며, 차기 이후에도 차이 금액이 소멸하지 아니하는 영구적 차이에 해당하므로 이연법인세회계와 관련이 없다.

2. 사외유출의 유형

유 형	귀 속 자	원천징수 의 무	귀속자에 대한 소득세 과세 여부
배 당	• 출자자 (임원, 사용인 제외)	○	• 배당소득에 대한 종합소득세 과세
상 여	• 임원 또는 사용인 (출자자 포함)	○	• 근로소득에 대한 종합소득세 과세
기타사외 유 출	• 법인·개인사업자 • 법정사유에 해당	×	• 법인사업자 : 법인세 과세 • 개인사업자 : 사업소득에 대한 종합소득세 과세
기타소득	• 위 이외의 자	○	• 기타소득에 대한 종합소득세 과세

(1) 배 당

익금산입 또는 손금불산입으로 발생한 소득금액이 기업 외부로 유출되어 출자자(사용인과 임원 제외)에게 귀속되었음이 분명한 경우에는(기타사외유출로 처분된 경우 제외) 그 출자자(주주)에게 귀속되는 배당으로 처분한다.

① 배당소득의 지급시기

- 신고조정 때 처분된 배당 : 법인세 과세표준 신고기일
- 결정 또는 경정 때 처분된 배당 : 소득금액 변동통지서를 받은 날

② 배당소득의 수입시기 및 원천징수

법인세법에 따라 처분된 배당소득에서는 해당 법인의 해당 사업연도 결산확정일이 수입시기로 하며, 배당으로 처분된 금액은 개인에게 종합소득세를 과세해야 하므로 해당 법인은 원천징수를 하여 신고 납부해야 한다.

(2) 상 여

익금산입 또는 손금불산입한 소득금액의 귀속자가 임원(출자임원 포함)과 사용인이면 상여로 처분한다. 한편, 출자임원에 귀속된 소득금액이 출자한 금액에 비례하여 처분된 경우에도 그 임원에 대한 상여로 처분한다.

(3) 귀속이 불분명한 경우

익금산입 또는 손금불산입한 소득금액의 귀속자가 불분명한 경우에는 이를 대표자에 대한 상여로 처분한다.

여기서 '대표자'란 소액주주가 아닌 주주 등인 임원 또는 그의 특수관계인이 소유하는 주식 등을 합하여 해당 법인의 발행주식총수 또는 출자총액의 30% 이상을 소유하고 있는 경우, 그 임원이 법인의 경영을 사실상 지배하고 있으므로 그 자를 대표자로 하고, 조세특례제한법 규정에 따라 법인에 원천징수의무가 면제되는 경우로서 주주 등 임원 중 해당 법인을 대표하고 있는 자가 따로 있다고 해당 법인이 신고한 때에는 그 신고한 자를 대표자로 하며, 대표자가 2 이상이면 사실상 대표자로 한다. 또한, 사업연도 중에 대표자가 변경된 경우에는 사실상 대표자 각인(各人)에게 귀속된 것이 분명한 금액은 이를 대표자 각인에게 구분하여 처분하고, 귀속이 불분명한 경우에는 재직기간의 일수에 따라 구분 계산하여 이를 대표자 각인에게 상여로 처분한다.

한편, 귀속이 불분명하여 대표자에게 귀속된 것으로 보아 상여로 처분한 금액에 대한 소득세 상당액을 법인이 납부하고 이를 손비로 계상하거나 그 대표자와의 특수관계가 소멸할 때까지 회수하지 아니하여 익금산입한 금액은 기타사외유출로 소득처분한다.

(4) 귀속자가 법인 또는 개인사업자의 경우

익금산입·손금불산입한 소득금액이 내국법인 또는 외국법인 국내사업장의 각 사업연도 소득이나 거주자 또는 비거주자의 국내사업장의 사업소득을 구성하는 때에만 기타사외유출로 소득처분한다.

(5) 법정 사유에 의한 기타사외유출

다음의 사유에 해당하는 경우에는 항상 기타사외유출로 처분한다.

① 법정·일반기부금의 손금불산입액
② 기업업무추진비의 손금불산입액
③ 채권자 불분명 사채이자, 지급받은 자가 불분명한 채권 등의 이자와 할인액에 대한 원천징수세액 상당액
④ 업무무관부동산·동산 및 업무무관 가지급금 관련 지급이자 손금불산입액
⑤ 임대보증금에 대한 간주익금
⑥ 대표자에게 귀속된 것으로 보아 상여로 처분한 경우 해당 법인이 그 처분에 대한 소득세를 납부하고 이를 손비로 계상하거나 그 대표자와의 특수관계가 소멸할 때까지 회수하지 아니하여 익금에 산입한 금액
⑦ 불균등 증자·감자 및 합병으로서 부당행위계산부인에 해당하여 익금에 산입된 금액으로서 귀속자에게 증여세가 과세하는 경우
⑧ 외국법인 국내사업장의 각 사업연도의 소득에 대한 법인세의 과세표준을 신고하거나 결정 또는 경정하면서 익금에 산입한 금액이 동 외국법인의 본점에 귀속되는 경우
⑨ 천재·지변 등에 의한 추계조사 결정에 있어서 결정된 과세표준과 법인의 재무상태표상의 당기순이익과의 차액

(6) 기타소득

각 사업연도 소득금액 계산과정에서 익금산입 또는 손금불산입으로 인하여 발생한 소득금액이 기업 외부로 유출되어 출자자·사용인·임원 이외의 자에게 귀속되었음이 분명한 경우(기타사외유출로 처분된 경우 제외)는 귀속자에 대한 기타소득으로 처분한다.

① 기타소득의 지급시기

- 신고조정 때 처분된 소득 : 법인세 과세표준 신고기일
- 결정 또는 경정 때 처분된 소득 : 소득금액 변동통지서를 받은 날

② 기타소득의 수입시기 및 원천징수

법인세법에 따라 처분된 기타소득에 대해서는 해당 법인의 해당 사업연도 결산확정일이 수입시기로 하며, 기타소득으로 처분된 금액은 필요경비를 인정하지 아니하고 처분금액 전액에 대해 종합소득세를 과세해야 하므로 해당 법인은 원천징수를 하여 신고 납부해야 한다.

예제) 사외유출로 소득처분한 금액의 소득세 귀속사업연도

(주)경인은 19기(2024.1.1.~2024.12.31.) 세무조정과정에서 업무무관경비 1,000,000원을 손금불산입하였다. 그 금액의 귀속자가 ㈜경인의 개인주주인 경우, 임원인 경우, 주주도 임직원도 아닌 제3자인 경우로 구분하여 귀속자별로 소득처분을 하고, 각 처분별로 「소득세법」상 소득의 종류 및 소득의 귀속연도를 설명하라.

해답

귀 속 자	소득처분	소득세법	
		소득의 종류	소득의 귀속연도
개인주주	배　당	배당소득	2024년 (결산확정일)
임　　원	상　여	근로소득	2023년 (근로제공일)
제 3 자	기타소득	기타소득	2024년 (결산확정일)

1. 의 의

세무조정사항이 기업회계상 잉여금과 법인세법상 잉여금의 차이를 발생시키지 아니할 뿐만 아니라 기업의 외부로 유출된 것으로도 볼 수 없는 경우에는 기타로 처분한다.

2. 사 례

(1) 자본잉여금으로 계상한 항목을 익금에 산입하는 경우

■ 자기주식처분이익 및 자본조정계정의 증감 등

(2) 전기이월이익잉여금의 증감 및 중요한 전기오류수정손익을 익금 또는 손금에 산입하는 경우

■ 자산수증이익, 회계변경누적효과 등

(3) 익금불산입 항목으로서 유보로 처분할 수 없는 것

■ 국세 또는 지방세 환급금 이자, 이중과세 조정을 위한 수입배당금액 등

1. 개요

특정 사업연도의 유보로 처분된 금액은 다음 사업연도(차기)로 이월되며, 차기 이후 사업연도의 소득금액을 계산하면서 직접 또는 간접의 영향을 미친다.

유보이월액이 소득금액의 계산에 미치는 직접 영향이란 유보이월액이 다음 사업연도의 세무조정을 통하여 소득금액에 직접 가감되는 영향을 말하며, 간접 영향이란 유보이월액이 각종 손금산입 한도액의 계산에 반영됨으로써 소득금액에 간접적으로 미치는 영향을 말한다.

2. 반대의 세무조정에 의한 소멸 : 직접 영향

(1) 원 인

유보는 자산과 부채의 과대계상 또는 과소 계상되어 발생하는 세무조정사항이므로 해당 자산 또는 부채가 손익에 반영되어 소멸하는 과정에서 수익이나 비용을 발생시키는 경우 순이익이 과대 또는 과소 되는 결과를 초래하게 된다. 따라서 반대의 세무조정은 필요한 것이다.

참고 유보 또는 △ 유보의 사후관리

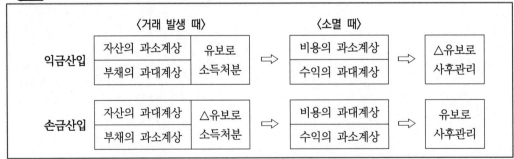

(2) 소멸의 형태

1) 다음 사업연도에 자동으로 조정되는 경우

- 대손충당금 한도초과액, 재고자산 평가감 또는 평가증

2) 수정분개에 의하여 소멸하는 경우

- 전기오류사항에 대한 수정분개를 하는 경우 기업회계상 금액과 법인세법상 금액이 일치하게 되므로 유보금액을 소멸시키는 반대 세무조정을 하여야 한다.

3) 일정 요건을 충족하는 시점에 소멸하는 경우

① 감가상각부인액 및 건설자금이자

- 감가상각 시인부족액이 발생한 때, 해당 자산을 양도하거나 평가증을 할 때

② 의제배당으로 익금에 산입된 금액

- 해당 주식 등을 양도할 때

③ 자산의 과대계상

- 해당 자산에 대해 감가상각을 하거나 양도할 때 또는 평가증을 할 때

④ 대손금 부인액

- 대손 요건을 충족한 때 또는 대손금을 회수한 때

⑤ 퇴직연금충당부채 한도초과액

- 법인세법상 금액을 초과하여 퇴직금을 지급한 때 또는 충당금을 환입한 때(임원 제외)

⑥ 준비금의 한도초과액

- 준비금을 환입할 때

3. 간접 영향

정률법에 따른 감가상각범위액의 계산 및 퇴직연금충당금한도액의 계산 등 법인세법상 손금산입 한도액을 계산함에서는 해당 계정과목에 관련된 유보 잔액을 반드시 고려하여야 하는바, 이에 따라 손금산입 한도액이 달라지는데 이러한 효과를 간접 영향이라 한다.

4. 법인세법상 자기자본과 법인세 신고 서식

세무회계에서는 별도의 장부를 유지하지 아니하는 대신 기업회계 장부를 기초로 하여 법인세법상 자기자본과 각 사업연도소득을 계산하기 때문에 기업회계와 세무회계의 차이 중 기업회계 장부에 반영되지 않은 세무조정(신고조정) 사항에 대해서는 관리를 해야 한다. 왜냐하면, 법인세법상 자기자본은 법인이 해산하는 경우 청산소득에 대한 법인세를 계산하는 데 필요하며, 또한 각 사업연도소득에 대한 법인세를 계산하고 소득처분에 대하여 거래 상대방에게 소득세를 과세하는 자료로 사용되기 때문이다.

당기순이익과 각 사업연도소득의 차이 그리고 기업회계상 자기자본과 법인세법상 자기자본의 차이를 그림으로 나타내면 다음과 같다.

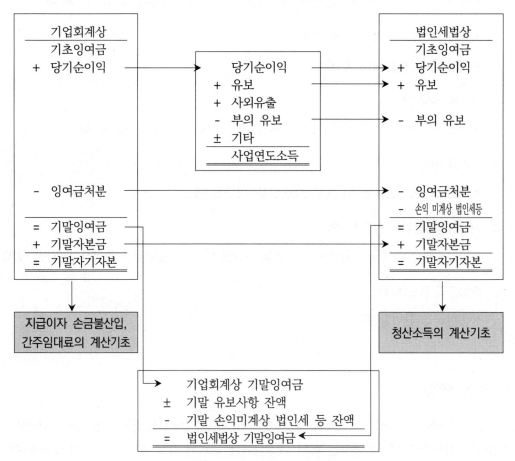

법인세법에서는 신고서식을 작성하여 과세표준 및 세액신고를 할 때 첨부하도록 하고 있는데, 신고서식을 이용하여 계산과정을 표시하면 다음과 같다.

소득금액조정합계표

익금산입 · 손금불산입			손금산입 · 익금불산입		
과 목	금 액	처 분	과 목	금 액	처 분
	×× ①	유보		×× ⑥	△유보
	×× ②	배당		×× ⑦	기타
	×× ③	상여			
	×× ④	기타소득			
	×× ⑤	기타사외유출			
합 계	×× ⑧		합 계	×× ⑨	

법인세 과세표준 및 세액조정계산서

각 사업연도소득 계산		
결산서당 당기순손익		××
소득조정 금액	익금산입(+)	×× ⑧
	손금산입(-)	×× ⑨
차가감소득금액(=)		××
기부금한도초과액(+)		××
기부금한도초과이월액손금산입(-)		××
각 사업연도소득금액(=)		××

자본금과 적립금조정명세서(을)

과 목	기초잔액	당기 중 증감		기말잔액 (익기초현재)
		감 소	증 가	
	××		×× ①	××
	××	×× ⑥		××
계	×× ㉮	×× ㉯	×× ㉰	×× ㉱

소득자료명세서

종합 소득세 자료	처 분	금 액	원천징수세액	소득자
	배 당	×× ②	××	
	상 여	×× ③	××	
	기타소득	×× ④	××	
계		××	××	

자본금과 적립금조정명세서(갑)

과목 또는 사항		기초잔액	당기 중 증감		기말잔액 (익기초잔액)
			감 소	증 가	
자본금 및 잉여금 (장부상)	자본금				
	×××잉여금				
	×××잉여금				
	계(Ⅰ)	××	××	××	×× (장부상)
자본금과 적립금계산서(을)(Ⅱ)		×× ㉮	×× ㉯	×× ㉰	×× ㉱
손익미계상 법인세 등(Ⅲ)		××	××	××	××
차가감계(Ⅰ)+(Ⅱ)-(Ⅲ)		××	××	××	×× (법인세법상)

(1) 소득금액조정합계표

소득금액조정합계표는 해당 사업연도의 세무조정사항을 집계하는 서식으로 신고조정항목별 금액 및 소득처분내용을 표시하며, 다음과 같은 세 가지 기능이 있다.

1) 해당 사업연도 소득금액의 계산을 위한 자료의 제공(⑧ · ⑨)

익금산입 · 손금불산입항목의 합계와 손금산입 · 익금불산입항목의 합계를 법인세 과세표준 및 세액조정계산서로 보내 해당 사업연도 소득금액을 계산하도록 한다. 단, 세무조정항목 중 일반기부금 한도초과액 및 한도초과이월액 손금산입은 소득금액조정합계표에 표시하지 아니하고, 기부금조정명세서에서 계산한 후 직접 과세표준 및 세액조정계산서로 보내진다. 이렇게 하는 이유는 일반기부금 한도액이 해당 사업연도 소득금액을 기초로 계산되기 때문이다.

2) 유보소득금액의 계산을 위한 자료의 제공(① · ⑥)

신고조정사항 중 유보로 처분된 항목에 대하여 해당 유보사항의 해당 사업연도 중 증감내용에 관한 자료를 자본금과 적립금조정명세서(을)로 보내 해당 사업연도 말 유보소득금액을 계산하도록 한다.

3) 원천징수 및 소득세 과세자료의 제공(② · ③ · ④)

사외유출로 처분된 익금산입 · 손금불산입 사항 중 배당 · 상여 · 기타소득으로 처분된 사항을 소득자료명세서로 보내 거래상대방에 대하여 원천징수한 내용을 관할 세무서장에게 통지하도록 한다.

(2) 법인세 과세표준 및 세액조정계산서

소득금액조정합계표에서 받은 자료를 기초로 해당 사업연도의 소득금액 및 과세표준과 세액을 계산하는 서식이다.

(3) 자본금과 적립금조정명세서(을)

유보소득의 증감내용을 계산하기 위한 서식으로 유보사항의 기초잔액에 소득금액 조정합계표상 유보로 처분된 항목(해당 사업연도 중 유보소득의 증감내역)을 가감하여 유보사항의 기말잔액을 계산한다. 자본금과 적립금조정명세서(을)의 작성요령은 다음과 같다.
① 과목 또는 사항 : 세무조정과목 또는 사항을 기재함.

② 기초잔액 : 전기 자본금과적립금조정명세서(을)의 기말잔액을 옮겨 적음.

③ 감소 : 전기말 현재의 유보(△유보)금액 중 해당 사업연도 중에 △유보(유보)로 처분되어 기초잔액이 감소된 금액을 기재함.

④ 증가 : 당기 세무조정으로 인한 유보(△유보)의 발생액을 기재함. 이 경우 △유보는 △부호를 표시하여 증가란에 기재함.

⑤ 기말잔액 : ② - ③ + ④

(4) 자본금과 적립금조정명세서(갑)

법인세법상 자기자본총액을 계산하기 위한 서식으로 기업회계상 자기자본에 자본금과 적립금조정명세서(을)에서 계산한 유보소득의 합계액을 가산하고, 손익미계상 법인세등을 차감하여 법인세법상 자기자본을 계산한다. 법인세법상 자기자본은 청산소득 계산할 때 잔여재산가액 또는 합병·분할대가에서 공제될 금액이 된다.

'손익미계상 법인세 등'이라 함은 해당 사업연도의 법인세 및 지방소득세로서 계산된 금액보다 손익계산서에 비용으로 계상한 법인세 및 지방소득세의 합계액이 적은 경우의 차이를 말하며, 이러한 기업회계상 오류를 법인세법상 자기자본의 계산에 있어서 차감하도록 하고 있다. 손익미계상 법인세등은 그 후의 사업연도에 잉여금의 감소(전기오류수정손실 등)로 처리하거나 해당 법인세등을 추가로 납부한 경우 소멸 또는 감소한다.

【법인세법상 자기자본의 계산 구조】

기업회계상 자기자본 (±) 유 보 잔 액 의 합 계 (-) 손익미계상 법인세 등	⇒ 자본금과 적립금 조정명세서(을) 표에서 이기 ⇒ (법인세총부담세액+지방소득세+농어촌특별세) - 손익계산서상 법인세비용
법인세법상 자기자본	

※ 미지급법인세의 차액은 자본금과적립금조정명세서(을)표에 기재하지 아니하고 자본금과적립금조정명세서(갑)표에서 직접 조정한다.

(5) 소득자료명세서

소득처분사항 중 거래상대방으로부터 원천징수를 하여야 하는 항목, 즉 사외유출에 해당하는 익금산입·손금불산입항목 중 배당·상여·기타소득으로 처분된 신고조정사항에 대하여 원천징수를 하였다는 것과 거래상대방이 누구라는 것을 관할 세무서장에게 통지함으로써 관할 세무서장이 해당 거래상대방에 대한 과세자료로 활용할 수 있도록 작성하는 서식이 소득자료명세서이다.

5. 자본금과 적립금 조정명세서 작성사례

다음은 경인(주)의 제18기 사업연도(2024.1.1~2024.12.31)에 관한 자료이다.
자료를 이용하여 자본금과 적립금 조정명세서를 작성하라.

(1) 재무상태표상 기초자본 내역

① 자본금   100,000,000원
② 자본잉여금   12,000,000원
 • 주식발행액면초과액 5,000,000원
 • 감자차익   7,000,000원
③ 이익잉여금   32,000,000원
 • 이익준비금   20,000,000원
 • 임의적립금   7,000,000원
 • 차기이월이익잉여금 5,000,000원

(2) 당기 이익잉여금처분계산서 내역

① 미처분이익잉여금 15,000,000원
② 이익잉여금처분액   6,000,000원
 (이익준비금 : 5,000,000원, 임의적립금 : 1,000,000원)
③ 차기이월이익잉여금 9,000,000원

(3) 기중 납입자본금 및 자본잉여금 변동사항 없음

(4) 세무조정결과 소득증가로 손익미계상 법인세등은 다음과 같음

- 법인세 500,000원
- 지방소득세 50,000원

(5) 세무계산상 이월결손금은 다음과 같음

- 2021년1월1일~2021년12월31일 4,000,000원(2022년에 3,500,000원을 공제하였으며, 미공제액 500,000원은 2024년 사업연도에 모두 공제함)

(6) 전기 자본금과 적립금 조정명세서(을) 기말잔액과 당기 소득금액 조정내역

과목 또는 사항	자본금과 적립금 조정명세서 (을) 전기말 금액	당기소득금액 조정합계표			
		익금산입 및 손금불산입		손금산입 및 익금불산입	
		금 액	처 분	금 액	처 분
공 사 수 입 조 정	5,000,000	3,500,000	유 보	5,000,000	유 보
기업업무추진비한도초과		5,000,000	기타사외유출		
외 화 평 가 손 실	4,000,000	200,000	유 보		
가 지 급 금 인 정 이 자		900,000	상 여		
건 설 자 금 이 자	800,000	100,000	유 보		
중소기업투자준비금 한 도 초 과	2,200,000			1,000,000	유 보
퇴 직 연 금 충 당 금 한 도 초 과	300,000	900,000	유 보		
대손충당금한도초과	700,000			700,000	유 보
재 고 자 산 평 가 감	400,000	600,000	유 보	400,000	유 보
유 형 고 정 자 산 감가상각비 부인액	3,000,000			2,000,000	유 보
토 지 취 득 세	260,000	240,000	유 보		
벌 과 금		270,000	기타사외유출		
법 인 세 등		3,300,000	기타사외유출		
계	16,660,000	15,010,000		9,100,000	

(1) 자본금과 적립금 조정명세서(을) 작성요령

과 목	기초잔액	당기 중 증감		기말 잔액	작성참고자료
		감 소	증 가		

제 좌	직전(을)
	표 상의
	기말잔액
		• 전기 익금산입분 중 익금
		  불산입 유보
		
		• 전기 손금불산입분 중 손
		  금산입 유보
		
		• 전기 손금산입(△)분 중 손
		  금불산입 유보(△)
		
		• 전기 익금불산입(△)분 중
		  익금산입 유보(△)
			• 익금산입
			  유보(+)
			
			• 손금불산입
			  유보(+)
			
			• 손금산입
			  유보(△)
			
			• 익금불산입
			  유보(△)
				기초잔액
				– 당기감소
				+ 당기증가
					소득금액조정합
					계표 중 유보처
					분금액

사업 연도	2024.01.01. ~ 2024.12.31.	자본금과 적립금조정명세서(을)	법인명	경인(주)

※ 관리 번호	☐☐ - ☐☐	사업자등록번호 ☐☐☐ ☐☐ ☐☐☐☐

※ 표시란은 기입하지 마십시오.

세무조정유보소득계산

①과 목 또 는 사 항	②기초잔액	당 기 중 증 감		⑤기 말 잔 액 (익기초현재)	비 고
		③감 소	④증 가		
공 사 수 입	5,000,000	5,000,000	3,500,000	3,500,000	
외 화 평 가 손 실	4,000,000		200,000	4,200,000	
건 설 자 금 이 자	800,000		100,000	900,000	
중 소 기 업 투 자 준 비 금	2,200,000	1,000,000		1,200,000	
퇴 직 연 금 충 당 금	300,000		900,000	1,200,000	
대 손 충 당 금	700,000	700,000		0	
재 고 자 산 평 가 감	400,000	400,000	600,000	600,000	
(유형)감가상각부인액	3,000,000	2,000,000		1,000,000	
토 지 취 득 세	260,000		240,000	500,000	
합 계	16,660,000	9,100,000	5,540,000	13,100,000	

(2) 자본금과 적립금 조정명세서(갑) 작성요령

과 목	기초잔액	당기 중 증감		기말 잔액	작성참고자료
		감 소	증 가		
자 본 금	직전(갑)표 상의 기말잔액	감 자	증 자	기말 재무상태표상 잔액	
자 본 잉 여 금	〃	자본금대체 이월결손금보전	당기 발생액	기말 재무상태표상 잔액	
자 본 조 정	〃	감소 총액	증가 총액	기말 재무상태표상 잔액	
기타포괄손익 누 계 액	〃	감소 총액	증가 총액	기말 재무상태표상 잔액	
이 익 잉 여 금	〃	자본금대체 이월결손금보전 임의적립금이입	당기 발생액	기말 재무상태표상 잔액	
자 본 금 과 적 립 금 조 정 명세서(을)계	〃	감소 총액	증가 총액	기말 잔액	자본금과적립금 조정명세서(을)
손 금 미 계 상 법 인 세 등	〃	당기 납부	당기 미계상액	좌 동	과세표준 및 세액신고서와 당초 계상액

사 업 연 도	2024.01.01 ~ 2024.12.31	자본금과 적립금 조정명세서(갑)	법 인 명	경인㈜
			사업자등록번호	

Ⅰ. 자본금과 적립금 계산서

①과목 또는 사항		코드	②기초잔액	당 기 중 증 감		⑤기 말 잔 액	비고
				③감 소	④증 가		
자본금 및 잉여금등의 계산	1. 자 본 금	01	100,000,000			100,000,000	
	2. 자 본 잉 여 금	02	12,000,000			12,000,000	
	3. 자 본 조 정	15					
	4. 기타포괄손익누계액	18					
	5. 이 익 잉 여 금	14	32,000,000		10,000,000	42,000,000	
		17					
	6. 계	20	144,000,000		10,000,000	154,000,000	
7. 자본금과 적립금명세서(을) 계		21	16,660,000	9,100,000	5,540,000	13,100,000	
손익미계상 법인세 등	8. 법 인 세	22			500,000	500,000	
	9. 지 방 소 득 세	23			50,000	50,000	
	10. 계 (8+9)	30			550,000	550,000	
11. 차 가 감 계(6+7-10)		31	160,660,000	14,100,000	19,990,000	166,550,000	

Ⅱ. 이월결손금 계산서

1. 이월결손금 발생 및 증감내역

⑥ 사업 연도	이월결손금					감 소 내 역				잔 액		
	발 생 액			⑩ 소급 공제	⑪ 차감계	⑫ 기공 제액	⑬ 당기 공제액	⑭ 보전	⑮ 계	⑯ 기한 내	⑰ 기한 경과	⑱ 계
	⑦계	⑧일반 결손금	⑨배분 한도초과 결손금 (⑨=㉕)									
2021	4,000,000	4,000,000			4,000,000	3,500,000	500,000		4,000,000			0
계	4,000,000	4,000,000			4,000,000	3,500,000	500,000		4,000,000			0

2. 법인세 신고 사업연도의 결손금에 동업기업으로부터 배분한도를 초과하여 배분받은 결손금(배분한도 초과결손금)이 포함되어 있는 경우 사업연도별 이월결손금 구분내역

⑲ 법인세 신 고 사업연도	⑳ 동업기업 과세연도 종 료 일	㉑ 손금산입한 배분한도 초 과 결 손 금	㉒ 법인세 신 고 사업연도 결 손 금	배분한도 초과결손금이 포함된 이월결손금 사업연도별 구분			㉖법인세 신고 사업연도 발생 이월결손금 해당액 (⑧일반결손금으로 계상) (㉑≧㉒의 경우는 "0", ㉑<㉒의 경우는 ㉒-㉑)
				㉓ 합 계 (㉓=㉕+㉖)	배분한도 초과결손금 해당액		
					㉔ 이월결손금 발생 사업연도	㉕이월결손금 (㉕=⑨) ㉑과 ㉒ 중 작은 것에 상당하는 금액	

Ⅲ. 회계기준 변경에 따른 자본금과 적립금 기초잔액 수정

㉗과목 또는 사항	㉘코드	㉙전기말 잔액	기초잔액 수정		㉜수정후 기초잔액 (㉙+㉚-㉛)	㉝비 고
			㉚증가	㉛감소		

제4장 익금회계

제1절 익금

1. 익금의 개요

익금이란 법인의 순자산을 증가시키는 거래로 인하여 발생하는 수익(이익 또는 수입)의 금액을 말하나, 자본 또는 출자의 납입 및 법인세법에서 규정하는 익금불산입항목을 제외한 금액을 말한다.

2. 익금의 범위

법인세법에서는 모든 익금항목을 열거하여 규정하지 아니하고, 익금항목에 해당하는 수익의 범위를 예시하고 있으므로 법인세법에서 예시되지 아니한 항목이라 하더라도 법인의 순자산을 증가시키는 거래로 인하여 발생하는 수익은 익금에 해당한다. 법인세법에서 예시하고 있는 익금의 범위는 다음과 같다.

① 사업수입금액(매출액)
② 자산(자기주식 포함)의 양도금액
③ 자산의 임대료
④ 자산의 평가이익
⑤ 자산수증이익 · 채무면제이익(결손금 보전에 사용한 이익은 제외함)
⑥ 손금에 산입한 금액 중 환입된 금액

⑦ 이익처분에 의하지 아니하고 손금으로 계상된 적립금액

⑧ 합병·증자·감자에 의한 자본거래로 인하여 특수관계인으로부터 분여 받은 이익

⑨ 특수관계에 있는 개인으로부터 저가 양수한 유가증권의 매입가액과 시가와의 차액

⑩ 외국자회사의 간접외국납부세액(세액공제를 하는 경우만 해당함)

⑪ 의제배당

⑫ 임대보증금 등에 대한 간주익금

⑬ 기타 수익으로서 그 법인에 귀속되었거나 귀속될 금액

3. 주요 익금항목

(1) 사업수입금액

사업수입금액이란 한국표준산업분류에 의한 사업에서 생기는 수입금액(매출액)을 말한다. 이 경우 기업회계에 의한 매출에누리, 매출환입 및 매출할인은 제외하며, 법인세 과세표준금액을 추계결정 또는 경정하는 경우 부동산임대에 의한 전세금 또는 임대보증금에 대한 수입금액은 기획재정부령이 정하는 정기예금이자율을 적용하여 계산한 간주임대료 상당액으로 한다.

(2) 자산(자기주식 포함)의 양도금액

자산의 양도금액을 익금으로 보는 것은 익금과 손금의 범위를 총액법으로 규정하기 위한 것으로서, 법인세법은 자산의 양도에 있어서 자산의 양도가액을 익금으로 규정함과 동시에 양도한 자산의 장부금액을 손금으로 규정하고 있다. 따라서 법인이 기업회계에 따라 자산의 처분손익을 적정하게 계상한 경우에는 총액법에 의한 세무조정을 별도로 하지 않는다.

(3) 자기주식처분이익

기업회계와 달리 법인세법에서는 자기주식의 처분에 따른 이익을 익금으로 보아 법인세를 과세함으로 자기주식의 처분에 따른 손실은 손금으로 세무조정해야 한다. 그러나 자기주식의 소각에 따른 손익(감자차익 또는 감자차손)은 기업회계와 같이 자본거래로 보아 손금 또는 익금에 산입하지 아니한다.

예제) 자기주식처분거래

(주)천국은 제21기 사업연도에 법인설립 후 최초로 40,000,000원에 취득한 자기주식을 다음과 같이 처분하여 회계처리한 경우 사례별로 세무조정을 하라.

[사례 1] 60,000,000원에 처분한 경우

| (차) 현 | 금 | 60,000,000 | (대) 자 기 주 식 | 40,000,000 |
| | | | 자기주식처분이익 | 20,000,000 |

[사례 2] 20,000,000원에 처분한 경우

| (차) 현 | 금 | 20,000,000 | (대) 자 기 주 식 | 40,000,000 |
| 자기주식처분손실 | | 20,000,000 | | |

구 분	세 무 조 정
[사례 1]	〈익금산입〉 자기주식처분이익 20,000,000(기타)
[사례 2]	〈손금산입〉 자기주식처분손실 20,000,000(기타)

【자기주식소각손익과 자기주식처분손익 요약】

구 분	처리방법	기업회계	법 인 세 법
소 각	자기주식소각이익 (감자차익)	자본잉여금	세무조정 불필요
	자기주식소각손실 (감자차손)	자본조정	세무조정 불필요
처 분	자기주식처분이익	자본잉여금	익금산입(세무조정 필요)
	자기주식처분손실	자본조정	손금산입(세무조정 필요)

(4) 자산의 임대료

자산의 임대료란 일시적으로 자산을 대여하여 발생한 수입금액을 말한다. 따라서 법인의 목적사업이 자산을 대여할 때는 임대업의 매출액으로서 사업수입금액에 해당하기 때문에 자산의 임대료에 해당하지 않는다. 이러한 자산의 임대료는 계약조건에 따라 각 사업연도의 임대료로서 수입될 금액을 익금에 산입한다.

(5) 자산의 평가이익

법인세법은 자산의 평가이익에 대하여 특별한 경우를 제외하고는 익금에 산입할 수 없도록 규정하고 있다.

【자산평가이익의 법인세법상 처리요약】

구 분	원 칙	예 외	비 고
고 정 자 산	• 익금불산입 • 평가증된 자산가액의 부인	• 보험업법 등에 의한 평가이익 • 합병 · 분할 때의 평가이익	법법18(1)단서 법법17(3)(4)
재 고 자 산	• 시가평가이익 : 익금불산입 • 평가방법의 차이 : 익금산입	• 없 음	법법42①
유 가 증 권	• 시가평가이익 : 익금불산입 • 평가방법의 차이 : 익금산입	• 없 음	법법42①

예제) 자산의 평가이익

다음 각 사례별로 세무조정을 행하라.

〈사례 1〉「보험업법」에 의하여 장부가액 1억원인 토지를 2억원으로 평가증하고 그 차액을 기타포괄손익
누계액인 자산재평가이익으로 계상하였다.

〈사례 2〉 이사회 결의에 따라 장부가액 1억원인 토지를 2억원으로 평가증하고 그 차액을 기타자본잉여금
으로 계상하였다.

〈사례 1〉 법률상 평가증	차 변		대 변	
	자산·부채 항목	손익항목	자산·부채 항목	손익항목
회계처리	토지 1억원			자산재평가이익 1억원
세 법	토지 1억원			익금 1억원
차이 분석 (순자산에 미치는 영향)	차이 없음			차이 없음
세무조정 (순자산 조정)	조정 없음			조정 없음

〈사례 2〉 임의 평가증	차 변		대 변	
	자산·부채 항목	손익항목	자산·부채 항목	손익항목
회계처리	토지 1억원		자산재평가이익 1억원	
세 법				
차이 분석 (순자산에 미치는 영향)	토지 1억원 과대		자본잉여금 과대 (순자산 ↑)	
세무조정 (순자산 조정)	익금불산입 1억원 △ 유보		익금산입 1억원 기타	

(6) 자산수증이익과 채무면제이익

법인이 무상으로 받은 자산의 가액(자산수증이익)과 채무의 면제 또는 소멸로 인하여 생기는 부채의 감소액(채무면제이익)은 순자산의 증가를 발생시키므로 익금산입한다. 다만, 자산수증이익(국고보조금 등 제외)과 채무면제이익을 법인세법상 이월결손금의 보전에 충당한 경우에는 익금불산입한다.

(7) 손금에 산입된 금액 중 환입된 금액

해당 사업연도 이전에 손금으로 산입한 금액 중 해당 사업연도에 환입된 것은 익금으로 산입한다. 예를 들면, 재산세·자동차세·공과금 등을 지출한 후 손금에 산입하였으나 납부 착오 등으로 환급받는 금액과 대손충당금, 준비금 등과 같이 비용으로 계상한 금액이 기한도래 등의 사유로 환입되는 금액은 익금산입한다. 다만, 익금산입 또는 손금불산입된 금액이 환입되는 경우에는 이월익금에 해당하므로 익금불산입한다.

(8) 이익처분에 의하지 아니하고 손금으로 계상된 적립금액

이익처분으로 처리하여야 할 적립금액(예 : 이익준비금, 기업합리화적립금 등)을 비용으로 계상한 경우에는 익금으로 산입한다. 이는 잉여금의 처분을 손비로 계상한 금액을 손금불산입하는 것과 같은 개념으로서, 기업회계상 이익처분대상을 비용으로 계상하는 회계처리는 인정되지 아니한다.

(9) 합병·증자·감자 등의 자본거래로 인해 특수관계인으로부터 분여 받은 이익

법인이 특수관계인으로부터 다음에 해당하는 자본거래를 통하여 분여 받은 이익은 익금에 산입한다.

① 특수관계인인 법인 간의 합병에 있어서 불공정한 비율로 합병한 경우
② 법인의 증자에 있어서 신주인수권의 전부 또는 일부를 포기하거나 신주를 시가보다 높은 가액으로 인수하는 경우
③ 법인의 감자에 있어서 불균등 감자를 하는 경우

이익을 분여한 주주	이익을 분여받은 주주
① 영리법인 : 익금산입(기타사외유출)[㈜] 　∵부당행위계산부인규정 적용	① 영리법인 : 익금산입(유보) 　∵ 익금항목에 해당
② 개인 · 비영리법인 : 현행 세법상 규정 없음	② 개인 · 비영리법인 : 증여세 과세

㈜ 개인 · 비영리법인에 증여세가 과세하지 않을 때는 배당 · 상여 등으로 소득처분한다.

4. 특정 익금항목

(1) 유가증권 저가매입의 경우

법인이 자산을 저가로 매입하는 경우 원칙적으로 저가매입액을 그대로 인정하며, 별도의 세무조정을 행하지 않는다. 왜냐하면, 저가매입액 만큼 취득가액이 낮아지므로 처분단계에서 과세되기 때문이다. 그러나 특수관계인인 개인으로부터 유가증권을 시가에 미달하는 가액으로 매입하는 경우 시가와 해당 매입가액의 차액에 상당하는 금액을 익금으로 본다. 이 경우 익금산입은 세무조정을 통해서만 가능한 것으로 익금산입한 금액을 유보로 소득처분한 후 해당 유가증권을 처분할 때 반영한다.

구 분	저가매입 때	처분할 때
특수관계인인 개인으로부터 유가증권을 저가매입하는 경우	시가와 매입가액의 차액을 익금으로 본다. *취득가액:시가	처분할 때 그 차액이 과세소 득에 포함되지 않는다.
그 외의 저가매입하는 경우	시가와 매입가액의 차액을 익 금으로 보지 않는다. *취득가액:매입가액	처분할 때 그 차액이 과세소 득에 포함된다.

예제) 자산의 저가양수

㈜경인은 제7기에 특수관계인인 김갑동氏로부터 시가 6억원인 자산을 4억원에 취득하여 회계처리한 후 제8기에 동 자산을 7억원에 처분하고 처분손익을 손익계산서에 계상하였다.

다음 사례별로 제7기와 제8기의 세무조정을 하라.

〈사례 1〉 위 자산이 토지인 경우

〈사례 2〉 위 자산이 유가증권인 경우

〈사례 1〉	토지 취득할 때 (제7기) 세무조정	토지 처분할 때 (제8기) 세무조정
회 사	(차) 토지　　　4억 (대) 현금　　　4억	(차) 현금　　　7억 (대) 토지　　　4억 　　　　　　　　　　　　처분이익　　3억
세 법	(차) 토지　　　4억 (대) 현금　　　4억	(차) 현금　　　7억 (대) 토지　　　4억 　　　　　　　　　　　　처분이익　　3억
세무조정	법인이 유가증권 이외의 자산을 저가로 매입하는 경우 저가매입액을 그대로 인정하므로 별도의 세무조정을 행하지 않는다.	

〈사례 2〉	유가증권 취득할 때 (제7기) 세무조정	유가증권 처분할 때 (제8기) 세무조정
회 사	(차) 유가증권　4억 (대) 현금　　　4억	(차) 현금　　　7억 (대) 유가증권　4억 　　　　　　　　　　　　처분이익　　3억
세 법	(차) 유가증권　6억 (대) 현금　　　4억 　　　　　　　　　　익금　　　2억	(차) 현금　　　7억 (대) 유가증권　6억 　　　　　　　　　　　　처분이익　　1억
세무조정	〈익금산입〉 유가증권 2억 (유보)	〈손금산입〉 유가증권 2억 (△유보)

(2) 외국자회사의 수입배당금에 대한 외국법인세액 상당액

외국납부세액에 대하여 외국납부세액공제를 적용받을 때는 외국자회사의 수입배당금에 대한 외국법인세액 상당액은 익금산입한다.

① 간접외국법인세액의 계산

㉠ 외국자회사의 각 사업연도의 소득금액에 외국손회사로부터 받은 이익배당과 잉여금 분배액이 외국자회사의 수입배당금액에 포함되어 있지 않은 경우

$$\left(\begin{array}{c} \text{외국자회사의} \\ \text{해당 사업연도} \\ \text{법인세액} \end{array} \right) \times \frac{\text{수입배당금액}}{\text{외국자회사의 해당} \atop \text{사업연도 소득금액} - \text{외국자회사의 해당 사업연도} \atop \text{법인세액}}$$

㉡ 외국자회사의 각 사업연도의 소득금액에 외국손회사로부터 받은 이익배당과 잉여금 분배액이 외국자회사의 수입배당금액에 포함된 경우

$$\left(\begin{array}{c} \text{외국자회사의 해당 사업연도 법인세액} \\ + \text{(외국자회사의 수입배당금액에 대응하는} \\ \text{외국손회사 외국납부세액} \times 50\%) \end{array} \right) \times \frac{\text{수입배당금액}}{\text{외국자회사의 해당} \atop \text{사업연도 소득금액} - \text{외국자회사의 해당} \atop \text{사업연도 법인세액}}$$

② 회계처리 및 세무조정

구 분	회계처리	선택별 세무조정	
		손금산입 선택	세액공제 선택
직접외국법인세액	세금과공과	없 음	손금불산입(기타사외유출)
간접외국법인세액	없 음	없 음	익금산입(기타사외유출)
의제외국법인세액	없 음	손금산입(기타)	없 음

③ 외국자회사의 범위

내국법인이 직접 외국자회사의 의결권 있는 발행주식총수 또는 출자총액의 10%(해외자원개발사업에 출자한 경우에는 5%) 이상을 배당기준일 현재 6개월 이상 계속하여 보유하고 있는 법인

- 조세조약에 간접외국납부세액공제 규정이 있는 경우 : 100% 공제
- 조세조약에 간접외국납부세액공제 규정이 없거나 조세조약을 체결하지 아니한 경우 : 50% 공제

"외국손회사"라 함은 다음의 요건을 모두 갖춘 법인을 말한다.

① 해당 외국자회사가 직접 외국손회사의 의결권 있는 발행주식총수 또는 출자총액의 100분의 10 이상을 해당 외국손회사의 배당확정일 현재 6개월 이상 계속하여 보유하고 있을 것

② 내국법인이 외국손회사의 의결권 있는 발행주식총수 또는 출자총액의 100분의 10 이상을 외국자회사를 통해 간접 소유할 것. 이 경우 주식의 간접소유비율은 내국법인의 외국자회사에 대한 주식소유비율에 그 외국자회사의 외국손회사에 대한 주식소유비율을 곱하여 계산한다.

예제) 간접외국법인세액

다음 자료에 의하여 ㈜경인의 간접외국법인세액에 대한 세무조정을 하라.

1. ㈜경인의 제20기 사업연도의 외국회사에 대한 투자내용과 배당금수익에 관련된 내용은 다음과 같다.

외국자회사	투자비율	외국자회사 소득금액	외국자회사 법인세액	수입배당금액
미국소재 A회사	25%	50,000,000원	10,000,000원	5,000,000원
대만소재 B회사	30%	80,000,000원	20,000,000원	12,000,000원

2. ㈜경인은 상기 A회사 주식은 제17기, B회사 주식은 제19기에 취득하여 보유하고 있다.

3. 미국과 체결한 조세조약에는 간접외국납부세액공제 규정이 있으나, 대만과 체결한 조세조약에는 간접외국납부세액공제 규정이 없다.

4. 외국자회사는 모두 제조업을 영위하는 법인이고, 외국손회사로부터 받은 이익의 배당이나 잉여금의 분배액은 포함되지 아니하였다고 가정한다.

1. 미국소재 A회사

$$10,000,000원 \times \frac{5,000,000원}{50,000,000원 - 10,000,000원} \times 100\% = 1,250,000원$$

2. 대만소재 B회사

$$20,000,000원 \times \frac{12,000,000원}{80,000,000원 - 20,000,000원} \times 50\% = 2,000,000원$$

3. 세무조정

〈익금산입〉간접외국법인세액　　　　　3,250,000(기타사외유출)

(3) 임대보증금 등에 대한 간주익금

① 대상법인

추계결정의 경우	추계결정 외의 경우
장부 기타 증빙의 미비 등으로 추계 결정하는 경우에는 모든 법인에 적용한다.	특정 요건을 모두 충족하는 때에만 임대보증금 등에 대한 간주익금을 익금에 산입한다.

여기서 특정 요건이란 다음과 같은 요건을 말한다.

ⓐ 차입금이 자기자본의 2배(적수 기준)를 초과하는 내국법인

ⓑ 부동산임대업을 주업으로 하는 법인(비영리내국법인은 제외)

> **참고** 차입금과 자기자본의 범위
>
> ■ 차입금에서 제외되는 항목
> ① 업무무관자산 등 지급이자 손금불산입 계산할 때 제외되는 차입금
> ② 이미 손금불산입된 지급이자에 대한 차입금
> ③ 국민주택기금으로부터 차입한 금액
> ■ 자기자본은 다음 항목 중 큰 금액으로 한다.
> ① 결산일 현재 자기자본
> ② 결산일 현재 납입자본

> **참고** 주업의 판정
>
> ■ 법인의 사업연도 종료일 현재 자산총액 중 임대사업에 사용된 자산가액이 총자산가액의 50% 이상인 경우(자산가액은 기준시가로 계산)

② 대상 자산

간주익금은 부동산 또는 부동산권리(예, 지상권, 차지권 등)에 대하여 이를 적용하되, 주택 및 부수토지를 임대한 경우에는 적용하지 아니한다. 단, 추계결정의 경우에는 주택과 그 부수토지에 대해서도 간주임대료를 계산한다.

③ 간주익금의 계산

구 분	간 주 익 금
추계결정의 경우	보증금 등의 적수 × 1/365 × 정기예금이자율
추계결정 외의 경우	(보증금 등의 적수 - 임대용부동산의 건설비 적수) × 1/365 × 정기예금이자율 - 금융수익

　　⊙ 적수계산의 특례 : 적수의 계산은 매월 말 현재의 잔액에 경과일수를 곱하여 계산
　　　하며, 초일은 산입하고 말일은 산입하지 아니한다. 한편, 윤년의 경우 1/366을
　　　적용한다.

　　⊙ 적수계산의 기산일 : 적수계산의 기산일은 보증금 등의 수령 여부와 관계없이 임대
　　　사업을 개시한 날이다. 따라서 임대사업을 개시하기 전에 보증금 등을 받은 경우
　　　에도 임대사업을 개시한 날로부터 적수를 계산한다.

　　⊙ 건설비 상당액 : 토지가액은 건설비 상당액에 포함하지 아니하며, 일부를 임대한
　　　경우에는 면적비율에 의하여 안분 계산한다. 또한, 감가상각누계액은 건설비 상당
　　　액을 계산할 때 고려하지 아니한다.

　　⊙ 금융수익 : 해당 사업연도에 임대사업 부분에서 발생한 수입이자와 할인료ㆍ배당
　　　금ㆍ신주인수권처분이익 및 유가증권처분이익(매각이익에서 매각손실을 차감한 금
　　　액)의 합계액을 말한다. 이 경우 유가증권처분이익의 합계액이 '음수(-)'일 때에
　　　는 이를 '0'으로 한다.
　　　정기예금이자의 세법상 귀속시기는 수령을 한 날이므로 법인이 기간경과분에 대
　　　한 미수이자를 계상한 경우 익금불산입해야 하지만 간주임대료 계산할 때에는 그
　　　미수이자도 발생하였으므로 금융수익으로 본다.

④ 세무조정 : 익금산입(기타사외유출)

　위 계산식에서 계산한 금액을 익금산입하나 익금에 가산할 금액이 "0"보다 적은 때에
는 이를 없는 것으로 본다.

예제) 임대보증금에 대한 간주익금

1. 사업연도 : 2024.1.1.~2024.12.31.

2. 사무실 임대 관련 보증금 및 임대료의 내역

사무실	임대기간	임대면적	보 증 금	월임대료
A	2022.12.1.~2024.11.30.	900㎡	2,000,000,000원	9,000,000원
B	2023.12.1.~2025.11.30.	600㎡	1,200,000,000원	6,000,000원

3. 임대자산(토지 : 3,000㎡, 건물 : 1,500㎡)의 장부금액

구분	토지	건물
취득가액	1,500,000,000원	2,000,000,000원
감가상각누계액	-	400,000,000원
장부금액	1,5000,000,000원	1,6000,000,000원

4. 제18기 임대사업부문에서 발생한 금융수익내역

구 분	수입이자와할인료	수입배당금	유가증권처분손익	신주인수권처분이익
A	500,000원	1,000,000원	2,500,000원	1,000,000원
B	1,000,000원	1,000,000원	(3,000,000원)	2,500,000원
계	1,500,000원	2,000,000원	(500,000원)	3,500,000원

5. 기획재정부령으로 정하는 정기예금이자율은 2%이라고 가정한다.

■ 물음 : 다음 각 사례별로 간주익금에 대한 세무조정을 하라.

〈사례 1〉 ㈜경인은 차입금 과다법인으로서 부동산임대업을 주업으로 하는 법인인 경우

〈사례 2〉 ㈜경인은 차입금 과다법인이지만 부동산임대업을 주업으로 하지 않는 법인인 경우

〈사례 3〉 ㈜경인은 차입금 과다법인이 아니지만 부동산임대업을 주업으로 하는 법인인 경우

〈사례 4〉 ㈜경인이 장부를 기장하지 않아 추계 결정하는 경우

〈사례 1〉 (주)천국은 차입금 과다법인으로서 부동산임대업을 주업으로 하는 법인인 경우

1. 간주임대료 계산
   ① 임대보증금의 적수
      2,000,000,000원 × 334일 + 1,200,000,000원 × 366일 = 1,107,200,000,000원
   ② 건설비 상당액의 적수
      $2,000,000,000원 × \dfrac{900㎡}{1,500㎡} × 334일 + 2,000,000,000원 × \dfrac{600㎡}{1,500㎡} × 366일$
      = 693,600,000,000원
   ③ 간주임대료

      $(1,107,200,000,000원 - 693,600,000,000원) × \dfrac{1}{366} × 2\% - (1,500,000원$

      $+ 2,000,000원 + 3,500,000원) = 15,601,092원$

2. 세무조정
   〈익금산입〉 간주임대료   15,601,092원(기타사외유출)

〈사례 2〉 (주)천국은 차입금 과다법인이지만 부동산임대업을 주업으로 하지 않는 법인인 경우
부동산 임대업을 주업으로 하지 않은 법인의 경우에는 추계결정을 하는 경우가 아니면 간주임대료를 계산하지 않는다.

〈사례 3〉 (주)천국은 차입금 과다법인이 아니지만 부동산임대업을 주업으로 하는 법인인 경우
차입금 과다법인이 아니면 간주임대료를 계산하지 않는다.

〈사례 4〉 (주)천국이 장부를 기장하지 않아 추계결정 하는 경우

1. 간주임대료 계산
   ① 임대보증금의 적수
      2,000,000,000원 × 334일 + 1,200,000,000원 × 366일 = 1,107,200,000,000원
   ② 간주임대료

      $1,107,200,000,000원 × \dfrac{1}{366} × 2\% = 60,502,732원$

2. 세무조정
   〈익금산입〉 간주임대료   60,502,732(상여)
   장부에 기장하지 않은 책임을 대표자에 묻기 위해 '상여' 처분한다.

5. 배당금 또는 분배금의 의제배당

(1) 의제배당

의제배당은 상법상 이익배당에는 해당하지 아니하지만, 법인이 감자·잉여금의 자본전입·해산 또는 합병·분할 등을 한 경우에 법인세법에 따라 계산한 금액을 배당으로 보아 과세하는 것이다. 즉, 주주 또는 출자자인 법인에 법인의 이익이나 잉여금을 실질적으로 배당하지 않았지만 이익배당한 것과 같은 경제적 이익이 분배된 것으로 보아 법에 따라 계산된 금액을 법인의 각 사업연도 소득금액계산상 익금에 산입한다.

【의제배당의 요약】

사 유	의제배당금액의 계산	귀 속 시 기
유상감자·사원탈퇴	감자 등의 대가 - 주식 등의 취득가액	결의일·탈퇴일
해 산	잔여재산분배액 - 주식 등의 취득가액	잔여재산가액 확정일
합 병	합병 교부금 등 - 주식 등의 취득가액	합병 등기일
분 할	분할 교부금 등 - 주식 등의 취득가액	분할 등기일
잉여금의 자본전입	교부받은 무상주 × 액면금액·발행가액·시가	잉여금처분 결의일

> **참고** 취득가액의 계산
>
> ① 일반적일 때 : 장부상 취득가액(해당 주식에 대한 유보금액을 가감한 금액)
> ② 특례 : 주식 등의 소각 전 2년 이내에 의제배당에 해당하지 않는 주식의 취득이 있는 경우
> - 그 주식 등을 먼저 소각한 것으로 보며, 그 주식 등의 취득가액은 0으로 하여 계산
> - 그 기간 중 주식의 일부를 처분한 경우 주식의 수에 비례하여 처분한 것으로 간주하여 계산
> - 소각 후의 주당 장부금액은 소각 후 장부금액의 합계액을 소각 후 주식 등의 총수로 나누어 계산

(2) 자산가액의 평가

① 주식 및 출자지분인 경우

㉠ 액면금액 또는 출자금액으로 평가하는 경우

잉여금의 자본전입과 과세이연의 요건을 충족한 합병 또는 분할로서 주식 등의 시가가 액면금액보다 큰 경우에 적용한다. 다만, 간접투자자산운영업법에 의한 투자회사가 취득하는 주식 등의 경우에는 이를 영(zero)으로 하며, 무액면주식의 경우에는 자본금상당액을 발행주식의 총수로 나누어 계산한 금액으로 한다.

     ⓛ 발행가액으로 평가하는 경우

       주식배당의 경우에 적용한다.

     ⓒ 시가로 평가하는 경우

       감자·해산 및 과세이연 요건을 충족하지 못한 합병 또는 분할의 경우에 적용한다. 다만, 특수관계에 있는 자로부터 분여 받은 이익이 있는 경우에는 그 금액을 차감한 금액을 시가로 한다.

  ② 기타자산의 경우 : 시가

【의제배당 때 취득자산가액의 평가】

취득재산 구분			취득자산가액
주식 (출자지분)	잉여금 자본전입		• 무상주 : 액면가액(또는 출자금액) • 무액면주식 : 자본금÷총발행주식수 • 주식배당의 경우 : 발행금액
	합병 분할	요건 충족	• 액면가액(또는 출자금액)
		요건 미충족	• 취득 당시의 시가
	해산, 감자		• 부당행위계산에 해당하는 자본거래로 특수관계인으로부터 분여 받은 이익이 있는 경우 : 그 금액을 차감한 금액
주식(출자지분) 외 자산(실물자산)			• 취득 당시의 시가

(3) 무상주의 의제배당

1) 의제배당 대상이 되는 경우

① 이익잉여금의 자본전입에 따른 무상주

② 자본잉여금의 자본전입 중 자기주식소각이익의 자본전입의 경우

   자기주식 소각 당시의 시가가 취득가액을 초과하지 아니할 때는 소각일로부터 2년 이내에 자본에 전입하는 때에만 의제배당으로 본다. 한편, 자기주식 소각 당시의 시가가 취득가액을 초과하면 자본전입 시기와 관계없이 항상 의제배당에 해당하게 된다.

③ 합병차익 및 분할차익의 의제배당 여부

   합병차익 등을 자본에 전입한 것으로 간주하여 의제배당의 해당 여부를 판정한다. 이 경우 상법의 규정에 따른 준비금의 승계가 있는 경우에도 그 승계가 없는 것으로 보

아 의제배당 여부를 판정한다.

④ 채무의 출자전환으로 주식 등을 발행하는 경우로서 해당 주식의 시가가 액면금액 이상이고 발행가액 이하면 채무면제이익으로 보아 익금에 산입한 시가와 발행가액의 차액을 자본에 전입하는 경우. 다만, 시가와 액면금액의 차액은 주식발행액면초과액에 해당하므로 의제배당으로 보지 아니한다.

⑤ 각 사업연도 소득금액의 계산에 있어서 익금에 산입된 재평가적립금(재평가세율이 1%가 적용되는 경우)의 자본전입의 경우. 다만, 일부를 자본에 전입하는 경우에는 익금에 산입된 적립금과 익금에 산입되지 아니한 적립금이 비례적으로 전입된 것으로 보아 의제배당을 계산한다.

⑥ 법인이 자기주식 등을 보유한 상태에서 의제배당에 해당하지 아니하는 주식발행액면초과액 등을 자본에 전입함에 따라 해당 법인 외의 주주 등의 지분비율이 증가한 경우 증가한 지분비율에 상당하는 주식 등의 가액은 이를 의제배당으로 본다.

【무상주의 재원이 되는 잉여금의 종류에 따른 의제배당 해당 여부】

구 분	무상주의 재원이 되는 잉여금의 종류			의제배당 해당 여부
자 본 잉 여 금	주식발행액면초과액(주식의 포괄적 교환·이전차익 포함) 등			×
	자기주식 소각익	자기주식 소각시점에 그 자기주식의 시가가 취득가액을 초과한 경우		○
		기타의 자기주식소각익으로서 소각일부터 2년 이내에 자본전입 하는 경우		○
		기타 자기주식소각익		×
	적격합병· 적격분할 차익	자산조정계정		○
		합병·분할감자차익		×
		피합병법인·분할법인 등의 자본잉여금	과세된 것	○
			과세안된 것	×
		피합병법인·분할법인 등의 이익잉여금		○
	자산재평가법에 의한 평가적립금	재평가세율 1% 적용 토지의 재평가차액		○
		기타 재평가적립금		×
	기타 자본잉여금(자기주식처분이익 등)			○
이 익 잉 여 금	이익준비금 등 법정적립금, 임의적립금, 처분전이익잉여금			○

2) 취득가액의 계산

① 의제배당에 해당하는 경우

교부받은 무상주가 의제배당에 해당하는 경우에는 액면금액을 취득가액으로 하되, 교부받은 무상주가 주식배당에 해당하는 경우에는 발행가액을 취득가액으로 한다.

② 의제배당에 해당하지 아니하는 경우

교부받은 무상주가 의제배당에 해당하지 아니하면 주식분할에 해당하므로 1주당 장부금액을 다음과 같이 다시 계산한다.

$$\text{1주당 장부금액} = \frac{\text{무상주교부전 구주식 1주당 장부금액}}{1 + \text{구주 1주당 무상주 배정수}} = \frac{\text{장부금액 총액}}{\text{보유주식 총수}}$$

예제) 의제배당

다음은 ㈜경인의 제21기 사업연도에 관한 자료이다. 이에 대해 적절한 회계처리를 한 후 필요한 세무조정을 하라. 다만, 수입배당금액의 익금불산입규정은 고려하지 않는다.

3월 2일 ㈜삼화로부터 무상주 20,000주(액면금액 : 5,000원, 공정가치 : 8,000원)를 받았으며, 무상주의 재원은 다음과 같다.

구 분	비 율
주 식 발 행 초 과 금	20%
재 평 가 적 립 금	20%
감 자 차 익	10%
이 익 준 비 금	10%
재 무 구 조 개 선 적 립 금	40%
계	100%

주) 재평가적립금은 당초 재평가 때 재평가차액 1% 적용분 50%, 기타의 재평가차액 50%가 발생하였다.

6월 4일 (주)삼화로부터 현금배당 48,000,000원과 주식배당 4,000주(1주당 발행가액 6,000원)를 받았다.

해답

1. 무상주 수령(3월 2일)
   ① 회계처리

           없음

   ② 의제배당액의 계산
       ㉠ 재평가적립금   10,000,000원(= 20,000주 × 20% × 50% × 5,000원)
       ㉡ 이 익 준 비 금   10,000,000원(= 20,000주 × 10% × 5,000원)
       ㉢ 재무구조개선적립금   <u>40,000,000원(= 20,000주 × 40% × 5,000원)</u>
        합 계   <u>60,000,000원</u>

   ③ 세무조정
       〈익금산입〉 의제배당   60,000,000(유보)

2. 배당금 수령(6월 4일)
   ① 회계처리

       (차) 현   금   48,000,000   (대) 배당금수익   48,000,000
       ※ 주식배당은 자산의 증가로 보지 아니하므로 주식배당에 대하여는 회계처리를 하지 않는다.

   ② 세무조정
       〈익금산입〉 의제배당   24,000,000(유보)
       ※ 4,000주×6,000원 = 24,000,000원

참고   Gross - Up 제도(Imputation 제도)

- 해당 배당소득에 대해 과세된 법인세상당액(귀속법인세)을 배당소득 총수입금액에 가산하여 소득세를 계산한 다음, 그 귀속법인세를 소득세산출세액에서 공제(배당세액공제)하는 방식이다.
- 귀속법인세는 10%의 법인세가 부과됐다고 가정하고, 다음과 같이 계산한다.

$$\frac{\text{귀속법인세}}{\text{배당소득 총수입금액}} = \frac{\text{법인세율}}{1-\text{법인세율}} = \frac{0.09}{1-0.09} \fallingdotseq 10\%$$

귀속법인세 = 이중과세대상 배당소득 총수입금액 × 10%

1. 익금불산입의 개요

법인의 순자산을 증가시키는 거래로 인하여 발생한 수익 항목이지만 법인세법에 따라 익금에 산입하지 아니하는 항목을 익금불산입이라 한다.

2. 익금불산입의 범위

익금불산입항목은 법인세법상 제한적으로 열거되어 있으며, 그 범위는 다음과 같다.

(1) 자본거래로 인한 수익의 익금불산입

① 주식발행액면초과액(다만, 채무의 출자전환으로 주식 등을 발행하는 경우에는 그 주식 등의 시가를 초과하여 발행된 금액을 제외한다. 그리고 무액면주식의 경우에는 발행가액 중 자본금으로 계상한 금액을 초과하는 금액을 말함)

② 주식의 포괄적 교환차익과 이전차익

③ 감자차익

④ 합병차익

⑤ 분할차익

(2) 평가이익 등의 익금불산입

① 자산의 평가이익(법률에 따른 고정자산평가차익 및 재고자산 등 평가차익 제외)

② 이월익금

③ 손금에 산입하지 아니한 법인세 또는 지방소득세 소득분을 환급받았거나 환급받을 금액을 다른 세액에 충당한 금액

④ 국세 또는 지방세의 과오납금의 환급금에 대한 이자

⑤ 부가가치세 매출세액

⑥ 이월결손금의 보전에 충당한 자산수증이익(국고보조금 등 제외) 및 채무면제이익

⑦ 연결자법인 또는 연결모법인으로부터 법인세법 제76조의10 제2항 또는 제3항에 따

라 받았거나 받을 금액

⑧ 상법 제461조의2에 따라 자본준비금을 감액하여 받는 배당금액(내국법인이 보유한 주식의 장부가액을 한도로 함) 다만, 법인세법 제16조 제1항 제2호 각목에 해당하지 아니하는 자본준비금의 배당은 제외한다.

(3) 이중과세 조정을 위한 익금불산입

① 내국법인 중 독점규제 및 공정거래에 관한 법률에 따른 지주회사, 금융지주회사법에 따른 금융지주회사 및 산업교육진흥 및 산학협력촉진에 관한 법률에 따른 산학협력 기술지주회사가 자회사(해당 지주회사가 출자한 법인으로서 지주회사의 자회사에 대한 출자 비율 등을 고려하여 일정 요건을 갖춘 내국법인을 말함)로부터 받은 수입배 당금액 중 일정 금액
② 법인이 내국법인으로부터 받는 수입배당금액 중 일정 금액
③ 비영리내국법인이 이자소득을 법인세법 제62조의 규정에 따라 법인세 과세표준 신고 를 하지 아니하고 원천징수납부로 종결하는 금액(비영업대금의 이익은 제외)

3. 자본거래로 인한 수익의 익금불산입

(1) 주식발행액면초과액

주식발행액면초과액이란 액면금액 이상으로 주식을 발행한 경우 그 액면금액을 초과하는 금액을 말한다. 다만, 무액면주식의 경우에는 발행가액 중 자본금으로 계상한 금액을 초과하는 금액을 말한다.

주식발행액면초과액은 등기된 자본금은 아니지만, 실질적으로 출자 일부이기 때문에 법인의 과세소득으로 계산할 대상이 아니다. 따라서 주식발행액면초과액은 법인세법상 익금에 산입하지 아니하며 기업회계상 자본잉여금으로 계상한다. 한편, 채무의 출자전환으로 주식을 발행하는 경우에 공정가치(시가)가 액면금액 이상이고 발행가액 이하일 때 시가에서 액면금액을 차감한 금액을 주식발행액면초과액으로 한다.

(2) 주식의 포괄적 교환차익과 이전차익

1) 주식의 포괄적 교환과 이전의 개념

주식의 포괄적 교환이란 완전자회사가 되는 회사의 주주가 보유한 주식을 교환하는 날

에 포괄적으로 완전모회사가 되는 회사에 이전하고, 완전모회사는 완전자회사의 주주에게 신주를 발행하여 배정하거나 자기주식을 이전하여 지주회사와 자회사의 관계를 형성하는 것을 말한다. 그 결과, 완전자회사의 주주는 완전모회사의 주주가 된다. 한편, 주식의 포괄적 이전이란 완전자회사가 되는 회사의 주주가 가지는 주식을 포괄적으로 완전모회사가 되는 회사에 이전하여 회사를 설립하고, 완전모회사는 완전자회사의 주주에게 주식을 발행하여 배정함으로써 지주회사와 자회사의 관계를 형성하는 것을 말한다. 그 결과로 완전자회사의 주주는 자신의 주식을 완전모회사에 이전하고 완전모회사가 설립할 때에 발행하는 주식을 배정받아 완전모회사의 주주가 된다.

2) 주식의 포괄적 교환차익과 이전차익

① 주식의 포괄적 교환차익

주식의 포괄적 교환차익이란 상법에 규정하는 자본증가의 한도액이 완전모회사의 증가한 자본액을 초과한 경우의 그 초과액을 말한다(상법 459① 1의2).

> 주식의 포괄적 교환차익= 완전모회사의 자본증가의 한도액▐ - 완전모회사의 증가한 자본액

▐ 완전모회사의 자본증가의 한도액 : 완전모회사가 되는 회사의 자본은 주식교환일에 완전자회사가 되는 회사에 현존하는 순자산액에서 다음의 금액을 공제한 금액을 초과하여 증가시킬 수 없다(상법 306의7).
① 완전자회사가 되는 회사의 주주에게 지급할 금액
② 완전자회사가 되는 회사의 주주에게 이전하는 주식의 회계장부금액

② 주식의 포괄적 이전차익

주식의 포괄적 이전차익이란 상법에 규정한 자본의 한도액이 설립된 완전모회사의 자본액을 초과한 경우의 그 초과액을 말한다(상법 459① 1의3).

> 주식의 포괄적 이전차익 = 완전모회사의 자본의 한도액▐ - 완전모회사의 증가한 자본액

▐ 완전모회사의 자본의 한도액 : 설립하는 완전모회사의 자본은 주식 이전일에 완전자회사가 되는 회사에 현존하는 순자산액에서 그 회사의 주주에게 지급할 금액을 공제한 금액을 초과하지 못한다(상법 360의 18).

3) 법인세법의 입장

법인세법에서는 주식의 포괄적 교환과 이전에서 발생하는 교환차익과 이전차익을 자본거래의 결과로 보아 익금불산입항목으로 규정하고 있다.

(3) 감자차익

감자차익이란 자본을 감소하는 경우에 자본금의 감소액이 주식의 소각 또는 주금의 반환에 들어간 금액과 결손금 보전에 충당된 금액을 초과하는 경우 그 초과금액을 말하며 자기주식소각이익도 포함한다. 이는 감자를 하는 과정에서 납입자본금이 그 형태만 변경된 것으로서 출자 일부로 보아야 하므로 법인의 과세소득으로 계산할 대상이 아니다. 따라서 감자차익은 법인세법상 익금에 산입하지 아니하며 기업회계상 자본잉여금으로 계상하고 있다.

(4) 합병차익 · 분할차익

■ 합병(분할)차익의 손금산입 특례

일정한 요건을 충족한 합병으로 인하여 발생한 합병차익 중 유형고정자산의 평가이익상당액에 대하여는 일시상각제도에 의하여 과세를 이연하고 있다.

【자본잉여금과 이익잉여금의 자본전입에 따른 세무조정 요약】

구 분			세무조정
자 본 잉 여 금	주식발행 초 과 금	일반적인 주식발행초과금	익금불산입
		채무의 출자전환 때 — 주식발행초과금	익금불산입
		채무의 출자전환 때 — 채무면제이익	**익금산입**
	주식의 포괄적 교환차익		익금불산입
	주식의 포괄적 이전차익		익금불산입
	합병차익		익금불산입
	분할차익		익금불산입
	감자차익	자기주식 소각일 2년 이내 자본전입	**익금산입**
		자기주식 소각 당시 시가가 취득가액을 초과	**익금산입**
		기타 감자차익	익금불산입
	재평가적립금	재평가세율 1% 적용 토지	**익금산입**
		기타 재평가적립금 (3%)	익금불산입
	기타의 자본잉여금(자기주식처분이익)		**익금산입**
이 익 잉 여 금	이익준비금 등 법정적립금		**익금산입**
	임의적립금 및 차기이월이익잉여금		**익금산입**

4. 평가이익 등 익금불산입

(1) 자산의 평가이익

자산의 평가이익은 법인세법상 열거된 평가이익만을 익금에 산입하므로 열거되지 아니한 임의평가이익은 익금산입하지 아니한다. 이처럼 법인세법에서는 자산의 임의평가이익을 인정하지 아니하므로 차기 이후 해당 자산의 감가상각 등은 평가이익을 반영하기 전 장부금액을 기준으로 손금에 산입하여야 한다. 다만, 보험업법이나 그 밖의 법률에 따른 고정자산의 평가이익 등은 익금에 산입한다.

(2) 이월익금

이월익금이란 해당 사업연도 이전에 이미 과세된 소득금액을 다시 해당 사업연도의 익금으로 산입시킨 다음의 금액을 말하며, 익금에 산입하지 아니한다. 이 경우 해당 사업연도 이전에 과세된 소득에는 비과세 또는 면제된 소득을 포함한다.

① 전기 이전에 비용으로 계상하였으나 손금불산입으로 세무조정되어 과세된 금액이 당기에 환입되어 수익에 계상된 금액
② 전기 이전에 수익으로 계상하지 아니하였으나 익금산입으로 세무조정되어 과세된 금액을 당기의 수익으로 계상한 금액

(3) 법인세 등 환급액과 다른 세액에 충당한 금액

다음의 세액은 손금에 산입하지 아니하므로 이를 환급받거나 다른 세액에 충당하고 수익으로 계상한 경우에는 이중과세의 문제가 발생하므로 익금산입하지 아니한다.

① 법인세
② 법인세에 대한 지방소득세
③ 법인세 감면세액에 대한 농어촌특별세

(4) 국세 또는 지방세 과오납금의 환급금에 대한 이자

국세 또는 지방세를 과오납한 경우에는 국세환급금 등으로 그 세액을 환급하게 된다. 이 경우 국세청장이 고시한 이자율로 계산한 금액을 가산하여 국세의 경우에는 국세환급가산금, 지방세의 경우에는 환급이자로 지급하는바, 이에 대한 세무처리는 다음과 같다.

① 국세 또는 지방세의 환급금에 대한 이자는 이를 익금에 산입하지 아니한다.

② 국세 또는 지방세의 환급금은 국세 또는 지방세가 손금에 산입된 경우에는 익금에 산입하고, 국세 또는 지방세가 손금에 산입되지 아니한 경우에는 익금에 산입하지 아니한다.

(5) 이월결손금 보전에 충당한 자산수증이익 및 채무면제이익

1) 개 요

이월결손금 보전에 충당된 경우란 해당 법인이 자산수증이익(국고보조금 등 제외) 등을 이월결손금과 직접 상계하거나 해당 사업연도 주주총회 결의로 이월결손금을 보전하고 이익잉여금처분계산서(결손금처리계산서)에 계상한 경우로서 자산수증이익(국고보조금 등 제외) 또는 채무면제이익을 기업회계에 따라 영업외수익으로 계상하고 자본금과적립금조정명세서(갑)에 이월결손금의 보전에 충당한다는 뜻을 표시하고 세무조정으로 익금불산입한 경우를 포함한다.

자산수증이익 등으로 충당할 수 있는 이월결손금의 범위는 다음과 같다.

① 발생 연도에 제한이 없는 법인세법상 이월결손금
② 채무자회생및파산에관한법률에 의한 회생계획인가의 결정을 받은 법인의 결손금으로서 법원이 확인한 것
③ 기업구조조정촉진법에 의한 경영정상화계획의 이행을 위한 약정이 체결된 법인으로서 채권금융기관협의회가 의결한 결손금

2) 특 례

법인이 다음의 요건을 모두 갖춘 채무의 출자전환으로 주식 등을 발행하는 경우로서 해당 주식 등의 시가(시가가 액면금액에 미달하면 액면금액)를 초과하여 발행된 금액(＝ 채무면제이익 상당액) 중 이월결손금 보전에 충당하지 아니한 금액은 이를 해당 사업연도의 익금에 산입하지 아니하고 그 이후의 각 사업연도에 발생한 결손금의 보전에 충당할 수 있다.

① 채무의 출자전환으로 주식을 발행한 법인이 다음의 어느 하나에 해당하는 법인일 것
　㉠ 채무자회생및파산에관한법률에 의한 회생계획인가의 결정을 받은 법인
　㉡ 기업구조조정촉진법에 의한 경영정상화계획의 이행을 위한 약정을 체결한 부실징후기업인 법인
　㉢ 금융실명거래및비밀보장에관한법률 제2조 제1호의 규정에 따른 금융기관으로서 해당 법인에 대하여 채권을 보유한 금융기관과 경영정상화계획의 이행을 위한

협약을 체결한 법인

② 위의 ①의 ㉠·㉡·㉢의 규정에 따른 회생계획인가, 경영정상화계획의 이행을 위한 약정 또는 협약에 채무를 출자로 전환하는 내용이 포함되어 있을 것

한편, 위의 규정에 따라 내국법인이 익금에 산입하지 아니한 금액 전액을 결손금의 보전에 충당하기 전에 사업을 폐지하거나 해산하는 경우에는 그 사유가 발생한 날이 속하는 사업연도의 소득금액 계산에 있어서 결손금의 보전에 충당하지 아니한 금액 전액을 익금에 산입한다.

(6) 부가가치세 매출세액

재화 또는 용역 공급할 때 공급받는 자로부터 거래징수한 부가가치세 매출세액은 과세관청에 납부하여야 할 세액인 부채에 해당하는 금액이므로 익금에 산입하지 아니한다.

5. 내국법인(비영리내국법인은 제외)으로부터 받는 수입배당금

(1) 수입배당금액의 범위

출자한 내국법인으로부터 받은 수입배당금액을 말하며, 의제배당에 해당하는 금액이 있는 경우에는 포함한다. 다만, 다음의 수입배당금에 대하여는 이를 적용하지 아니한다.

① 배당기준일 전 3개월 이내 취득한 주식 등의 수입배당금액
② 지급배당 소득공제를 받은 유동화전문회사·투자회사·사모투자전문회사 및 투자목적회사 또는 기업구조조정부동산투자회사 등으로부터 받은 수입배당금액
③ 법인세 비과세·면세·감면 법인으로부터 받은 배당금
④ 유상감자 시 주식 취득가액 초과 금액 및 자기주식이 있는 상황에서 자본잉여금의 자본전입으로 인해 발생하는 이익
⑤ 3% 재평가적립금(합병·분할차익 중 승계된 금액 포함)을 감액하여 받은 배당

(2) 이중과세 조정금액과 세무조정

수입배당금액 × 지분비율별 익금불산입비율 – 차입금이자 중 차감액

■ 세무조정 : 익금불산입(기타)

【지분비율별 익금불산입 대상금액】

지분비율	익금불산입 대상금액
20% 미만	수입배당금액 × 30%
20% 이상 50% 미만	수입배당금액 × 80%
50% 이상	수입배당금액 × 100%

☞ 배당기준일 전 3개월 이내에 취득하여 계속 보유하고 있는 주식을 기준으로 계산한다.

(3) 적용의 제한

투자회사가 각 사업연도에 지급한 차입금의 이자가 있는 경우에는 다음 계산식에 의한 금액을 익금불산입 대상금액에서 차감하는 제한 규정을 두어 차입금에 의한 출자를 제한하고 있다.

$$\text{내국법인의 차입금이자} \times \frac{\text{피투자회사 주식가액 적수} \times \text{익금불산입률}}{\text{투자회사의 자산총액 적수(재무상태표 종료일 현재)}}$$

▪ 차입금이자의 범위 : 이미 손금불산입된 지급이자를 차감한 금액을 말하며, 장기할부조건으로 취득한 자산의 현재가치할인차금 상각액과 연지급수입에 있어서 지급이자로 계상한 금액은 차입금이자에서 제외한다.

예제) 수입배당금액의 익금불산입

㈜경인의 제22기 사업연도 자료를 이용하여 수입배당금액에 대한 익금불산입 금액을 계산하고 세무조정을 하라.

1. ㈜경인이 출자한 기업의 지분비율과 수입배당금액은 다음과 같다.

대상기업	법인의 유형	출자금액	지분비율	수입배당금액
가	비상장법인	50억원	65%	4억원
나	비상장법인	40억원	40%	1억원
다	상장법인	60억원	55%	5억원
라	상장법인	30억원	10%	2억원

2. ㈜경인의 재무현황은 다음과 같다.
   ① 자산총액   200억원
   ② 차 입 금   70억원
   ③ 자   본   120억원
   ④ 지급이자   9억원
   ☞ 지급이자 9억원에는 채권자가 불분명한 사채의 이자 2억원이 포함되어 있다.

3. 모든 지분은 제21기에 취득한 것이다.

1. 익금불산입 대상금액
   ① 가 : 4억원 × 100% = 4억원
   ② 나 : 1억원 × 80% = 8천만원
   ③ 다 : 5억원 × 100% = 5억원
   ④ 라 : 2억원 × 30% = 6천만원

2. 익금불산입 대상금액에서의 공제금액(지주회사의 차입금으로 인한 공제금액)
   ㉠ "가"법인

   $$(9억원 - 2억원) \times \frac{50억원 \times 100\%}{200억원} = 175,000,000원$$

   ㉡ "나"법인

   $$(9억원 - 2억원) \times \frac{40억원 \times 80\%}{200억원} = 112,000,000원$$

ⓒ "다"법인

$$(9억원-2억원) \times \frac{60억원 \times 100\%}{200억원} = 210,000,000원$$

ⓔ "라"법인

$$(9억원-2억원) \times \frac{30억원 \times 30\%}{200억원} = 31,500,000원$$

3. ㈜경인의 익금불산입액

대상기업	익금불산입 대상금액	익금불산입 대상금액에서의 공제금액	익금불산입액
가	400,000,000원	175,000,000원	225,000,000원
나	80,000,000원	112,000,000원	–
다	500,000,000원	210,000,000원	290,000,000원
라	60,000,000원	31,500,000원	28,500,000원
계	1,040,000,000원		543,500,000원

4. 세무조정

〈익금불산입〉 수입배당금액　　　　543,500,000(기타)

6. 외국법인으로부터 받는 배당에 대한 익금불산입

(1) 익금불산입 대상금액의 범위

내국법인(간접투자회사 등은 제외함)이 해당 법인이 출자한 외국자회사로부터 받은 수입배당금액(이익의 배당금, 잉여금의 분배금, 의제배당)의 95%에 해당하는 금액은 익금에 산입하지 아니한다. 여기서 외국자회사란 내국법인이 직접 의결권 있는 발행주식총수 또는 출자총액의 10%(해외자원개발사업을 하는 외국법인의 경우에는 5%) 이상을 배당기준일 현재 6개월 이상 계속하여 보유하고 있는 외국법인을 말한다. 한편, 익금불산입으로 세무조정한 경우의 소득처분은 다음과 같이 구분된다.

① 내국법인이 외국자회사를 인수하여 승계취득한 주식으로서 내국법인이 최초로 외국자회사의 의결권 있는 발행주식총수 또는 출자총액의 10% 이상을 보유하게 된 날의 직전일 기준 이익잉여금을 재원으로 한 수입배당금액인 경우 : △유보

② ① 외의 경우 : 기타

(2) 익금불산입 적용배제

「국제조세조정에 관한 법률」에 따라 특정외국법인(CFC)의 유보소득에 대하여 내국법인이 배당받은 것으로 보는 금액(간주배당) 및 해당 유보소득이 실제 배당된 경우의 수입배당금액에 대해서는 익금불산입을 적용하지 않는다. 여기서 특정외국법인은 다음의 요건을 모두 충족하는 외국법인을 말한다.

① 본점, 주사무소 또는 실질적 관리장소를 둔 국가 또는 지역에서의 실제부담세액이 다음의 식에 따라 산출한 금액 이하일 것

> 외국법인의 실제발생소득 × 법인세법 제55조에 따른 세율 중 최고세율의 70%

② 해당 법인에 출자한 내국법인에 「국제조세조정에 관한 법률」에 따라 특수관계에 있을 것

(3) 익금에 해당하는 배당

다음 중 어느 하나에 해당하는 금액은 익금에 산입한다.

① 특정외국법인의 유보소득에 대한 합산과세제도가 적용되는 특정외국법인 중 실제부담세액이 실제발생소득의 15% 이하인 특정외국법인의 해당 사업연도에 대한 이익잉여금 처분액 중 이익의 배당금 또는 잉여금의 분배금과 의제배당
② 혼성금융상품의 거래에 따라 내국법인이 지급받는 수입배당금액
③ 위 ①·②와 유사한 것으로 대통령령으로 정하는 수입배당금액

제5장 손금회계

손 금

1. 손금의 개요

(1) 손 금

손금이란 법인의 순자산을 감소시키는 거래로 인하여 발생하는 손비(손실 또는 비용)의 금액을 말한다. 다만, 다음의 경우에는 법인의 순자산을 감소시킨 경우에도 이를 손금으로 보지 아니한다.
 ① 자본 또는 출자의 환급
 ② 잉여금의 처분
 ③ 법인세법에서 규정한 손금불산입 항목

(2) 손 비

손비란 법인세법 및 다른 법률에서 달리 정하는 것을 제외하고는 그 법인의 사업과 관련하여 발생하거나 지출된 손실 또는 비용으로서 일반적으로 인정되는 통상적이거나 수익과 직접 관련된 것을 말한다.

2. 손비의 범위

법인세법에서는 익금항목과 마찬가지로 손금항목을 열거 규정하지 아니하고 손금의 범위를 예시하고 있으므로 법인세법에서 예시되지 아니한 항목이라 하더라도 사업과 관련하여 법인의 순자산을 감소시키면 손금에 해당한다. 법인세법에서 예시하고 있는 손비의 범위는 다음과 같다.

① 판매한 상품 또는 제품에 대한 원료의 매입가액과 그 부대비용
② 양도한 자산의(자기주식 포함) 양도 당시의 장부금액
③ 고정자산의 수선비
④ 고정자산에 대한 감가상각비
⑤ 자산의 임차료
⑥ 차입금이자
⑦ 대손사유를 충족한 대손금
⑧ 자산의 평가손실
⑨ 제세공과금
⑩ 영업자가 조직한 단체로서 법인이거나 주무관청에 등록된 조합 또는 협회에 지급한 회비(특별회비는 일반기부금으로, 일반회비는 세금과공과로 처리함)
⑪ 광업의 탐광비(탐광을 위한 개발비 포함)
⑫ 보건복지부장관이 정하는 무료진료권 또는 새마을진료권에 의하여 행한 무료진료 가액
⑬ 음식료품 제조업자 등이 잉여식품을 무상으로 기증하는 경우 잉여식품 장부금액
⑭ 업무와 관련 있는 해외시찰·훈련비
⑮ 초·중등교육법에 따라 설치된 근로청소년을 위한 특별학급 또는 산업체 부설 중·고등학교의 운영비
⑯ 임원 또는 사용인(파견근로자를 포함)을 위하여 지출한 복리후생비
⑰ 우리사주조합에 출연하는 자사주의 장부금액 또는 금품
⑱ 장식 등의 목적으로 사무실 등 여러 사람이 볼 수 있는 공간에 상시 비치하는 미술품의 취득가액으로서 거래단위별로 1,000만원 이하인 것. 이 경우 해당 법인이 취득가액을 그 취득한 날이 속하는 사업연도에 손금으로 계상하여야 한다.
⑲ 중소기업과 근로자가 함께 납입한 후 5년 이상 장기 근속할 경우 납입액 전액을 근로자에게 지급하는 중소기업 핵심인력 성과보상기금 납입금
⑳ 광고선전 목적으로 기증한 물품의 구입비용[특정인에게 기증한 물품(개당 3만원 이하의 물품은 제외)의 경우에는 연간 5만원 이내]

㉑ 임원 또는 사용인의 사망 이후 유족에게 학자금 등으로 일시적으로 지급하는 금액

㉒ 해당 내국법인 또는 협력중소기업이 설립한 사내근로복지기금 및 공동근로복지기금에 대한 출연금

㉓ 위 ① 내지 ㉒ 이외의 손비로서 그 법인에 귀속되었거나 귀속될 금액

참고 비용배분원칙

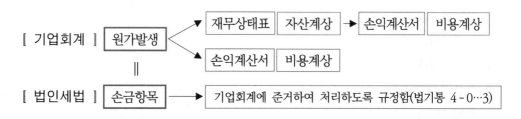

3. 주요 손금항목

(1) 판매한 상품 또는 제품에 대한 원료의 매입가액과 그 부대비용

판매한 상품 또는 제품에 대한 원료의 매입가액과 그 부대비용이란 기업회계상 매출원가와 판매비를 말한다. 따라서 매입에누리, 매입환출 및 매입할인은 매입가액에 포함하지 아니한다. 그리고 판매한 상품 또는 제품의 보관료, 포장비, 운반비, 판매장려금 및 판매수당 등 판매와 관련된 부대비용(판매장려금 및 판매수당의 경우 사전약정 없이 지급하는 경우를 포함함)을 손금으로 산입한다.

한편, 상품 또는 제품에 대한 부대비용이란 건전한 사회통념 및 상관행에 비추어 정상적인 거래라고 인정될 수 있는 범위 안의 금액으로서 기업회계에 따라 계상한 금액을 말한다.

(2) 양도한 자산(자기주식 포함)의 양도 당시의 장부금액

자산의 양도에 있어서 양도한 자산(자기주식 포함)의 장부금액은 손금으로 산입한 것이다. 그러나 기업회계에 따라 자산의 처분손익을 적정하게 계상하고 있는 경우에는 총액법에 따른 세무조정을 하지 아니하여도 된다. 여기서 장부금액이란 법인세법상 장부금액을 의미하는 것이며, 이에 따라 양도한 자산에 대한 유보(△유보) 잔액은 해당 자산의 양도와 함께 소멸하게 되는 것이다.

(3) 고정자산에 대한 감가상각비

특수관계인으로부터 자산을 양수하면서 기업회계에 따라 장부에 계상한 고정자산가액이 시가에 미달하는 경우 시가를 기준으로 계산한 감가상각비 상당액을 손금에 산입할 수 있다. 반대로, 특수관계인으로부터 자산을 양수하면서 기업회계에 따라 장부에 계상한 고정자산가액이 시가를 초과하는 경우 시가를 기준으로 계산한 감가상각비상당액만을 손금에 산입할 수 있다.

(4) 음식료품 제조업자 등이 기증하는 잉여식품 장부금액

한국표준산업분류에 의한 음·식료품의 제조업·도매업 또는 소매업을 영위하는 내국법인이 해당 사업에서 발생한 잉여식품을 국가 또는 지방자치단체에 잉여식품활용사업자로 등록한 자 또는 잉여식품활용사업자가 지정하는 자에게 무상으로 기증하는 경우에는 그 기증한 잉여식품의 장부금액을 손금에 산입할 수 있다(이 금액은 기부금에 포함하지 아니함).

(5) 업무와 관련 있는 해외시찰·훈련비

업무를 수행하면서 필요하지 않다고 인정되는 해외여행의 여비와 업무를 수행하면서 필요하다고 인정되는 금액을 초과하는 금액에 대해서는 손금에 산입할 수 없다.

(6) 임원 또는 사용인을 위하여 지출한 복리후생비

① 직장체육비, 직장문화비(직장회식비 포함)
② 우리사주조합문화 운영비
③ 국민건강보험법 및 노인장기요양보험법에 따라 사용자로서 부담하는 보험료 및 부담금
④ 영유아보육법에 따라 설치된 직장보육시설의 운영비
⑤ 고용보험법에 따라 사용자로서 부담하는 보험료
⑥ 기타 임원 또는 사용인에게 사회통념상 타당하다고 인정되는 범위 안에서 지급하는 경조사비 등과 유사한 비용

(7) 자산의 평가손실

내국법인이 보유하는 자산에 대한 평가손실은 각 사업연도의 소득금액을 계산할 때 손금에 산입하지 아니하는 것을 원칙으로 하고 있다. 따라서 내국법인이 보유하는 자산의

장부금액을 증액 또는 감액하는 경우 해당 자산의 장부금액은 그 평가하기 전의 가액으로 하도록 규정하여 자산의 평가 자체를 인정하지 아니하고 있으나, 예외적으로 보험업법 기타법률에 따른 고정자산의 평가, 재고자산 및 유가증권에 대한 평가만 인정하도록 하고 있다.

1) 고정자산의 평가손실

① 원칙 : 손금불산입

② 예외 : 다음의 사유가 발생한 경우에는 장부금액과 시가와의 차액을 손금에 산입한다.
- 천재·지변 또는 화재
- 법령에 따른 수용 등
- 채굴예정량의 채진으로 인한 폐광(토지를 포함한 광업용 고정자산이 그 고유의 목적에 사용될 수 없는 경우를 포함)

③ 특례 : 다음의 경우에는 해당 자산을 매각하지 아니한 상태에서 손금산입할 수 있다.
- 시설의 개체 또는 기술의 낙후로 인하여 생산설비 일부를 폐기한 경우에는 해당 자산의 장부금액에서 1,000원을 공제한 금액을 폐기일이 속하는 사업연도에 손금에 산입할 수 있다.

2) 재고자산의 평가손실

재고자산에 대하여는 다음의 사유에 해당하는 경우에만 평가손실을 인정하고 있다.

① 재고자산의 평가방법을 저가법으로 선택한 경우

② 파손 또는 부패 등의 사유로 인하여 정상가격으로 판매할 수 없는 것을 처분가능한 시가로 평가한 경우

3) 유가증권의 평가손실(당좌·투자자산 모두 포함)

① 원칙 : 손금불산입

② 예외 : 다음의 경우에는 장부금액과 시가와의 차액을 손금에 산입한다.
- 중소기업창업투자회사 또는 신기술사업금융업자가 보유하는 주식 중 창업자 또는 신기술사업자가 발행한 주식으로서 그 발행법인이 부도가 발생한 경우, 주권상장법인 또는 코스닥상장법인이 발행한 주식으로서 주식발행법인이 부도가 발생한 경우 또는 채무자회생및파산에관한법률에 의한 회생계획인가의 결정을 받았거나 기업구조조정촉진법에 의한 부실징후기업이 된 경우에는 그 장부금액을 사업연도 종료일 현재 시가(시가로 평가한 가액이 1천원 이하일 때 1천원으로 함)로 평가함으로써

생긴 차액은 이를 손금에 산입할 수 있다.
- ■주식 등을 발행한 법인이 파산한 경우에는 해당 주식 등의 장부금액을 사업연도 종료일 현재의 시가(시가로 평가한 가액이 1천원 이하일 때 1천원으로 함)로 평가 한 가액으로 감액하고 그 금액을 손금에 산입할 수 있다.

4. 기타 손금항목

앞에서 설명한 주요 손금항목 이외에도 손금에 산입하는 항목을 살펴보면 다음과 같다.

(1) 임차법인이 부담한 보험료의 처리

건물 등의 소유자가 보험계약자와 피보험자로 되어 있음에도 불구하고 임차법인이 부 담한 보험료는 해당 건물 등의 임차료로 손금에 산입한다.

(2) 임원 등의 손해배상금을 법인이 지출한 금액

손해배상의 대상이 된 행위가 법인의 업무수행과 관련이 있고, 임원 등의 고의 또는 중과 실이 아닌 경우만 법인이 지출한 손해배상금은 이를 법인의 손금에 산입한다.

(3) 이월이익잉여금과 상계한 제세공과금의 손금산입

법인이 비용계상이 가능한 제세공과금을 이익잉여금과 상계한 경우에는 이를 신고조정 에 의하여 손금에 산입할 수 있다.

(4) 광고선전용으로 제공하는 자산

제조업자 등이 자기의 상품 등을 판매하는 자 등에게 자기의 상호·로고·상품명 등을 표시하여 광고효과가 인정되는 물품 등을 제공하는 경우에는 다음과 같이 처리한다.
① 광고선전용 간판, 네온사인, 플래카드와 같이 오로지 광고선전용으로 사용되는 물품 등을 제공한 경우는 제조업자 등의 광고선전비로 처리하고 판매업자 등은 회계처리 를 하지 아니한다.
② 물품 등의 소유권을 이전하거나 물품 등의 가액을 금전으로 제공한 경우는 제조업 자 등은 기업업무추진비로 처리하고, 판매업자 등은 사업용자산과 자산수증이익으 로 회계처리를 한 후 해당 자산에 대하여 감가상각을 통하여 손금에 산입한다.

③ 제조업자 등이 해당 물품을 회수하여 재사용이 가능한 경우로서 제조업자 등이 물품 등의 소유권을 유지하는 것을 약정한 경우에는 제조업자 등의 자산으로 계상하고 감가상각비 상당액을 광고선전비로 처리한다. 이 경우 판매업자 등은 회계처리를 하지 아니한다.

5. 특정 손금항목

일반적인 손금항목 이외에도 법인세법에서 특별히 손금에 산입할 수 있도록 규정한 것으로 다음과 같은 항목이 있다.

(1) 법인세법상의 준비금 및 충당금 전입액의 손금산입

① 책임준비금과 비상위험준비금(법인세법 30)
② 계약자배당준비금(법인세법 31)
③ 대손충당금(법인세법 34)
④ 구상채권상각충당금(법인세법 35)

(2) 조세특례제한법에 따른 손금산입

① 중소기업정보화지원사업에 대한 과세특례(제5조의2)
② 중소기업지원설비에 대한 손금산입의 특례 등(제8조)
③ 연구개발 관련 출연금 등의 과세특례(제10조의2)
④ 주식의 포괄적 교환·이전에 대한 과세특례(제38조)
⑤ 주식의 현물출자 등에 의한 지주회사 설립 등에 대한 과세특례(제38조의2)
⑥ 재무구조개선계획 등에 따른 기업의 채무면제이익에 대한 과세특례(제44조)
⑦ 물류사업분할에 대한 과세특례(제4조의5)
⑧ 구조개선적립금에 대한 과세특례(제48조)
⑨ 금융기관의 자산·부채인수에 대한 법인세과세특례(제52조)
⑩ 근로자의 주거안정 지원을 위한 과세특례(제100조)

(3) 비영리법인의 고유목적사업준비금의 손금산입

법인으로 보는 단체 중 법인세법 시행령 제36조 제1항 제1호 및 제2호의 일반기부금에 해당하는 단체와 법령에 따라 설치된 기금은 고유목적사업준비금을 손금에 산입할 수 있다. 다만, 원천징수한 이자소득(분리과세로 종결되는 소득)에 대해서는 고유목적사업준비금을 설정할 수 없다.

(4) 기타 특정 손금항목

① 국고보조금·공사부담금·보험차익으로 취득한 고정자산가액의 손금산입(법인세법 36조~38조)
② 합병평가이익 및 분할평가이익의 과세이연(법인세법 44, 46)
③ 물적 분할로 인한 자산양도차익상당액의 손금산입(법인세법 47)
④ 사업용 자산을 교환함에 따라 발생하는 양도차익의 손금산입(법인세법 50)

1. 손금불산입의 개요

법인의 순자산을 감소시키는 거래임에도 법인세법상 손금으로 산입하지 아니하는 항목을 손금불산입이라 한다. 이러한 손금불산입항목에 대해서는 법인세법상 제한적으로 열거되어 있다.

2. 손금불산입의 범위

다음의 항목 중 손금산입에 해당하지 않는 금액에 대해 손금불산입한다.
① 자본거래 등으로 인한 손비
② 제세공과금
③ 자산의 평가손실
④ 상각범위액을 초과하는 감가상각비
⑤ 기부금
⑥ 기업업무추진비
⑦ 과다경비
⑧ 업무와 관련 없는 비용
⑨ 지급이자
⑩ 부당행위계산의 부인에 해당하는 금액

3. 자본거래

(1) 잉여금의 처분을 손비로 계상한 금액

잉여금을 처분하는 경우에는 원칙적으로 손금에 산입할 수 없다. 다만, 다음의 경우에는 잉여금을 처분하는 때도 손금에 산입할 수 있다.

① 증권거래법의 규정에 따라 취득한 자기주식으로 지급하는 성과급으로서 같은 법의 규정에 따른 우리사주조합을 통하여 사용인(임원 제외)에게 지급하는 것

② 특정 법인이 공로가 있는 특정 종업원(임원 포함)에게 주식매수선택권을 부여하고 그 종업원이 약정된 주식매수시기에 실제로 주식을 매수하지 아니하는 경우 약정된 주

식의 매수가액과 시가와의 차액을 현금 또는 법인이 발행한 주식으로 지급하는 것

③ 내국법인이 근로자(임원 제외)와 성과의 측정 및 배분방법 등에 대하여 사전에 서면으로 약정하고 이에 따라 그 근로자에게 지급하는 성과배분상여금

- ■ 손금산입의 방법
  세무조정계산서 상에 세무조정으로 손금산입하고 기타로 소득처분
- ■ 성과급의 손금 귀속사업연도
  잉여금 처분 때문에 지급한 성과급에 대하여는 잉여금 처분을 하는 사업연도에 손금산입한다. 따라서 실제로 지출하는 사업연도와 손금에 산입되는 사업연도 간에 차이가 발생하게 된다.

(2) 주식할인발행차금

주식할인발행차금이란 상법의 규정에 따라 주식을 액면금액에 미달하는 가액으로 발행하는 경우의 미달하는 금액과 신주발행비의 합계액을 말하며, 기업회계에 의한 주식할인발행차금 상각액을 포함한다. 이러한 주식할인발행차금은 출자의 반환에 해당하는 것으로 손금에 산입하지 아니한다.

4. 세금과 공과금

(1) 조세 등

업무용 자산과 관련하여 발생한 자동차세, 종합토지세, 균등할주민세, 재산세, 인지세 등은 손금에 산입되며, 다음의 조세 등은 손금에 산입하지 아니한다.

① 각 사업연도에 납부하였거나 납부할 법인세(외국자회사 수입배당금액의 익금불산입의 적용대상이 되는 수입배당금액에 대하여 외국에 납부한 세액과 세액공제를 적용받는 외국납부세액 포함) 또는 지방소득세 소득분
② 각 세법에 규정된 의무불이행으로 인하여 납부하였거나 납부할 세액(가산세 포함)
③ 부가가치세 매입세액(부가가치세가 면제되거나 공제받지 못한 매입세액은 손금에 산입함)
④ 반출하였으나 판매하지 아니한 제품에 대한 개별소비세 또는 주세의 미납액. 다만, 제품가격에 그 세액에 상당하는 금액을 가산한 경우에는 예외로 한다.
⑤ 법령에 따라 의무적으로 납부하는 것이 아닌 공과금
⑥ 법령에 따라 의무의 불이행 또는 금지·제한 등의 위반에 대한 제재로서 부과되는

공과금

⑦ 연결모법인 또는 연결자법인에 법인세법 제76조의19 제2항 또는 제3항에 따라 지급 하였거나 지급할 금액

(2) 벌금 등

벌금, 과료(통고처분에 따른 벌금 또는 과료에 상당하는 금액을 포함함), 과태료(과료와 과태금을 포함함), 가산금 및 체납처분비용은 손금에 산입하지 아니한다. 왜냐하면, 벌금 등이나 가산금을 손금으로 인정하게 되면 그에 대한 법인세 상당액만큼의 체납처분비용 을 국가가 대신 부담해 준 결과가 되기 때문이다.

① 법인의 임원 또는 사용인이 관세법을 위반하고 지급한 벌과금
② 업무와 관련하여 발생한 교통사고 벌과금
③ 산업재해보상보험료의 가산금
④ 금융기관이 한국은행에 납부하는 과태료
⑤ 국민건강보험료의 가산금
⑥ 외국의 법률에 따라 국외에서 납부한 벌금

(3) 지체상금 등

지체상금은 주로 사계약상의 의무불이행이나 납부지연으로 인해 발생하는 것으로 다음 의 경우에 대하여는 손금산입한다.

① 사계약상의 의무불이행으로 인한 지체상금(정부와의 납품계약으로 인한 지체상금을 포함하며, 구상권 행사가 가능한 지체상금을 제외함)
② 보세구역에 보관된 수출용 원자재가 관세법상에 따른 보관기간 경과로 국고 귀속이 확정된 자산의 가액
③ 철도화차사용료의 미납액에 대한 연체이자
④ 산재보상보험료의 연체금
⑤ 국유지 사용료의 납부지연으로 인한 연체금
⑥ 전기요금의 납부지연으로 인한 연체가산금

(4) 공과금 등

공과금이란 조세 외의 강제적 부담금을 말하며, 원칙적으로 손금으로 인정된다. 다만, 법령에 따른 의무의 불이행 또는 금지·제한 등의 위반에 대한 제재로서 부과되는 공과

금 등은 손금에 산입하지 아니한다.

① 공과금이 손금산입 대상이 되기 위해서는 법령에 따라 의무적으로 납부하는 것이 되어야 하며, 법령에 따른 의무불이행 또는 법령 위반 등에 대한 제재로서 부과되는 것은 손금에 산입하지 아니한다.

② 조합비 또는 협회비와 구분

　　㉠ 조합비 등의 손금산입 요건

　　　■ 영업자가 조직한 단체로서 법인이거나 주무관청에 등록된 조합 또는 협회의 일반회비(한도액의 제한이 없음)

　　㉡ 일반기부금으로 보는 경우

　　　■ 영업자가 조직한 단체로서 법인이거나 주무관청에 등록된 조합(협회)의 특별회비

　　　■ 손금산입의 요건을 충족하지 못한 임의로 조직된 조합 또는 협회에 지급한 회비

【조세의 손금산입 여부에 대한 요약】

구 분	손금불산입	손금산입
국 세	1. 법인세와 세액공제 받는 외국납부세액	⇒ 손금산입을 선택한 외국납부세액
	2. 부가가치세 매입세액 (의제매입세액 및 대손세액공제액 포함)	⇒ 부가가치세 매입세액 ① 면세사업 ② 비영업용 소형승용차의 구입·유지 ③ 영수증을 받은 경우 ④ 기업업무추진비 관련 매입세액 ⑤ 간주임대료에 대한 부가가치세액
	3. 의무불이행으로 인하여 부담한 세액 (원천징수 불이행 세액 등 포함)	
	4. 미판매 반출필의 (분리)특별소비세 등	⇒ 제품가격에 세액상당액을 가산한 경우
	5. 농어촌특별세	⇒ 손금산입 조세에 부과되는 경우
	6. 가산세	
	7. 교육세	⇒ 손금산입 조세에 부과되는 교육세
		☞기타 손금산입하는 국세 ① 부당이득세 ② 특별소비세 ③ 주세 ④ 인지세 ⑤ 증권거래세 ⑥ 교통세
지방세	1. 지방소득세 2. 업무무관지출에 해당하는 경우	☞지방세는 대부분 손금산입

예제) 조세와 공과금

다음은 ㈜계산의 자료이다. 유형별 회계처리와 세무조정을 하라.

> (1) 제10기에 토지를 취득하였는바, 그 내역은 다음과 같다.
>   ① 토지의 매입가액 : 1,000,000원
>   ② 취득세 등 관련 부대비용 :   50,000원
>   ③ 가산세 : 10,000원
> (2) 제11기에 제10기 취득한 토지를 1,100,000원에 처분하였다.

〈사례 1〉 취득세 등 관련 부대비용, 가산세를 자산으로 계상한 경우
〈사례 2〉 취득세 등 관련 부대비용, 가산세를 비용으로 처리한 경우

〈사례 1〉 자산으로 계상한 경우
1. 제10기 회계처리와 세무조정
   (1) 회계처리

   (차) 토   지   1,060,000   (대) 현   금   1,060,000

   (2) 세무조정
      〈손 금 산 입〉 토   지   10,000(△유보)
      〈손금불산입〉 가산세   10,000(기타사외유출)

2. 제11기 회계처리와 세무조정
   (1) 회계처리

   (차) 현   금   1,100,000   (대) 토   지   1,060,000
                                                  유형자산처분이익   40,000

   (2) 세무조정
      〈익 금 산 입〉 토   지   10,000(유보)
      (결과적으로 유형자산처분이익 10,000원을 과소 계상하였기 때문에 발생한 것이다.)

〈사례 2〉 비용으로 처리한 경우
1. 제10기 회계처리와 세무조정
   (1) 회계처리

   (차) 토   지   1,000,000   (대) 현   금   1,060,000
       세금과공과   60,000

   (2) 세무조정
      〈손금불산입〉 토지(취득세 · 등록세)   50,000(유보)
      〈손금불산입〉 세금과공과(가산세)   10,000(기타사외유출)

2. 제11기 회계처리와 세무조정
   (1) 회계처리

   (차) 현   금   1,100,000   (대) 토   지   1,000,000
                                                  처분이익   100,000

   (2) 세무조정
      〈익금불산입〉 토   지   50,000(△유보)
      (결과적으로 유형자산처분이익 50,000원을 과대 계상하였기 때문에 발생한 것이다.)

5. 인건비

인건비란 근로 제공의 대가로 지급되는 각종 비용으로서 임원과 사용인에게 지급되는 급여·임금·제 수당·상여금·퇴직급여 및 복리후생비 등을 모두 포함한다.

(1) 일반적인 급여

급여는 전액 손금으로 인정하는 것이 원칙이지만 일부분에 대해 예외를 규정하고 있는데, 다음의 경우에는 손금에 산입하지 아니한다.

[손금불산입 대상]

① 노무출자사원(합명·합자회사)에게 지급하는 보수는 이익처분에 의한 상여로 보아 손금에 산입하지 아니한다.
② 비상근임원에게 지급하는 보수 중 부당행위계산부인에 해당하는 경우에는 손금에 산입하지 아니한다.
③ 지배주주 등인 임원 또는 사용인에게 정당한 사유 없이 동일 직위에 있는 지배주주 등 이외의 임원 또는 사용인에 지급하는 금액을 초과하여 지급한 보수는 손금에 산입하지 아니한다.
④ 노동조합 및 노동관계조정법을 위반하여 지급하는 급여는 손금에 산입하지 아니한다.

(2) 상여금

상여금은 전액 손금으로 인정하는 것이 원칙이지만 일부분에 대해 예외를 규정하고 있는데, 다음의 경우에는 손금에 산입하지 아니한다.

[손금불산입 대상]

① 임원에게 지급한 상여금 중 급여지급기준을 초과하는 금액은 이를 손금에 산입하지 아니한다.
② 임원 또는 사용인에게 이익처분으로 지급한 상여금은 손금에 산입하지 아니한다.

법인세법상 손금불산입 인건비

구 분	대 상	손금불산입 내용
보수 · 급여 임금 · 제수당	비상근임원	보수 중 부당행위계산부인 해당액
	노무출자사원	인건비(상여로 간주)
	지배주주 및 그와 특수관계임원	동일 직위에 있는 임직원에게 지급한 금액보다 초과 지급한 금액
상 여 금	임 원	한도초과액
퇴 직 급 여	임 원	한도초과액
복 리 후 생 비	출자임원	사택유지비(업무무관 경비로 부인함)

(3) 퇴직금

임원 또는 사용인에게 지급하는 퇴직금은 임원 또는 사용인이 현실적인 퇴직을 하는 경우 지급하는 것만 손금에 산입하는 것을 원칙으로 하되, 임원에게 지급한 퇴직금에 대하여는 한도의 범위 내에서 손금에 산입한다. 그리고 비현실적인 퇴직자에 대한 퇴직금은 업무무관 가지급금으로 보아 지급이자를 손금불산입하고 인정이자를 계산하여 익금에 산입하여야 한다.

【현실적인 퇴직과 비현실적인 퇴직의 사례】

현실적인 퇴직으로 보는 경우	현실적인 퇴직으로 보지 아니하는 경우
• 사용인이 임원으로 취임 • 조직변경, 합병 등에 의한 퇴직 • 사용인에게 근로자퇴직급여보장법에 따라 퇴직급여를 중간정산 • 임원에게 정관 또는 퇴직급여지급규정에 따라 기획재정부령으로 정하는 사유(전세자금, 3개월 이상 요양, 천재 · 지변, 무주택자 주택구입)로 퇴직급여를 중간정산 • 상근임원이 비상근임원으로 변경 • 정년퇴직 후 별정직 사원으로 재채용 때 • 임원이 연봉제 전환으로 퇴직금 정산	• 임원이 연임된 경우 • 대주주 변동으로 인하여 계산의 편의 · 기타사유에 의한 퇴직금 정산 • 1년 기준에 의한 매년의 퇴직금 지급 • 전출(외국법인의 국내지점 종업원이 본점〈본국〉으로) • 정부투자기관 등의 민영화에 따른 재채용 때

임원퇴직금 한도

① 원칙 : 정관 등에 규정된 금액

② 정관 등에 규정이 없는 경우 : 다음의 금액을 한도로 한다.

$$한도 = 1년간의 \ 총급여액 \times \frac{1}{10} \times 근속기간$$

- **1년간의 총급여액**
  - 임원상여금 부인액 제외
  - 주주총회 등의 결의에 따라 받는 상여(성과급) 포함
- **근속기간** : 월 미만 버림

참고 근무기간 승계 때 퇴직금 손금산입 방법

내국법인이 임원(지배주주와 특수관계가 있는 임원 제외)·사용인에 대하여 특수관계인 법인의 근무기간을 합산하여 퇴직금을 지급하는 경우
- 각 법인의 해당 임원·사용인이 실제 근무기간별로 기획재정부령이 정하는 한도 내에서 안분하여 손금산입
- 각각의 법인에 입사와 퇴사한 것으로 보아 계산한 퇴직금 비율로 안분

6. 과다·부당경비

(1) 지배주주 등에 대한 여비 및 교육훈련비

임원 또는 사용인이 아닌 지배주주 등에게 지급한 여비 또는 교육훈련비는 손금에 산입하지 아니한다.

(2) 공동사업 등을 영위함에 따라 발생하거나 지출된 손비

법인이 법인 외의 자와 같은 조직 또는 사업을 공동으로 운영하거나 영위함에 따라 발생한 손비로서 다음의 기준에 의한 분담금액을 초과하는 금액은 손금에 산입하지 아니한다.

① 출자에 의한 공동사업 : 출자금액의 비율
② 비출자에 의한 공동사업
  - 비출자공동사업자 간에 특수관계가 있는 경우 : 직전 사업연도의 매출액 또는 총자산가액에서 해당 법인의 매출액 또는 총자산가액(다른 공동사업자의 지분보유 때

주식의 장부금액은 제외)이 차지하는 비율을 선택하여 적용한다. 다만, 선택하지 않으면 직전 사업연도 매출액을 선택한 것으로 간주하며, 선택 후 5년간은 계속해서 적용해야 한다. 한편, 공동행사비 및 공동구매비 등 기획재정부령이 정하는 손비에 대하여는 참석인원수·구매금액 등 기획재정부령으로 정하는 기준에 따를 수 있다.

■ 비출자공동사업자 간에 특수관계가 없는 경우 : 약정에 따른 분담비율에 따른다. 다만, 해당 비율이 없는 경우에는 매출액이 차지할 비율에 따른다.

7. 지급이자

법인세법상 손금불산입 대상이 되는 지급이자의 범위는 다음과 같으며, 세부적인 내용은 제9장에서 설명한다.

① 채권자가 불분명한 사채의 이자
② 지급받은 자가 불분명한 채권·증권의 이자와 할인액 또는 차익
③ 건설자금에 충당한 차입금의 이자(건설자금이자)
④ 업무와 관련이 없는 자산 및 가지급금과 관련된 지급이자

8. 업무용승용차 관련 비용

(1) 적용대상 차량 및 관련 비용

개별소비세 부과대상 승용차는 모두 포함되나 운수업, 자동차판매업, 자동차임대업, 운전학원업 등에서 사업상 수익을 얻기 위하여 직접 사용하는 승용자동차와 연구개발을 목적으로 사용하는 승용자동차로서 국토교통부 장관의 허가를 득한 자율주행자동차는 제외한다. 그리고 승용차와 관련된 감가상각비, 임차료, 유류비, 보험료, 수리비, 자동차세 등과 같은 취득·유지비용에 대해 적용된다.

(2) 비용으로 인정되는 업무용 사용금액 계산방법

① 임직원 전용 자동차보험4에 가입하지 않았을 때 :
전액 비용 불인정하고 사용자의 상여로 소득처분
② 임직원 전용 자동차보험에 가입하고 운행기록을 작성한 경우 :
업무용승용차 관련 비용 × 업무사용비율
업무사용비율 = 승용차별 운행기록상 업무용 주행거리 ÷ 총 주행거리
③ 임직원 전용 자동차보험에 가입하였으나 운행기록을 작성하지 않은 경우 :
Min(㉠ 업무용승용차 관련 비용, ㉡ 1,500만원)

(3) 감가상각비5와 임차료 중 감가상각비상당액으로서 업무사용금액은 연간 800만원 한도로 비용을 인정하고, 한도 초과분은 이월시킨다.

> 감가상각비(상당액) 업무사용금액 = 감가상각비(상당액) × 운행기록상 업무사용비율

만약, 운행기록을 작성하지 않으면 업무사용비율 계산방법
① 업무용승용차 관련 비용이 1,500만원 이하일 때 : 100%
② 업무용승용차 관련 비용이 1,500만원 초과인 경우 :
1,500만원 ÷ 업무용승용차 관련 비용

(4) 업무용승용차 처분손실에 대해서도 연간 800만원 한도로 비용을 인정하고, 한도 초과분은 이월시킨다.

① 감가상각비(상당액) 및 처분손실 한도초과액 이월방법
다음 사업연도부터 해당 업무용승용차의 감가상각비(상당액) 업무사용금액이 800만원에 미달하는 경우 그 미달금액을 한도로 손금으로 추인한다.
② 임차가 종료되거나 처분한 후에도 연간 800만원 한도로 손금(필요경비) 산입한다.

---

4) 해당 법인의 임직원 또는 협력업체 임직원이 해당 법인의 업무를 위해 운전하는 경우만 보상 대상인 자동차보험으로 해당 사업연도 전체 기간 가입되어 있어야 한다.
5) 업무용승용차의 감가상각은 의무적으로 해야 하며, 상각방법은 정액법(내용연수 5년)으로 한다. 다만, 감가상각 의무화 규정은 신규 취득하는 승용차부터 적용한다.

(5) 업무용승용차 관련 비용명세서 미제출·불성실제출 가산세

업무용승용차 관련 비용을 손금산입하여 신고한 사업자가 해당 명세서를 제출하지 않거나 불성실하게 제출한 경우에는 다음에 해당하는 금액을 추가로 납부해야 한다.

① 미제출 가산세

업무용승용차 관련 비용 손금산입액(신고액) 전체 × 1%

② 불성실제출 가산세

업무용승용차 관련 비용 손금산입액(신고액) 중 명세서상 사실과 다르게 제출한 금액 × 1%

9. 업무와 관련 없는 비용

(1) 업무무관 부동산 등 소요비용

해당 법인의 업무와 직접 관련이 없다고 인정되는 다음에 해당하는 부동산의 취득·관리에 드는 비용은 손금에 산입되지 아니한다. 다만, 법령에 따라 사용이 금지되거나 제한된 부동산 또는 자산유동화에관한법률에 의한 유동화전문회사가 같은 법의 규정에 따라 등록한 자산유동화계획에 따라 양도하는 부동산 등 부득이한 사유가 있는 부동산을 제외한다.

① 법인의 업무에 직접 사용하지 아니하는 부동산. 다만, 유예기간이 지나기 전까지의 기간에 있는 부동산을 제외한다.
② 유예기간에 해당 법인의 업무에 직접 사용하지 아니하고 양도하는 부동산. 다만, 부동산매매업을 주업으로 영위하는 법인의 경우를 제외한다.

(2) 업무무관 동산 등 소요비용

① 서화 및 골동품
다만, 장식·환경미화 등에 사용되는 것으로서 사회통념상 업무와 관련이 있다고 인정되는 것(천만원 이하 미술품의 취득가액은 취득일이 속하는 사업연도에 결산확정 때 손금 계상한 경우)은 손금으로 인정한다.
② 업무에 직접 사용하지 아니하는 자동차·선박 및 항공기
다만, 저당권의 실행 기타 채권을 변제받기 위하여 취득한 선박으로서 3년이 지나지 아니한 선박 등 부득이한 사유가 있는 자동차·선박 또는 항공기를 제외한다.

③ 기타 ①, ②의 자산과 유사한 자산으로서 해당 법인의 업무에 직접 사용하지 아니하는 자산

(3) 법인의 업무무관 지출금액

① 해당 법인이 직접 사용하지 아니하고 다른 사람이 주로 사용하고 있는 장소·건축물·물건 등의 유지비·관리비·사용료와 이와 관련된 지출금
- 타인의 범위 : 비출자 임원과 소액주주 등인 임원 및 사용인은 제외
- 예외 : 법인이 대·중소기업 상생협력촉진에 관한 법률 제35조에 따른 사업을 제조업을 영위하는 중소기업에 이양하기 위하여 무상으로 해당 중소기업에 대여하는 생산설비에 관련된 지출금 등은 손금에 산입한다.

② 해당 법인의 주주 등(소액주주 등을 제외) 또는 출연자인 임원 또는 그 친족이 사용하고 있는 사택의 유지비·관리비·사용료와 이와 관련된 지출금

③ 법인의 업무와 직접 관련이 없는 부동산 및 동산의 취득을 위하여 지출한 자금의 차입과 관련되는 비용

④ 해당 법인이 공여한 형법상 뇌물 또는 국제상거래에 있어서 외국공무원에 대한 뇌물방지법상 뇌물에 해당하는 금전 및 금전 외의 자산과 경제적 이익의 합계액

⑤ 노동조합 및 노동관계조정법의 전임자가 전임기간 동안 받는 급여 등(다만, 사용자가 동의하는 경우에는 근로시간 면제 한도를 초과하지 않는 범위 내에서 노동조합의 유지관리 업무 가능)

1. 지출증빙서류의 수취

법인이 사업자로부터 재화 또는 용역을 공급받고 그 대가를 지급하는 경우에는 시행령 및 시행규칙에서 별도로 정하는 경우를 제외하고는 정규영수증을 수취하여 보관하여야 한다. 다만, 사업자가 아닌 자로부터 재화 또는 용역을 공급받거나, 재화 또는 용역의 공급대가 외의 지출액에 대하여는 정규영수증을 수취하지 아니하여도 된다. 단, 영수증 및 입금표 또는 거래명세서 등 기타 증빙으로 거래 사실을 입증하여야 한다.

2. 지출증빙서류의 범위

(1) 정규영수증

법인이 사업자로부터 재화 또는 용역을 공급받고 그 대가를 지출한 경우에는 다음에서 규정하는 증빙서류(정규영수증) 중에서 하나를 수취하여 보관하여야 한다.
① 세금계산서
② 계산서
③ 신용카드 또는 직불카드 매출전표(여신전문금융업법 등)
④ 기명식 선불카드 및 현금영수증

(2) 세금계산서

세금계산서는 부가가치세법 규정에 따라 사업자가 재화 또는 용역을 공급하는 때에 세금계산서를 공급을 받은 자에게 교부하여야 한다. 부가가치세법상 세금계산서를 교부할 수 있는 사업자는 다음과 같다.
① 일반과세자
② 세관장(수입하는 재화)

(3) 계산서

계산서는 소득세법 및 법인세법에 따라 부가가치세가 면세되는 사업자가 재화나 용역을 공급할 때에 부가가치세액이 없는 공급가액만을 기재한 계산서를 공급받는 자에게 교부하여야 한다. 계산서를 교부할 수 있는 사업자는 소득세 및 법인세 납세의무가 있는 사업자로 부가가치세가 면제되는 사업자이다.

(4) 신용카드매출전표

여신전문금융업법에 따른 신용카드 매출전표를 말하며, 직불카드와 외국에서 발행한 신용카드를 포함한다. 한편, 다음에 해당해도 정규증빙을 수취하여 보관하고 있는 것으로 인정한다.

① 신용카드월별이용대금명세서
② 전사적자원관리(ERP)시스템에 보관된 신용카드매출전표상의 거래정보(국세기본법 시행령 제65조의 7의 요건을 충족한 경우에 한함)

(5) 현금영수증

소비자가 현금과 함께 카드, 핸드폰 번호 등을 제시하면, 가맹점은 현금영수증 발급장치를 통해 현금영수증을 발급하고 현금결제 건별 내역은 국세청에 통보한다.

3. 정규영수증 수취대상

사업자가 사업과 관련하여 상대방 사업자로부터 재화 또는 용역을 공급받고 그 대가를 지출하는 경우에 정규영수증을 수취하여야 한다. 정규영수증을 수취 및 보관하지 않으면 증빙불비가산세가 부과된다. 정규영수증 수취대상 거래는 다음의 요건에 해당하면 모두 적용된다.

① 거래대상 : 사업자
② 공급대가 : 재화나 용역의 공급대가
③ 거래단위 : 3만원 초과(거래 건당)

4. 증빙불비가산세

법인이 정규영수증을 수취하지 않으면 증빙불비가산세, 필요경비부인 및 손금불산입 등의 불이익을 받게 된다.

① 증빙불비가산세 : 정규영수증 미수취금액 중 손금·필요경비로 인정되는 금액의 2%
② 손금불산입 : 기업업무추진비의 경우에는 한도와 관계없이 손금에 산입할 수 없다.

법인이 손금과 관련된 거래에 대하여 정규증빙서류 이외의 임의증빙서류(영수증 등)를 수취하는 경우에는 법인세법에서 다음과 같은 제재를 가하고 있다.

① 기업업무추진비

구 분	법인세법상 제재
건당 3만원 초과	손금불산입
건당 3만원 이하	직접적인 제재는 받지 않고 기업업무추진비 지출액으로 보아 시부인 계산을 하게 된다.

* 경조사비는 20만원을 기준으로 판단함

② 기타의 손비

구 분	법인세법상 제재
건당 3만원 초과	손금인정은 하되, 증빙불비가산세(2%) 적용
건당 3만원 이하	손금인정

5. 지출증빙서류의 보관

(1) 법인사업자의 보관

법인은 각 사업연도에 그 사업과 관련된 모든 거래에 관한 증빙서류를 작성 또는 수취하여 법인세 확정신고기한이 지나간 날로부터 5년간 이를 보관하여야 한다.

(2) 전자문서의 보관

전자문서를 지출증빙의 서류로 보관하고 있는 경우 법인세법상 손금산입 여부에 대하여는 다음과 같은 예규가 있다.

법인이 금융기관의 금융보험용역 제공에 대한 대가를 지급하고 이에 대한 증빙서류를 전자적 형태로 수신 받아 출력하여 보관하고 있는 경우로서 해당 증빙서류 등에 의하여 그 법인의 사업과 관련된 것이 객관적으로 확인되는 지출금액은 각 사업연도 소득금액을 계산하면서 이를 손금에 산입할 수 있다.

6. 정규영수증 수취의무 면제거래

(1) 정규영수증 수취대상 제외 사업자

정규영수증을 수취하지 않아도 증빙불비가산세가 부과되지 않는 사업자는 다음과 같다. 단, 거래를 확인할 수 있는 증빙서류가 있어야 한다.

① 국가 및 지방자치단체
② 수익사업을 영위하지 않는 비영리법인
③ 금융·보험업을 영위하는 법인
- 어음할인료, 대출이자, 할부이자, 사채이자
- 송금수수료, 환전수수료
- 신용카드수수료, 리스료
- 증권회사·투자자문·손해사정 수수료 등
④ 국내사업장이 없는 외국법인
⑤ 국내사업장이 없는 비거주자

(2) 재화 또는 용역의 공급으로 보지 않는 거래

정규영수증 수취대상이 아닌 거래는 다음과 같다.

① 조합 또는 협회에 지출하는 경상 회비
② 판매장려금 또는 포상금 등 지급
③ 종업원에게 지급하는 경조사비 등

   ※ 재화 또는 용역을 공급받은 대가를 회비 등의 명목으로 지급하는 경우에는 정규영수증 수취대상이다.

(3) 대금지급방법에 관계없이 정규영수증 수취 의무가 면제되는 거래

① 건당 거래금액이 3만원 이하인 경우(부가가치세 포함)
② 농·어민과의 거래
③ 원천징수대상 사업소득자로부터 용역을 공급받은 경우
④ 항만공사가 공급하는 화물료 징수용역
⑤ 사업의 양도에 따라 재화를 공급받은 경우
⑥ 방송용역을 제공받은 경우
⑦ 전기통신 용역을 공급받은 경우

⑧ 국외에서 재화 또는 용역을 공급받은 경우

⑨ 공매·경매 또는 수용으로 재화를 공급받은 경우

⑩ 주택임대용역을 공급받은 경우

⑪ 택시운송용역을 제공받은 경우

⑫ 금융·보험용역을 제공받은 경우

⑬ 입장권·승차권·승선권 등을 구입하여 용역을 제공받은 경우

⑭ 항공기의 항행용역을 제공받은 경우

⑮ 임차보증금에 대한 부가가치세액을 임차인이 부담하는 경우
   (임차인은 세금과공과로 처리함)

⑯ 지급지연 연체이자를 지급하는 경우

(4) 경비 등 송금명세서 제출·정규영수증 수취 면제거래

① 부동산 임대용역을 제공받은 경우

② 임가공용역을 제공받은 경우(법인과의 거래를 제외함)

③ 운수업을 영위하는 자가 운송용역을 제공받은 경우

④ 재활용폐자원 등이나 재활용가능자원을 공급받은 경우

⑤ 국세청장이 정하여 고시한 다음의 경우
   ■ 인터넷, PC통신 및 TV 홈쇼핑을 통하여 재화 또는 용역을 공급받은 경우
   ■ 우편송달에 의한 주문판매를 통하여 재화를 공급받은 경우

제6장 손익의 귀속시기와 자산 및 부채의 평가

제1절 손익의 귀속시기

1. 손익귀속시기(권리의무확정주의)

각 사업연도 소득에 대한 귀속시기를 법인 스스로 선택하여 적용할 수 있도록 허용할 경우 법인세 납부세액의 조작 및 법인 간 과세의 불공평 등과 같은 여러 가지 문제점을 일으킬 수 있으므로 과세소득금액 계산의 공평을 도모하기 위하여 익금과 손금의 귀속사업연도에 대해서 법인세법은 특별히 규정하고 있다.

법인세법상 익금과 손금의 귀속시기는 원칙적으로 권리의무확정주의에 따라 익금과 손금이 확정된 날이 속하는 사업연도로 하고 있으며, 이와 별도로 거래형태별 손익의 귀속시기를 시행령 및 시행규칙에서 개별적으로 규정하고 있다.

한편, 법인이 익금과 손금의 귀속사업연도에 관하여 일반적으로 공정·타당하다고 인정되는 기업회계기준이나 관행을 계속 적용한 경우에는 법인세법에서 특별히 다르게 규정하고 있는 경우를 제외하고는 해당 기업회계기준 또는 관행에 따를 수 있도록 규정하고 있다.

2. 권리·의무의 확정

법인세법은 익금과 손금의 귀속시기를 원칙적으로 권리의무확정주의에 따라 익금과 손금이 확정된 날이 속하는 사업연도로 하고 있는데, 일반적으로 권리 또는 의무가 확정된 날이란 다음의 요건을 충족한 날을 말하는 것이다.

【권리와 의무의 확정요건】

요 건	권리의 확정	의무의 확정
채권·채무의 성립	수익에 해당하는 채권의 성립	비용에 해당하는 채무의 성립
원인사실의 발생	구체적으로 채무이행을 청구할 수 있는 사실의 발생	구체적인 급부를 계상할 원인이 되는 사실의 발생
금액의 명확성	채권액의 정확한 계산이 가능	채무액의 정확한 계산이 가능

3. 거래형태별 익금 및 손금의 귀속사업연도

(1) 자산의 판매 손익 등의 귀속사업연도

1) 일반적일 때

① 상품(부동산 제외)·제품 또는 기타 생산품의 판매

상품 등을 인도한 날

참고 상품 등을 인도한 날의 판정

1. 납품계약 또는 수탁가공계약에 의하여 물품을 납품하거나 가공하는 경우에는 해당 물품을 계약상 인도하여야 할 장소에 보관한 날. 다만, 계약에 따라 검사를 거쳐 인수 및 인도가 확정되는 물품의 경우에는 해당 검사가 완료된 날로 한다.
2. 물품을 수출하는 경우에는 수출물품을 계약상 인도하여야 할 장소에 보관한 날

② 상품 등의 시용판매

상대방이 상품 등에 대한 구입 의사를 표시한 날. 다만, 일정기간 내에 반송하거나 거절의 의사를 표시하지 아니하면 특약 등에 의하여 판매가 확정되는 경우에는 기간의 만료일로 한다.

시용판매

시용판매란 상품 등을 소비자에게 인도하여 이를 시험적으로 사용해본 후 소비자가 구매하겠다는 의사표시를 함으로써 판매가 이루어지는 것을 말한다.

③ 상품 등 이외의 자산 양도

대금을 청산한 날. 다만, 대금을 청산하기 전에 소유권 등의 이전등기(등록 포함)를 하거나 해당 자산을 인도 또는 상대방이 해당 자산을 사용 수익하는 경우에는 이전등기일(등록일 포함)·인도일 또는 사용수익일 중 빠른 날로 한다.

④ 자산의 위탁매매

수탁자가 위탁자산을 매매한 날

2) 장기할부조건에 의한 판매 및 양도

법인이 장기할부조건으로 자산을 판매하거나 양도한 경우에는 다음과 같이 구분하여 익금과 손금에 산입한다.

① 원 칙

- ■ 상품 등의 경우 : 상품 등을 인도한 날
- ■ 상품 등 이외의 경우 : 대금을 청산한 날·이전등기일(등록일 포함)·인도일 또는 사용수익일 중 빠른 날

② 예외 : 회수기일도래기준의 적용(결산에 반영한 때에만 적용)

법인이 자산의 인도일이 속하는 사업연도의 결산을 확정하면서 해당 사업연도에 회수하였거나 회수할 금액과 이에 대응되는 비용을 각각 수익과 비용으로 계상한 경우에는 장기할부조건에 따라 각 사업연도에 회수하였거나 회수할 금액과 이에 대응되는 비용을 각각 해당 사업연도의 익금과 손금에 산입한다. 단, 중소기업의 경우 결산상 인도기준으로 인식한 때도 회수기준으로 신고조정을 할 수 있도록 허용하였다. 왜냐하면, 한국채택국제회계기준에서는 회수기일도래기준의 적용을 인정하지 않기 때문에 현행 법인세법을 유지할 경우 한국채택국제회계기준 적용 중소기업은 법인세법상 회수기일도래기준의 적용이 불가능하므로 이러한 문제점을 해소하기 위해 신고조정을 허용한 것이다.

③ 특례 : 현재가치로 평가한 경우(결산에 반영한 때에만 적용)

　장기할부조건 등에 의하여 자산을 판매하거나 양도함으로써 발생한 채권에 대하여 기업회계가 정하는 바에 따라 현재가치로 평가하여 현재가치할인차금을 계상한 경우에는 해당하는 금액을 익금산입한다. 다만, 해당 현재가치할인차금상당액은 해당 채권의 회수기간 동안 기업회계가 정한 유효이자율법에 따라 환입하였거나 환입할 금액을 각 사업연도의 익금에 산입한다.

④ 기타의 경우

- 인도일 이전에 회수하였거나 회수할 금액은 이를 인도일에 회수한 것으로 본다.
- 법인이 할부기간에 폐업한 경우에는 그 폐업일 현재 익금에 산입하지 아니한 금액과 이에 대응하는 비용을 폐업일이 속하는 사업연도의 익금과 손금에 각각 산입한다.

참고　장기할부조건

> "장기할부조건"이란 자산의 판매 또는 양도(국외거래에서는 소유권이전조건부약정에 의한 자산의 임대를 포함한다)로서 판매금액 또는 수입금액을 월부·연부 기타의 지불방법에 따라 2회 이상으로 분할하여 수입하는 것 중 해당 목적물의 인도일의 다음 날부터 최종의 할부금의 지급기일까지의 기간이 1년 이상인 것을 말한다.

3) 매출할인을 한 경우

　법인이 매출할인을 해 줄 때 발생하는 매출할인금액은 상대방과의 약정에 의한 지급기일이 속하는 사업연도의 매출액에서 차감하되, 지급기일이 정하여 있지 아니한 경우에는 지급한 날이 속하는 사업연도의 매출액에서 차감한다.

(2) 용역제공 등에 의한 손익의 귀속사업연도

　건설·제조 기타 용역(도급공사 및 예약매출을 포함)의 제공에 따른 익금과 손금은 목적물의 건설 등의 착수일이 속하는 사업연도부터 목적물의 인도일 속하는 사업연도까지 목적물의 건설 등을 완료한 정도(작업진행률)를 기준으로 하여 계산한 수익과 비용을 각각 해당 사업연도의 익금과 손금에 산입한다. 다만, 다음의 경우는 인도일(목적물이 없는 용역제공의 경우에는 제공을 완료한 날을 말함)이 속하는 사업연도의 익금과 손금에 각각 산입한다.

- 중소기업 법인이 수행하는 계약기간이 1년 미만인 건설 등의 경우
- 기업회계기준에 따라 목적물의 인도일이 속하는 사업연도의 수익과 비용으로 계상한 경우
- 법인이 비치·기장한 장부가 없거나 비치·기장한 장부의 내용이 충분하지 아니하여 해당 사업연도 종료일까지 실제로 소요된 총공사비누적액 또는 작업시간 등을 확인할 수 없는 경우
- 유동화전문회사 등에 해당하는 법인으로서 국제회계기준을 적용하는 법인이 수행하는 예약매출의 경우

용역제공 등에 의한 손익을 계산하면서 적용되는 작업진행률 등은 다음과 같이 계산된다.

① 작업진행률

작업진행률은 다음의 계산식에 의하여 계산한다.

$$\text{작업진행률(당기말까지의 누적 개념)} = \frac{\text{해당 사업연도말까지의 발생한 공사비누적액}}{\text{총공사예정비}}$$

② 총공사예정비

총공사예정비는 건설업회계처리준칙을 적용하여 계약 당시에 추정한 공사원가에 해당 사업연도말까지의 변동 상황을 반영하여 합리적으로 추정한 공사원가를 말한다.

$$\text{총공사예정비} = \text{당기말까지 발생한 총공사비누적액} + \text{추가발생 공사비 예상액}$$

③ 익금과 손금 산입액

익금과 손금에 산입될 금액은 다음과 같이 계산한다.

- 익금 = 도급금액 × 작업진행률 − 직전 사업연도말까지 익금에 산입한 금액
- 손금 = 해당 사업연도에 발생된 총비용

한편, 작업진행률에 의한 익금 또는 손금이 공사계약의 해약으로 인하여 확정된 금액과 차액이 발생한 경우에는 그 차액을 해약일이 속하는 사업연도의 익금 또는 손금에 산입한다.

【용역제공 등에 따른 손익의 귀속시기】

거 래 유 형	원 칙	특 례

장·단기 건설 등	작업진행률
	기 준
		다음은 인도기준(완성기준) 허용
		① 중소기업이 수행하는 계약기간이 1년 미만인 건설 등의
		  경우
		② 기업회계기준에 따라 그 목적물의 인도일이 속하는 사업연
		  도의 수익과 비용으로 계상한 경우

작업진행률 측정불가능 등	인도기준 (완성기준)	

(3) 이자소득 등의 귀속사업연도

1) 법인이 수입하는 이자 등

① 원 칙

법인이 수입하는 이자수익에 대한 익금의 귀속사업연도는 소득세법 시행령 제45조의 규정에 따른 수입시기에 해당하는 날이 속하는 사업연도로 한다.

② 예 외

결산을 확정하면서 이미 지나간 기간에 대응하는 미수이자 등을 해당 사업연도의 수익으로 계상한 경우에는 계상한 사업연도의 익금으로 한다. 다만, 원천징수의 대상이 되는 이자 등의 경우에는 미수수익을 계상할 수 없다.

2) 법인이 지급하는 이자 등

① 원 칙

법인이 지급하는 이자비용에 대한 손금의 귀속사업연도는 소득세법 시행령 제45조의 규정에 따른 지급시기에 해당하는 날이 속하는 사업연도로 한다.

② 예 외

결산을 확정하면서 이미 지나간 기간에 대응하는 미지급이자 등을 해당 사업연도의 비용으로 계상한 경우에는 계상한 사업연도의 손금으로 한다. 다만, 차입일부터 이자 지급일이 1년을 초과하는 특수관계인 간 거래에 대해서는 기간 경과에 대한 미지급 이자를 손금으로 산입하지 못한다.

【이자수익 등의 수입시기】

구 분	귀 속 시 기
① 무기명 공·사채의 이자와 할인액	• 지급을 받은 날
② 기명의 공·사채의 이자와 할인액	• 약정에 의한 이자지급 개시일
③ 채권·어음 기타 증권의 이자와 할인액	• 약정에 의한 이자상환일 • 기일 전에 상환하는 때에는 상환일
④ 보통예금·정기예금·적금 및 부금의 이자	• 실제로 이자를 지급받는 날 • 특약 때문에 원본에 전입된 날 • 해약으로 인하여 지급되는 이자는 해약일 • 계약기간을 연장하는 경우에는 연장하는 날
⑤ 통지예금의 이자	• 인출일
⑥ 이자부 투자신탁의 수익	• 신탁의 수익을 지급받는 날, 신탁의 해약일 또는 투자신탁의 환매일 • 특약 때문에 원본에 전입된 날 • 계약기간을 연장하는 경우에는 연장하는 날
⑦ 채권·증권의 환매조건부매매차익	• 약정에 의한 환매수일 또는 환매도일 • 기일 전에 환매수 또는 환매도하는 경우에는 환매수일 또는 환매도일
⑧ 저축성보험의 보험차익	• 보험금 또는 환급금의 지급일 • 기일 전에 해지하는 경우에는 해지일
⑨ 직장공제회 초과반환금	• 약정에 의한 공제회 반환금의 지급일
⑩ 비영업대금의 이익	• 약정에 의한 이자지급일 • 약정이 없거나 약정일 전에 이자를 지급받는 경우에는 이자지급일
⑪ 채권 등의 보유기간 이자상당액	• 채권 등의 매도일 또는 이자 등의 지급일
⑫ 이자가 발생하는 재산을 상속 또는 증여하는 경우	• 상속개시일 또는 증여일

3) 법인이 수입하는 배당소득

법인이 수입하는 배당소득의 귀속사업연도는 소득세법 시행령 제46조의 규정에 따른 수입시기에 해당하는 날이 속하는 사업연도로 한다.

【배당소득의 수입시기】

구 분	귀 속 시 기
① 무기명 주식의 이익이나 배당	• 지급을 받은 날
② 잉여금의 처분에 의한 배당	• 잉여금 처분 결의일
③ 건설이자의 배당	• 건설이자 배당의 결의일
④ 주식의 소각·자본의 감소 및 퇴사	• 소각 등의 결정일이나 퇴사 또는 탈퇴한 날
⑤ 잉여금의 자본전입의 경우	• 자본전입을 결정한 날
⑥ 해산·합병 및 분할의 경우	• 잔여재산가액확정일·합병등기일·분할등기일
⑦ 법인세법에 따라 처분된 인정배당	• 해당 사업연도의 결산확정일
⑧ 배당부 투자신탁수익의 분배금	• 신탁의 수익을 지급받는 날, 신탁의 해약일 또는 투자신탁의 환매일 • 특약 때문에 원본에 전입된 날 • 계약기간을 연장하는 경우에는 연장하는 날

(4) 임대료 등 기타 손익의 귀속사업연도

① 자산의 임대로 인한 익금과 손금

- 계약 등에 의하여 임대료의 지급일이 정하여진 경우에는 지급일
- 계약 등에 의하여 임대료의 지급일이 정하여지지 아니한 경우에는 지급을 받은 날
- 결산을 확정하면서 이미 지나간 기간에 대응하는 임대료 상당액과 이에 대응하는 비용을 해당 사업연도의 수익과 손비로 계상한 경우 또는 임대료의 지급기간이 1년을 초과하면 이미 지나간 기간에 대응하는 임대료상당액과 이에 대응하는 비용은 이를 각각 해당 사업연도의 익금과 손금으로 한다.

② 금전등록기를 설치·사용하는 경우

금전등록기를 설치하여 사업을 영위하는 법인의 경우에 수입하는 물품대금과 용역대가의 귀속사업연도는 금액이 실제로 수입된 사업연도로 할 수 있다.

③ 사채할인발행차금

법인이 사채를 발행하면서 발생한 사채할인발행차금은 기업회계기준에 의한 사채할인발행차금의 상각방법에 따라 이를 손금에 산입한다.

④ 리스료의 경우

리스로 인하여 수입하거나 지급하는 리스료의 익금과 손금의 귀속사업연도는 리스회계처리준칙에 따라 익금과 손금으로 한다.

⑤ 징발된 재산을 국가에 매도하고 징발보상증권을 받은 경우

- 일반적인 경우 : 징발보상증권의 상환조건에 따라 상환받았거나 상환받을 금액을 익금에 산입하고 상환비율에 상당하는 매도자산의 원가를 손금에 산입한다.
- 징발보상증권을 양도하는 경우 : 양도한 때에 이를 상환받은 것으로 보아 양도한 징발보상증권에 상당하는 금액을 익금과 손금에 산입한다.

⑥ 법인이 아닌 조합 등으로부터 받는 분배이익금

법인이 아닌 조합 등으로부터 받은 분배금은 이를 해당 조합 등의 결산기간이 종료하는 날이 속하는 사업연도에 익금에 산입한다.

(5) 기타 손익의 귀속사업연도

① 관세환급금

관세환급금의 귀속사업연도는 다음에 해당하는 날이 속하는 사업연도로 한다.
- 수출과 동시에 환급받을 관세 등이 확정되는 경우에는 수출을 완료한 날
- 수출과 동시에 환급받을 관세 등이 확정되지 아니할 때는 환급금의 결정통지일 또는 환급일 중 빠른 날

② 물품매도확약서 발행업의 수입금액

물품매도확약서 발행업에 있어서 수익의 귀속사업연도는 해당 물품을 선적한 날이 속하는 사업연도로 하되, 장부 등을 비치하지 아니한 경우에는 신용장 개설일이 속하는 사업연도로 한다.

여기서 물품매도확약서란 무역업자가 매매당사자에게 상품에 대한 설명과 가격조건 등의 내용을 기재하여 물품을 공급할 것을 약속한 문서를 말한다.

③ 국고보조금

정부로부터 교부받은 국고보조금의 귀속사업연도는 국고보조금의 교부통지를 받은 날이 속하는 사업연도로 한다.

④ 보험차익

보험사고로 인하여 수령하는 보험차익의 귀속사업연도는 그 보험금의 지급이 확정된 날이 속하는 사업연도로 한다.

⑤ 추가 납부하는 산재보험료

법인이 산재보험에 있어서 개산보험료를 납부한 후 확정보험료와의 차액을 추가로 납부하는 경우에 추가로 납부하는 산재보험료의 손금 귀속사업연도는 추가로 납부할 금액이 확정되는 날이 속하는 사업연도로 한다.

⑥ 파생상품의 거래 손익

- 파생상품의 거래로 인한 익금 및 손금의 귀속사업연도는 계약이 만료되어 대금을 결제한 날 등 해당 익금과 손금이 확정된 날이 속하는 사업연도로 한다.
- 손익의 귀속사업연도 이전에 파생상품에 대하여 계상한 평가손익은 각 사업연도의 소득금액계산에 있어서 이를 익금 또는 손금에 산입할지를 선택할 수 있다.

1. 의 의

자산의 취득가액은 산정기준에 따라 해당 자산의 처분시점에 있어서 손익은 물론 각 사업연도의 손금에 배분하는 감가상각비를 결정하는 등 자산의 평가와 기간손익계산에 큰 영향을 미치게 된다. 다시 말해, 취득가액은 기간손익의 계산에 직접적인 영향을 미치게 되므로 기업회계와 법인세법은 기업의 자의성을 배제하고 객관성을 유지하기 위하여 취득가액의 산정기준을 규정하고 있다.

2. 기업회계기준의 규정

기업회계기준에 규정되어 있는 자산의 취득원가와 평가기준은 다음과 같다.

① 재무상태표에 기재하는 자산의 가액은 해당 자산의 취득원가를 기초로 하여 계상함을 원칙으로 한다.

② 교환·현물출자·증여 기타 무상으로 취득한 자산의 가액은 공정가치를 취득원가로 한다. 다만, 유형자산 간의 교환할 때 공정가치를 알 수 없는 경우에는 취득원가는 양도한 자산의 장부금액으로 할 수 있다.

③ 유형자산 등의 취득과 관련하여 국공채 등을 불가피하게 매입하는 경우 매입가액과 현재가치로 평가한 가액의 차액은 해당 유형자산 등의 취득원가에 산입한다.

④ 재고자산·투자자산·유형자산 및 무형자산의 제조, 매입 또는 건설(재고자산은 해당 자산의 제조 등에 장기간이 소요되는 경우에 한함)에 사용된 차입금에 대하여 해당 자산의 제조, 매입 또는 건설 완료할 때까지 발생한 이자비용과 기타 유사한 금융비용은 기간비용으로 처리함을 원칙으로 하되, 취득 기간에 타인자본에서 발생한 실제 금융비용은 취득원가에 산입할 수 있다.

⑤ 재무상태표에 계상하는 자산은 기업회계기준의 각 평가규정에서 정하고 있는 경우를 제외하고 자산의 진부화, 물리적 손상 및 시장가치의 급격한 하락 등의 원인으로 인하여 해당 자산의 회수가능가액이 장부금액에 미달하고 그 미달액이 중요한 경우에는 이를 장부금액에서 직접 차감하여 회수가능가액으로 조정하고, 장부금액과 회수가능가액과의 차액은 동 자산에 대한 손상차손의 과목으로 하여 당기손실로 처리한다. 다만, 손

상 처리한 자산의 회수가능가액이 차기 이후에 장부금액을 초과하면 해당 자산이 손상되지 않았을 경우의 장부금액을 한도로 하여 그 초과액을 동 자산에 대한 손상차손환입의 과목으로 하여 당기이익으로 처리한다.

⑥ 위 ⑤에서 회수가능가액이란 해당 자산의 순실현가능가액과 사용가치 중 큰 금액을 말한다.

⑦ 위 ⑤의 규정을 적용함에 따라 자산의 장부금액을 감액하거나 증액하는 경우 그 내용과 금액을 주석으로 기재한다.

⑧ 자산의 취득원가는 자산의 종류에 상응한 원가배분의 원칙에 의하여 각 회계연도에 배분하여야 한다.

3. 법인세법의 규정

(1) 원 칙

법인세법은 자산의 취득가액 결정에 대한 객관성의 유지를 위하여 역사적 원가주의에 의한 취득원가로 평가하는 것을 원칙으로 규정하고 있다. 다만, 일부 자산에 대하여는 예외를 인정하고 있다.

(2) 일반적일 때의 취득가액

법인세법상 자산의 취득가액은 다음에 해당하는 금액으로 한다.

① 타인으로부터 매입한 자산

- 매입가액에 취득세 및 기타 부대비용을 가산한 금액으로 한다. 다만, 단기매매증권과 파생상품의 취득원가는 매입가액(부대비용은 포함하지 않고 당기 비용으로 처리함)으로 한다.

② 자기가 제조, 생산, 건설 기타 이에 따르는 방법에 따라 취득한 자산

- 원재료비 · 노무비 · 운임 · 하역비 · 보험료 · 수수료 · 공과금(취득세 포함) · 설치비 · 건설자금이자 · 기타 부대비용의 합계액

③ 현물출자 · 합병 또는 물적 분할로 취득한 자산

- 적격합병 또는 적격분할의 경우에는 장부금액으로 하고, 그 밖의 경우에는 해당 자산의 시가로 한다. 여기서 적격합병이란 법인세법에 따라 기업구조조정촉진과 경쟁력

제고를 세금납부연기 등 세제지원 혜택을 받을 수 있는 합병을 말한다.

④ 물적 분할에 따라 취득한 주식

- 적격물적분할의 경우에는 물적으로 나눈 순자산의 장부금액으로 하고, 그 밖의 물적 분할의 경우에는 물적으로 나눈 순자산의 시가로 한다.

⑤ 현물출자에 따라 출자법인이 취득한 주식

- 적격현물출자의 경우 현물출자한 순자산의 장부금액으로 하고, 비적격출자법인이 현물출자로 인하여 피출자법인을 설립하면서 그 대가로 주식 등만 취득하는 현물출자의 경우에는 현물출자한 순자산의 시가로 한다. 한편 그 밖의 현물출자 경우에는 해당 주식 등의 시가로 한다.

⑥ 출자전환으로 취득한 주식 등

- 취득 당시의 시가로 한다. 다만, 출자전환 채무면제이익 익금불산입 요건을 갖춘 채무의 출자전환으로 취득한 주식 등은 출자 전환된 채권(채무보증에 따른 구상채권, 업무무관 가지급금 제외)의 장부금액으로 한다.

⑦ 내국법인이 외국자회사를 인수하여 취득한 주식

- 익금불산입된 수입배당금액, 인수 시점의 외국자회사의 이익잉여금 등을 고려하여 대통령령으로 정하는 금액으로 한다.

참고 출자전환 채무면제이익의 익금불산입 요건(영 제15조 제4호)

1. 「채무자 회생 및 파산에 관한 법률」에 따라 채무를 출자로 전환하는 내용이 포함된 회생계획인가의 결정을 받은 법인의 채무를 줄자전환을 한 경우
2. 「기업구조조정 촉진법」에 따라 채무를 출자로 전환하는 내용이 포함된 경영정상화계획의 이행을 위한 약정을 체결한 부실징후기업이 채무를 출자전환하는 경우
3. 해당 법인에 대하여 채권을 보유하고 있는 금융회사와 채무를 출자로 전환하는 내용이 포함된 경영정상화계획의 이행을 위한 협약을 체결한 법인이 채무를 출자전환하는 경우

⑦ 합병 또는 분할(물적 분할 제외)에 의하여 취득한 주식 등

- 종전의 장부가액에 합병·분할에 따른 의제배당 및 불공정자본거래로 인하여 특수관계인으로부터 분여받은 이익을 가산한 가액에서 합병대가 또는 분할대가 중 금전이나 그 밖의 재산가액의 합계액을 뺀 금액으로 한다.

⑧ 단기금융자산 등

- 매입가액으로 한다.

⑨ 공익법인 등이 기부 받은 자산

- 기부한 자의 기부 당시 장부금액으로 한다. 다만, 증여세 과세가액이 포함되지 아니한 출연재산이 그 후 과세요건이 발생하여 증여세의 전액이 부과되는 경우에는 기부 당시의 시가로 한다.

⑩ 그 밖의 방법으로 취득한 자산

- 취득 당시의 시가로 한다.

참고 현물출자자와 주식발행법인의 자산취득가액

구 분	내 용
거래의 흐 름	현물출자자(자산의 제공) ⇌ 주식발행법인(주식의 교부)
현 물 출자자	(차) 주　　　식　　×××　　　　　　(대) 자　　　산　　××× 　　　　　　　　　　　　　　　　　　　　자산처분이익　　××× 현물출자자의 경우에는 주식의 취득거래와 자산의 처분거래가 발생하므로 과세관청의 입장에서는 해당 거래시점에 해당 현물출자자에 대하여 과세를 할 수 있는 상황이 전개되었다. 따라서 법인세법에 주식의 취득가액을 시가로 규정함으로써 정확한 자산의 처분이익이 계산되어 적절한 과세가 가능한 것이다.
주　식 발　행 법　인	(차) 자　　　산　　×××　　　　　　(대) 자　본　금　　××× 　　　　　　　　　　　　　　　　　　　　주식발행초과금　　××× 주식발행법인은 현물출자자와는 달리 자산의 취득거래와 주식의 발행거래가 발생하므로 해당 거래시점에 주식발행법인에 대해서는 과세문제가 발생하지 않는다. 따라서 이 경우에는 현물출자자에 대한 의견과는 달리 다른 각도에서 살펴보아야 한다. 즉, 과세관청의 입장에서는 해당 거래시점에 장부에 계상되는 자산의 가액을 얼마로 인정할 것이냐 하는 것은 추후 해당 자산의 감가상각할 때 또는 양도할 때 얼마를 손금으로 인정해 줄 것이냐 하는 것과 직결되는 것이다. 결국, 법인세법에 시가를 한도로 출자가액을 인정하겠다는 규정을 둠으로써 시가 이내의 범위에서는 자유롭게 취득가액을 선택할 수 있지만, 시가를 초과하는 금액으로는 어떤 상황에서도 인정되지 않는 효과가 있게 된 것이다.
결 론	위의 사실에 비추어 볼 때 취득가액에 대한 법인세법의 의견은 적절한 과세를 최우선으로 하고 있다는 것을 알 수 있다.

(3) 취득가액 계산의 특례

1) 취득가액에 산입하는 금액

다음에 열거하는 금액은 이를 취득가액에 포함한다.

① 유가증권의 저가매입에 대하여 익금에 산입한 금액

② 건설자금에 충당한 차입금의 이자

③ 자본적 지출액

④ 인수도조건(D/A)이자 및 기한부신용장(Usance)이자(단, 지급이자로 계상한 경우 이를 손금으로 인정)

2) 취득가액에 산입하지 아니하는 금액

다음에 열거하는 금액은 취득가액에 포함하지 않는다.

① 자산을 장기할부조건 등으로 취득하는 경우 발생한 채무를 기업회계기준이 정하는 바에 따라 현재가치로 평가하여 현재가치할인차금으로 계상한 경우의 해당 현재가치할인차금. 이 경우 지급이자의 손금불산입·원천징수 및 지급 조서 제출 규정의 적용을 배제한다.

② 연지급수입에 있어서 취득가액과 구분하여 지급이자로 계상한 금액. 이 경우에도 지급이자의 손금불산입·원천징수·지급 조서 제출 규정의 적용을 배제한다.

③ 자산의 고가매입 또는 불균등 증자 등에 따라 부당행위계산부인의 적용을 받는 경우의 시가초과액

3) 보유자산에 대한 취득가액 계산의 특례

법인이 보유하는 자산에 대하여 다음에 해당하는 사유가 발생한 경우의 취득가액은 다음과 같다.

① 법인세법의 규정에 따른 평가가 있는 경우에는 그 평가액

② 자본적 지출이 있는 경우에는 그 금액을 가산한 금액

③ 합병 또는 분할합병으로 인하여 특수관계인으로부터 분여 받은 이익이 있는 경우에는 그 이익을 가산한 금액

보충 D/A 이자 및 Usance 이자

① D/A(Documents against Acceptance : 인수도조건) 이자

신용장이 개설되지 아니한 상태에서 이루어지는 국제간 외상거래로서 외상 조건을 공급자가 제공하는 경우로서 수입할 때 공급자로부터 대금결제 없이 일단 물품을 먼저 받고 일정 기간 후 수입업자가 그 수입대금에 포함하여 공급자에게 지급하는 이자를 말한다.

② Usance(기한부 신용장) 이자

신용장이 개설된 상태에서 국제간에 이루어지는 외상거래로 다음과 두 가지 방식이 있다.

　　㉠ Shipper's Usance 이자

　　　외상 조건을 공급자가 제공하는 경우로서 공급자의 거래은행이 일단 공급자에게 물품대금을 지급하고, 일정 기간 경과 후 그 물품대금의 상환을 위하여 수입업자가 공급자에게 물품대금에 포함하여 지급한 이자를 말한다.

　　㉡ Banker's Usance 이자

　　　외상 조건을 수출지의 은행이 제공하는 경우로서 물품 등을 수입할 때 먼저 은행이 수입대금을 결제하고 일정 기간 후에 수입업자가 그 수입대금에 이자를 합한 금액을 은행에 갚는 경우 그 이자를 말한다.

〈자산 구매할 때 부담한 지급이자의 처리 비교〉

구 분	기업회계	세 법
D/A 이자 (인수도조건방식에 따른 이자)	취득가액에 산입함 (이자비용처리도 인정)	원칙 : 취득가액에 산입함 특례 : 지급이자로 계상하면 이를 손금으로 인정함
Shipper's Usance 이자 (공급자 신용공여방식에 따른 이자)		
Banker's Usance 이자 (은행 신용공여방식에 따른 이자)	이자비용(영업외비용)으로 처리함	

구 분	내 용
자 료	① 명목가액 : 12,000원　　　　　　② 현금가액 : 10,000원 ③ 할부기간 : 3년　　　　　　　　④ 감가상각방법 : 정액법(3년)
회 계 처 리	〈명목가치평가〉 (차) 유형자산　　　　　12,000　　　　　　(대) 장기미지급금　　　12,000 〈현재가치평가〉 (차) 유형자산　　　　　10,000　　　　　　(대) 장기미지급금　　　12,000 　　현재가치할인차금 2,000
법 인 세 법	① 원칙 : 명목가액을 취득가액으로 한다. 이 경우 법인은 향후 3년간 12,000원의 금액을 감가상각비로 손금인정을 받게 된다. ② 예외 : 법인의 장부상 현재가치평가를 하면 현금가액을 취득가액으로 한다. 이 경우 법인은 3년간 10,000원의 금액을 감가상각비로 손금 인정을 받게 되며, 또한 유효이자율법에 따른 현재가치할인차금 상각액으로 3년간 2,000원을 추가로 손금 인정을 받게 된다.
결 론	명목가액을 취득가액으로 하는 경우와 현금가액을 취득가액으로 하는 경우 모두 3년간 12,000원에 대해 손금 인정을 받게 되므로 법인세법상 현재가치에 의한 평가규정의 제재가 아무런 실효성을 가져오지 못한다. 따라서 세법에서는 두 가지 방법 모두 수용하고 있다.

참고 현재가치에 의한 평가비교[법인세법 vs 소득세법 vs 부가가치세법]

구 분	내 용
① 법인세법	① 원칙 : 명목가액 ② 예외 : 현재가치할인차금을 계상한 경우에는 현금가액으로 함
② 소득세법	① 사업자의 경우 : 법인세법 준용 ② 양도소득세 : 명목가액으로 하되, 다른 소득에서 필요경비 인정받은 금액은 제외
③ 부가가치세법	부가가치세법에서는 재화의 간주공급 때 과세표준을 다음과 같은 계산식에 의하여 계산하는바, 이 경우 취득가액은 항상 명목가액으로 하여 계산한다. 과세표준＝취득가액×(1 - 감가율×경과된 과세기간의 수) 이처럼 부가가치세법에서는 법인세법과 소득세법과는 달리 현재가치평가를 인정하지 않고 있다. 그 이유는 현재가치평가를 허용하게 되면 위의 계산식에서 보는 바와 같이 부가가치세 과세표준이 감소하기 때문이다.

1. 자산 및 부채의 평가

내국법인이 보유하는 자산 및 부채의 장부금액을 증액 또는 감액한 경우, 소득금액의 계산에서는 해당 자산 및 부채의 장부금액은 그 평가하기 전의 가액으로 하도록 규정함으로써(법인세법 42①) 자산 및 부채의 평가를 원칙적으로 인정하지 아니하고 있다. 다만, 다른 법령 등과의 관계를 고려하여 보험업법 기타법률에 따른 고정자산의 평가, 재고자산 등의 평가만을 예외적으로 인정하고 있다.

2. 고정자산

법인세법에서 인정하는 고정자산에 대한 평가손익은 다음과 같다.

(1) 평가이익

① 보험업법 기타법률에 따른 고정자산 평가증
② 합병 및 분할할 때 승계한 자산에 대한 합병 및 분할 평가이익

(2) 평가손실

다음의 사유로 인한 고정자산의 평가손실은 손금에 산입할 수 있다.
① 천재·지변 또는 화재가 발생한 경우
② 법령에 따른 수용 등의 사유가 있는 경우
③ 채굴예정량의 채진으로 인한 폐광이 된 경우
④ 시설의 개체 또는 기술의 낙후에 따른 생산설비의 폐기손실로서 장부금액에서 1,000원을 차감한 금액

3. 재고자산

법인세법은 재고자산에 대한 평가이익은 이를 인정하지 아니하고 평가손실만 이를 인정하고 있다.

(1) 평가이익

평가이익은 예외 없이 인정되지 않음

(2) 평가손실

① 재고자산의 평가방법을 저가법으로 신고한 경우
② 파손·부패 등의 사유로 인하여 정상가액으로 판매할 수 없는 것

4. 유가증권

법인세법은 유가증권에 대하여 다음과 같은 평가손익에 대해서 인정하고 있다.

(1) 평가이익

원칙적으로 평가이익을 인정하지 않지만 자본시장과 금융투자업에 관한 법률에 따른 투자회사가 보유한 유가증권의 평가는 시가법을 적용하므로 이 경우 평가이익을 인정하고 있다.

(2) 평가손실

① 중소기업창업투자회사가 보유하는 창업자 발행주식·신기술사업금융업자가 보유하는 신기술사업자 발행주식으로서 그 발행법인이 부도가 발생한 경우·주권상장법인 또는 코스닥상장법인이 발행한 주식으로서 발행법인이 부도가 발생한 경우 또는 채무자회생 및 파산에 관한 법률에 따른 회생계획인가의 결정을 받았거나 기업구조조정촉진법에 의한 부실징후기업이 된 경우의 해당 주식의 장부금액을 사업연도 종료일 현재 시가(창업자 또는 신기술사업자별로 보유주식총액을 시가로 평가한 가액이 1천원 이하일 때 1천원으로 함)로 평가함으로써 생긴 차액은 이를 손금에 산입할 수 있다.

② 주식 등을 발행한 법인이 파산한 경우에는 해당 주식 등의 장부금액을 사업연도 종료일 현재의 시가(시가로 평가한 가액이 1천원 이하일 때 1천원으로 함)로 평가한 가액으로 감액하고 그 금액을 손금에 산입할 수 있다.

5. 외화자산 · 부채의 평가

법인세법은 화폐성 외화자산 · 부채에 대하여 발생하는 평가손익에 대하여 법인이 선택하여 인식할 수도 있고, 외화자산 · 부채의 취득일 · 발생일의 매매기준율(또는 재정환율)을 적용하여 인식하지 않을 수도 있다. 또한, 금융회사 외의 법인이 화폐성 외화자산 · 부채의 환율변동위험을 회피하기 위하여 보유하는 통화선도 · 통화스와프 등에 대해서도 평가 여부를 선택할 수 있다.

1. 세무조정

(1) 이익잉여금을 수정한 경우

① 전기의 이월이익잉여금을 증가시킨 경우

증가한 이월이익잉여금 상당액은 순자산증가에 해당하므로 이를 익금에 산입하여 기타로 처분하는 한편, 이월이익잉여금 증가의 원인이 된 개별항목이 익금산입 대상인지 아닌지를 판정하여 추가로 세무조정을 하여야 한다.

② 전기의 이월이익잉여금을 감소시킨 경우

감소한 이월이익잉여금 상당액은 순자산 감소에 해당하므로 이를 손금에 산입하여 기타로 처분하는 한편, 이월이익잉여금 감소의 원인이 된 개별항목이 손금산입 대상인지 아닌지를 판정하여 추가로 세무조정을 하여야 한다.

③ 감가상각비 등을 전기오류수정손실로 계상한 경우

감가상각비, 퇴직연금충당부채 등을 전기오류수정손실로 계상한 경우에는 동 금액을 손금산입하여 기타로 처분하는 한편, 손금산입한 금액을 감가상각비 또는 퇴직급여연금부채의 계상액으로 보아 감가상각비 및 퇴직급여연금부채 등을 시부인하는 경우 반영하여야 한다.

(2) 손익계산서에 영업외손익으로 계상한 경우

영업외손익으로 계상된 금액은 개별항목별로 세무조정을 추가로 반영하면 된다.

2. 귀속시기의 판정 기준

전기의 이월이익잉여금을 수정하는 회계처리를 할 때도 이로 인하여 조세의 부담이 부당하게 감소하거나 그 사유가 소득의 조작에 있는 경우에는 세무조정을 하여 해당 사업연도의 소득금액에 반영하지 아니하고 그 사유가 발생한 사업연도의 소득금액을 소급하여 경정하여야 한다.

제7장 기 부 금

기부금의 개요

1. 기부금의 의의

기부금이란 특수관계가 없는 자에게 사업과 직접적인 관련 없이 자유로운 의사결정에 따라 무상으로 지출한 재산적 증여가액을 말한다. 이러한 기부금은 사업과 직접적인 관련 없이 자유로운 의사결정에 따라 발생한 지출이면서 순자산을 감소시키므로 원칙적으로 손금에 산입한다. 그러나 특례기부금 및 일반기부금과 같은 공익성 기부금을 제외한 비일반 기부금은 공익적인 활동에 해당하지 아니하므로 전액 손금에 산입되지 아니한다. 다만, 공익성 기부금에 대해서도 법인세법에서 규정하고 있는 일정한도 내에서만 손금산입할 수 있도록 규제하고 있다.

2. 기부금의 범위

(1) 일반적일 때

법인이 자유로운 의사결정에 따라 특수관계인 외의 자에게 해당 법인의 사업과 직접 관계없이 무상으로 지출하는 재산적 증여의 가액을 기부금이라 하며(법인세법 시행령 35), 기부금과 유사한 비용은 다음과 같이 구분한다.

① 자유로운 의사결정

현금주의에 따라 기부금의 귀속시기를 판정하는 근거가 된다. 한편, 강압에 의하면 부당행위계산부인의 규정이 적용되며, 뇌물죄로도 처벌할 수 있다.

② 특수관계가 있는 경우 : 부당행위계산에 해당

특수관계인에게 사업과 직접 관계없이 무상으로 지출된 재산가액의 경우에는 부당행위계산부인의 규정이 적용된다. 다만, 특수관계인에게 지출한 재산가액이 특례기부금과 일반기부금에 해당하는 경우에는 예외로 한다. 따라서 특수관계가 있는 공익법인에 고유목적사업비 등으로 지출한 경우에는 일반기부금에 해당하는 것이며, 국가와 지방자치단체에 기부금을 지출한 경우에는 특례기부금에 해당하는 것이다.

③ 업무와 관련이 있는 경우 : 기업업무추진비에 해당

법인의 사업과 직접 관련하여 무상으로 지출된 재산가액의 경우에는 이를 기업업무추진비로 구분한다. 이 경우 상대방이 특수관계 있는지는 기업업무추진비의 판정에 영향을 미치지 아니한다.

(2) 의제기부금

① 특수관계가 없는 경우

특수관계인 외의 자에게 정당한 사유 없이 자산을 정상가액보다 저가로 양도하거나 정상가액보다 고가로 매입하는 경우로서 그 차액 중 실질적인 증여로 인정되는 금액을 기부금으로 간주한다.

참고   정상가액

① 정상가액 : 시가에 시가의 30%를 가산하거나 차감한 범위 내의 가액(법인세법 시행령 35)

② 시가의 개념(법인세법 시행령 89①②)
- 원칙 : 특수관계가 없는 불특정다수인과 계속하여 거래한 가격 또는 특수관계인이 아닌 제3자간에 일반적으로 거래된 가격
- 시가가 불분명한 경우 : 다음을 차례로 적용하여 계산한 금액
  ㉮ 감정가액(2 이상의 감정가액이 있는 경우에는 그 평균액으로 하며, 주식 또는 출자지분은 제외)
  ㉯ 상속세및증여세법을 준용하여 평가한 가격

② 특수관계가 있는 경우

특수관계인에게 무상으로 지출하는 것은 부당행위계산부인의 대상이 되므로 기부금에 해당하지 않지만, 특례기부금, 우리사주조합기부금 및 일반기부금의 경우에는 특수관계 여부를 고려하지 않는다. 한편, 특수관계인에게 저가 양도하거나 특수관계인으로부터 고가 양수한 때도 부당행위계산부인 규정이 적용되므로 기부금으로 간주하지 않는다. 다만, 시가와 거래가액의 차액이 시가의 5% 이상이거나 그 차액이 3억원 이상이면 시가와 양도가액(또는 양수가액)의 차액만큼 부당행위계산부인이 적용된다.

1. 기부금의 평가

법인이 기부금을 금전 외의 자산으로 제공한 경우 특례기부금·일반기부금(특수관계인에게 기부한 기부금 제외)은 해당 자산의 장부금액으로 하며, 지정·비일반기부금은 제공 시점 해당 자산의 시가(시가가 장부금액보다 낮은 경우에는 장부금액)에 의한다.

구　분	평가금액
특례기부금, 특수관계인이 아닌 자에게 기부한 일반기부금	장부금액
특수관계인에게 기부한 일반기부금, 비일반기부금	시가와 장부금액 중 큰 금액

이 경우 세무조정을 하면서 법인이 기부금으로 계상한 자산의 장부금액과 시가와의 차액을 기부금 계상액에 합산하여 기부금에 대한 시부인을 하여야 한다. 그러나 시가와 장부금액과의 차액에 대하여는 별도의 세무조정을 하지 않는데, 그 이유는 다음과 같다.

(일반기부금 예제) 기부자산의 장부금액　1,000　기부 자산의 시가　1,500				
회계상 분개	(차) 기부금　　　　　1,000		(대) 자　　　산　　　1,000	
세법상 분개	(차) 기부금　　　　　1,500		(대) 자　　　산　　　1,000 　　　　처분이익　　　　500	
세 무 조 정	자산의 처분이익　500　　　　　　익금산입 (기타) 기부금의 증가　　500　　　　　　손금산입 (기타) 따라서 차액 500에 대한 세무조정은 생략하고, 기부금을 1,500(1,000+500)으로 보아 기부금에 대한 시부인을 하면 되는 것이다.			

2. 기부금의 귀속시기

기부금의 귀속사업연도는 현금주의에 따라 판단한다. 따라서 어음으로 지급한 기부금이나 미지급금으로 계상한 기부금은 실제로 어음이 결제되거나 현금이 지출될 때까지 기부금으로 보지 아니하며, 현금으로 지출된 기부금을 가지급금 등으로 이연 계상한 경우에는 지출한 사업연도의 기부금으로 하고, 그 후의 사업연도에서는 이를 기부금으로 보지 아니한다. 다만, 수표를 발행하여 교부한 경우에는 교부를 한 날에 지출된 것으로 본다.

(1) 원칙 : 현금주의

① 수표로 지급하는 경우 : 교부일
② 어음으로 지급하는 경우 : 결제일

(2) 현금으로 지출된 기부금을 가지급금 등으로 이연 계상한 경우

① 지출한 사업연도

기부금을 가지급금으로 계상하였으므로, 기부금을 손금산입(△유보)하여 세무조정을 한 후 손금에 산입한 기부금은 그 유형별로 기부금으로 시부인을 한다.

② 손금으로 계상하는 사업연도

가지급금으로 계상한 사업연도에 이미 손금에 산입하여 기부금에 대한 시부인을 하였으므로 손금으로 계상한 사업연도에는 전액 손금불산입(유보)하여 세무조정을 한다.

③ 예외 규정

정부로부터 인·허가를 받기 이전의 설립 중인 공익법인 등에 일반기부금을 지출하는 경우에는 그 법인 등이 인가 또는 허가를 받은 날이 속하는 사업연도의 일반기부금으로 보는 것이므로 지출한 사업연도에 가지급금 등으로 계상한 때도 세무조정을 하지 아니하며, 인가 등을 받은 사업연도에 일반기부금에 대한 시부인을 하면 된다.

참고 가지급기부금에 대한 세무조정

구 분	내 용
현금 지출 연도	(차) 가지급기부금　　×××　　　(대) 현　　　금　　　×××
	① 세무조정 때 : 〈손금산입〉　가지급기부금　×××(△유보) ② 기부금 시부인 계산 때 : 세법상 기부금=손익계산서상 기부금 + 가지급기부금
비용 계상 연도	(차) 기　부　금　　×××　　　　(대) 가지급기부금　　×××
	① 세무조정 때 : 〈손금불산입〉　전기 가지급기부금　×××(유보) ② 기부금 시부인 계산 때 : 세법상 기부금=손익계산서상 기부금 - 전기 가지급기부금

(3) 미지급금(어음 지급액 포함)으로 계상한 경우

① 미지급금으로 계상한 사업연도

현금의 지출이 없는 미지급금을 과대 계상한 것이므로 기부금으로 계상한 금액을 전액 손금불산입(유보)하여 세무조정을 한다.

② 지출하는 사업연도

현금의 지출이 있었으므로 지출한 현금상당액을 기부금으로 보아 손금산입(△유보)하여 세무조정을 한 후 손금에 산입한 금액을 기부금으로 보아 기부금의 유형별로 시부인을 한다.

참고 미지급기부금에 대한 세무조정

구 분	내　　용
비 용 계 상 연 도	(차) 기 부 금　　×××　　(대) 미지급기부금　　×××
	① 세무조정 시 : ⟨손금불산입⟩　　미지급기부금　　×××(유보) ② 기부금 시부인 계산 때 : 세법상 기부금＝손익계산서상 기부금 − 미지급기부금
현 금 지 출 연 도	(차) 미지급기부금　　×××　　(대) 현　　금　　×××
	① 세무조정 때 : ⟨손금산입⟩　전기 미지급기부금　　×××(△유보) ② 기부금 시부인 계산 때 : 세법상 기부금＝손익계산서상 기부금 ＋ 전기 미지급기부금

1. 특례기부금(50% 한도 기부금)

법인세법상 특례기부금은 다음과 같다.

① 국가 또는 지방자치단체에 무상으로 기증하는 금품의 가액

② 국방헌금과 국군장병 위문금품의 가액

③ 천재지변으로 생긴 이재민을 위한 구호금품의 가액

④ 국립·공립·사립학교의 비영리재단(시설비·교육비·장학금·연구비 지급 목적으로 설립된 비영리재단법인만 해당함)·기능대학·원격대학형태의 평생교육시설·외국교육기관(특별법에 따라 설립된)·산학협력단 평생교육법에 따른 전공대학·한국과학기술원·한국에너지공과대학교·울산과학기술대학교·인천대학교·서울대학교·KDI 정책대학원·한국학중앙연구원 내 한국학대학원·과학기술연합대학원대학교·재외 한국학교(단, 기부금 모집·배분실적 홈페이지 공개 및 국세청 제출 필요)·비영리국제학교(제주특별자치도 설치 및 국제자유도시조성을 위한 특별법에 따라 설립된)에 시설비·교육비·장학금 또는 연구비로 지출하는 기부금

⑤ 국립대학병원·국립대학치과병원·서울대학교병원·서울대학교치과병원·사립학교가 운영하는 병원·국립암센터·지방의료원·국립중앙의료원·대한적십자사가 운영하는 병원·한국보훈복지의료공단이 운영하는 병원·한국원자력의학원·국민건강보험공단이 운영하는 병원·산업재해보상보험법에 따른 의료기관에 시설비·교육비 또는 연구비로 지출하는 기부금

⑥ 사회복지사업, 그 밖의 사회복지활동의 지원에 필요한 재원을 모집·배분하는 것을 주된 목적으로 하는 비영리법인으로서 일정 요건6을 갖춘 법인(사회복지공동모금회)에 지출하는 기부금

⑦ 한국장학재단에 대한 기부금

---

6) ① 연간 기부금 모집·배분 실적을 홈페이지 공개, ② 결산서류 홈페이지 공개, ③ 외부감사 및 전용계좌 개설, ④ 기부금 배분지출이 총지출의 80% 이상, 관리·운영비가 기부금 수입의 10% 이하, ⑤ 개별단체 배분액이 총배분액의 25% 이하, 출연자 등 특수관계법인에 배분 금지 등의 요건을 충족시켜야 한다.

2. 우리사주조합기부금

우리사주제도를 실시하는 기업의 법인주주 등이 우리사주 취득을 위한 재원을 마련하기 위해서 우리사주조합에 지출하는 기부금을 우리사주조합기부금이라고 한다. 한편, 우리사주제도를 실시하는 기업이 자기의 소속 근로자가 설립한 우리사주조합에 출연하는 자사주의 장부가액이나 금품은 복리후생비로 보아 전액 손금산입한다.

3. 일반기부금(10% 한도 기부금)

일반기부금은 공익(사회복지·문화·예술·교육·종교·자선 등)을 위하여 사용하고 사업의 직접 수혜자가 불특정 다수일 것을 고려하여 규정한 기부금을 말하며, 또한 인터넷 홈페이지를 통하여 연간 기부금 모금액 및 활용실적을 공개한다는 내용이 정관에 기재되어 있어야 한다. 그리고 사실상 특정 정당 또는 선출직 후보를지지·지원하는 등 정치 활동을 하지 않아야 한다. 일반기부금의 유형은 다음과 같다.

(1) 일반기부금 단체 등에 대한 기부금

다음에 해당하는 일반기부금 단체 등에게 해당 일반기부금 단체의 고유목적사업비로 지출하는 기부금을 말한다.

① 사회복지사업법에 따른 사회복지법인
② 유아교육법에 따른 유치원, 초·중등교육법 및 고등교육법에 따른 학교, 근로자직업능력개발법에 따른 기능대학 또는 평생교육법에 따른 원격대학
③ 정부로부터 허가 또는 인가를 받은 학술연구단체·장학단체·기술진흥단체
④ 정부로부터 허가 또는 인가를 받은 문화·예술단체(문화예술진흥법에 따라 지정을 받은 전문예술법인과 전문예술단체를 포함) 또는 환경보호 운동단체
⑤ 종교의 보급 기타 교화를 목적으로 설립하여 주무관청에 등록된 단체
⑥ 의료법에 따른 의료법인
⑦ 민법에 따라 주무관청의 허가를 받아 설립된 비영리법인 또는 사회적협동조합 중 다음의 요건을 모두 충족한 것으로서 주무관청의 추천을 받아 기획재정부장관이 지정한 법인
　■ 수입을 회원의 이익이 아닌 공익을 위하여 사용하고 사업의 직접 수혜자가 불특정 다수일 것. 다만, 사회적협동조합의 경우 협동조합기본법에 따른 공익사업을 수행할 것

- 해산할 때 잔여재산을 국가·지방자치단체 또는 유사한 목적을 가진 다른 비영리 법인에 귀속하도록 할 것
- 인터넷 홈페이지가 개설되어 있고, 인터넷 홈페이지를 통하여 연간 기부금 모금액 및 활용실적을 공개한다는 내용이 정관에 기재되어 있으며, 매년 기부금 모금액 및 활용실적을 다음 연도 3월 31일까지 공개할 것
- 사실상 특정 정당 또는 선출직 후보를지지·지원하는 등 정치활동을 하지 아니할 것

⑧ 다음에 해당하는 일반기부금 단체 등
- 국민건강보험공단·대한적십자사·재일본대한민국민단 또는 주무관청의 장의 추천을 받아 기획재정부장관이 지정한 한일친선협회 및 한일협력위원회·새마을운동중앙본부(그 산하조직을 포함)·어린이육영사업을 목적으로 설립된 비영리법인 중 공익법인의 설립·운영에 관한 법률의 적용을 받는 법인·한국보훈복지의료공단·한국갱생보호공단·대한민국재향경우회·한국여성개발원·한국해양소년단연맹·대한결핵협회·대한법률구조공단·법률구조법에 따른 법률구조법인 중 공익법인의 설립·운영에 관한 법률의 적용을 받는 법인·한국청소년단체협의회(그 회원단체를 포함) 및 정부로부터 인가 또는 허가를 받은 단체로써 청소년기본법의 규정에 따른 청소년단체·한국학술진흥재단·직업능력개발훈련법인·도서관 및 독서진흥법에 의하여 등록하거나 신고된 도서관 또는 문고·바르게살기운동중앙협의회(그 산하조직을 포함)·한국장애인복지체육회·사학진흥재단·환경보전협회, 환경보전범국민운동추진협의회 및 환경운동연합·박물관 및 미술관진흥법에 따라 등록한 박물관 또는 미술관·과학관·에너지관리공단·시설안전기술공단·국가유공자 등 단체설립에 관한 법률에 따라 설립한 각 단체·주무부 장관이 추천하는 외국의 국제문화친선단체·정신보건법에 따른 정신보건시설법인·대한가족보건복지협회·재단법인 산재의료관리원·재단법인 북한이탈주민후원회·지역신용보증재단법에 따른 신용보증재단 및 전국신용보증재단연합회·서울대학교병원 및 국립대학병원·스카우트주관단체·한국청소년연맹·사단법인한국자유총연맹·대한민국재향군인회·중소기업정보화경영원·재외동포재단법에 의한 재외동포재단·기타 주무관청의 추천을 받아 기획재정부장관이 지정한 법인(지정일로부터 5년 이내에 종료하는 연도의 말까지의 기간만 적용)

(2) 특정 용도로 지출하는 기부금

다음에 해당하는 단체에 다음의 특정 용도로 지출하는 기부금을 말한다.

① 유아교육법에 따른 유치원의 장, 초·중등교육법 및 고등교육법에 따른 학교의 장, 근로자직업능력개발법에 의한 기능대학의 장 또는 평생교육법에 따른 원격대학의 장이 추천하는 개인에게 교육비·연구비 또는 장학금으로 지출하는 기부금

② 다음의 요건을 갖춘 공익신탁으로 신탁하는 기부금

- 공익신탁의 수익자가 상속세및증여세법 시행령 제12조에 규정된 공익법인 등이거나 그 공익법인 등의 수혜자일 것
- 공익신탁의 만기일까지 신탁계약이 중도 해지되거나 취소되지 아니할 것
- 공익신탁의 중도해지 또는 종료 때 잔여 신탁재산이 국가·지방자치단체 및 다른 공익신탁에 귀속될 것

③ 사회복지·문화·예술·교육·종교·자선·학술 등 공익목적으로 지출하는 기부금으로서 다음에 해당하는 기부금

- 지역새마을사업을 위하여 지출하는 기부금
- 불우 이웃을 돕기 위하여 지출하는 기부금
- 보건복지부장관이 인정하는 의료취약지역에서 비영리법인이 행하는 의료사업의 사업비·시설비·운영비로 지출하는 기부금
- 국민체육진흥기금으로 출연하는 기부금
- 전쟁기념사업회에 전쟁기념관 또는 기념탑의 건립비용으로 지출하는 기부금
- 중소기업협동조합중앙회에 중소기업연수원 및 중소기업제품전시장의 건립 및 운영비와 중소기업경영지원정보를 무상으로 제공하기 위한 데이타베이스구축 및 운영비로 지출하는 기부금
- 산림조합중앙회에 산림자원 조성기금으로 출연하는 기부금
- 근로자복지진흥기금으로 출연하는 기부금
- 종업원의 복지증진을 위하여 사내근로복지기금에 출연하는 기부금
- 발명진흥기금으로 출연하는 기부금
- 과학기술진흥기금으로 출연하는 기부금
- 한국여성경제인협회에 여성경제인박람회 개최비 또는 연수원 및 여성기업종합지원센터의 건립비로 지출하는 기부금

- 방송법에 따라 종교방송을 하는 방송법인에 방송을 위한 건물(방송에 직접 사용되는 부분에 한함)의 신축비로 지출하는 기부금
- 새마을금고에 사랑의 좀도리운동을 위하여 지출하는 기부금
- 보호관찰 등에 관한 법률에 따라 설립된 범죄예방 자원봉사위원 지역 협의처 및 전국연합회에 청소년선도보호와 범법자재범방지활동을 위하여 지출하는 기부금
- 한국은행 기타 금융기관이 금융감독기구설치 등에 관한 법률에 따라 금융감독원에 지출하는 출연금
- 국제체육대회 또는 세계선수권대회의 경기종목에 속하는 경기와 씨름 및 국궁의 기능향상을 위하여 지방자치단체나 대한체육회(특별시 · 광역시 · 도체육회 및 대한체육회 가맹단체를 포함)가 추천하는 자 또는 대한체육회에 운동선수양성 · 단체경기비용 등으로 지출하는 기부금
- 국제기능올림픽대회에 참가할 선수의 파견비용으로 국제기능올림픽대회 한국위원회에 지출하는 기부금
- 노동조합 및 노동관계조정법 규정에 따라 사용자가 노동조합에 재정자립재원으로 지출하는 기부금

(3) 간주 일반기부금

① 조합 또는 협회에 지급한 회비 중 특별회비

정상회비로 경상경비에 충당한 결과, 부족액이 발생한 경우 그 부족액을 보전하기 위하여 추가로 징수하는 회비는 제외한다.

② 임의로 조직된 조합 또는 협회에 대한 회비

조합 또는 협회가 법인도 아니고 또한 주무관청에 등록도 되지 아니한 단체였으면 그 단체에 지출한 회비 등을 말한다.

(4) 사업복지사업법에 따른 사회복지시설 중 무료 또는 실비로 이용할 수 있는 것으로서 다음에 해당하는 시설에 기부하는 금품의 가액

① 아동복지법에 따른 아동복지시설
② 노인복지법에 따른 노인복지시설 중 일정 요건을 제외한 시설
③ 장애인복지법에 따른 장애인복지시설 중 일정 요건을 제외한 시설
④ 한부모가족지원에 따른 한부모가족복지시설

⑤ 정신보건법에 따른 정신질환자사회복귀시설 및 정신요양시설

⑥ 성매매방지 및 피해자보호 등에 관한 법률에 따른 지원시설 및 성매매피해상담소

⑦ 가정폭력방지 및 피해자보호 등에 관한 법률에 따른 가정폭력 관련 상담소 및 보호시설

⑧ 성폭력방지 및 피해자보호 등에 관한 법률에 따른 성폭력피해상담소 및 성폭력피해자보호시설

⑨ 사회복지사업법에 따른 사회복지시설 중 사회복지관과 부랑인·노숙인 시설

⑩ 청소년복지지원법에 따른 청소년복지시설

(5) 다음의 요건을 갖춘 비영리외국법인 또는 국제기구로서 기획재정부장관이 지정하는 비영리외국법인 또는 국제기구(해외일반기부금단체 등)에 대하여 지출하는 기부금으로 지정일이 속하는 사업연도와 그다음 5개 사업연도 동안 지출하는 기부금

① 비영리외국법인으로서 재외동포의 출입국과 법적 지원에 관한 법률에 따른 재외동포의 협력·지원, 한국의 홍보 또는 국제교류·협력을 목적으로 하는 법인이거나 국제기구일 것

② 민법에 따른 일반기부금 단체의 요건을 모두 충족할 것

(6) 법인으로 보는 단체 중 일반기부금 단체를 제외한 단체의 수익사업에서 발생한 소득을 고유목적사업비로 지출하는 금액

4. 비일반기부금

비일반기부금이란 특례기부금, 우리사주조합기부금 및 일반기부금 이외의 모든 기부금을 말한다. 이에 대하여는 전액을 손금불산입하고 기타사외유출 등으로 처분한다.

1. 기준소득금액의 계산

(1) 기준소득금액의 의의

기준소득금액은 특례기부금, 우리사주조합기부금 및 일반기부금을 손금에 산입하기 전의 소득금액으로서 특례기부금, 우리사주조합기부금 및 일반기부금의 손금불산입 제외한 모든 세무조정을 한 후의 소득금액에 비용으로 계상된 특례기부금, 우리사주조합기부금 및 일반기부금을 가산한 금액이다.

즉, 비일반기부금, 이연 계상한 기부금, 미지급 계상한 기부금, 현물기부금 및 의제기부금 등 기부금 한도에 대한 시부인을 제외한 모든 세무조정을 마감하여야 기준소득금액의 계산이 가능하다.

(2) 기준소득금액의 계산방법

(당기순이익 + 익금산입·손금불산입 − 손금산입·익금불산입) + (시부인 대상 특례기부금)
+ (시부인 대상 우리사주조합기부금) + (시부인 대상 일반기부금)

기부금에 대한 세무조정을 소득금액조정합계표에서 행하지 아니하고 법인세과세표준 및 세액조정계산서에서 행하는 이유는 위의 계산식 중 당기순이익에 익금산입·손금불산입액을 가산하고 손금산입·익금불산입액을 차감한 금액이 법인세과세표준 및 세액조정계산서상 차가감소득금액에 해당하므로 기준소득금액의 계산을 편리하게 하기 위한 것이다.

2. 이월결손금

기준소득금액에서 차감하는 이월결손금은 법인세법상 이월결손금으로서 과세표준을 계산하면서 공제대상이 되는 것을 말한다. 다만, 차감되는 이월결손금은 기준소득금액의 80% 한도로 한다. 그리고 여기서 말하는 이월결손금은 해당 사업연도 개시일 전 15년 이내에 개시한 사업연도에서 발생한 법인세법상 결손금으로서 그 후 사업연도의 과세표준을 계산하면서 공제되지 아니한 결손금이 그 대상이 되는 것이다.

3. 특례기부금 시부인

구 분	내 용
① 한 도	한도 = [기준소득금액 − 이월결손금(기준소득금액의 80% 한도)] × 50%
② 대상금액	기준소득금액 계산 때 합산된 시부인 대상 특례기부금 + 이월된 특례기부금
③ 시부인	㉮ 특례기부금 공제순서 　㉠ 이월된 특례기부금(손금산입, 기타) 　㉡ 남은 특례기부금 공제한도 내에서 각 사업연도에 지출한 특례기부금 ㉯ 특례기부금 한도초과 　㉠ 이월된 특례기부금(별도 세무조정 없음) 　㉡ 해당연도 지출된 특례기부금(손금불산입, 기타사외유출) 　　- 한도초과된 금액은 10년간 이월하여 손금에 우선으로 산입할 수 있으므로 별도로 관리를 하여야 한다.

* 이 경우 이월된 특례기부금은 먼저 발생한 이월 특례기부금부터 손금에 산입한다.

4. 우리사주조합기부금 시부인

구 분	내 용
① 한 도	한도 = [기준소득금액 − 이월결손금(기준소득금액의 80% 한도) − 특례기부금 손금산입액] × 30%
② 대상금액	기준소득금액 계산 때 합산된 시부인 대상 우리사주조합기부금
③ 시부인	한도초과 : 손금불산입(기타사외유출), 이월되지 않음

5. 일반기부금 시부인

구 분	내 용
① 한 도	한도 = [기준소득금액 − 이월결손금(기준소득금액의 80% 한도) − 특례기부금 손금산입액 − 우리사주조합기부금 손금산입액] × 10% (단, 사회적기업은 20%를 적용한다.)
② 대상금액	기준소득금액 계산 때 합산된 시부인 대상 일반기부금 + 이월된 일반기부금
③ 시부인	㉮ 일반기부금 공제순서 　㉠ 이월된 일반기부금(손금산입, 기타) 　㉡ 남은 일반기부금 공제한도 내에서 각 사업연도에 지출한 일반기부금 ㉯ 일반기부금 한도초과 　㉠ 이월된 일반기부금(별도 세무조정 없음) 　㉡ 해당연도 지출된 일반기부금(손금불산입, 기타사외유출) 　　- 한도초과된 금액은 10년간 이월하여 손금에 우선으로 산입할 수 있으므로 별도로 관리를 하여야 한다.

* 이 경우 이월된 일반기부금은 먼저 발생한 이월 일반기부금부터 손금에 산입한다.

6. 기 타

가. 기부금과 준비금의 시부인 순서

기부금의 손금산입한도액은 각종 준비금을 먼저 손금에 산입한 후의 소득금액을 기준으로 하여 계산한다.

나. 비영리법인의 일반기부금

법인으로 보는 단체 중 일반기부금대상단체를 제외한 단체의 수익사업에서 발생한 소득을 고유목적사업비로 지출하는 금액은 이를 일반기부금으로 본다. 이 경우 고유목적사업비란 해당 비영리법인 또는 단체에 관한 법령이나 정관에 규정된 설립목적을 수행하는 사업으로서 법인세법 제2조 제1항의 규정에 해당하는 수익사업(보건 및 사회복지사업 중 의료업을 제외함) 외의 사업에 사용하기 위한 금액을 말한다.

> **참고** 기부금 제도 현황

종류	대상	손비 범위(소득금액의)	
		개인	법인
특 례 기 부 금	- 국가 · 지방자치단체 등 - 문화예술진흥기금 - 사회복지공동모금회, 대한적십자사 (단, 수입금액 요건 충족 필요) - 공공의료기관(대학병원, 국립암센터 등)	100%	50%
일 반 기 부 금	- 사내근로복지기금 - 학술 · 장학 · 문화 · 종교 등 공익성 단체	30% (단, 종교단체 기부금은 10%)	10%

7. 기부금 영수증 및 기부금 영수증 발급대장

비영리내국법인이 법인세법 제112조의2의 규정에 따라 기부하는 내국법인에 기부금 영수증(전자기부금영수증은 제외)을 발급하는 경우 기부자별 발급명세를 작성하여 발급일로부터 5년간 보관하여야 한다. 그리고 기부금 영수증 발급합계표를 해당 사업연도의 종료일이 속하는 달의 말일부터 6개월 이내에 관할 세무서에 제출하여야 한다. 단, 전자기부금 영수증 발급분은 제출하지 아니하여도 된다.

만약 사실과 다른 기부금 영수증을 발급하거나 기부자별 발급명세를 작성 · 보관하지 아니한 경우 다음과 같이 가산세가 부과된다. 한편, 기부금 영수증의 발급 주체는 발급법인의 명의(본점 또는 주사무소 기준)로 한다.

(1) 기부금 영수증의 경우

① 기부금액을 사실과 다르게 적어 발급한 경우

사실과 다르게 발급된 금액[영수증에 실제 적힌 금액(영수증에 금액이 적혀 있지 아니한 경우에는 기부금 영수증을 발급받은 자가 기부금을 손금 또는 필요경비에 산입하거나 기부금세액공제를 신청한 해당 금액으로 함)과 건별로 발급하여야 할 금액과의 차액을 말함]의 100분의 5에 해당하는 금액

② 기부자의 인적사항 등을 사실과 다르게 적어 발급하는 경우 영수증에 적힌 금액의 100분의 5에 해당하는 금액

(2) 기부자별 발급명세의 경우

작성·보관하지 아니한 금액의 1천분의 2

(3) 기부금 영수증 가산세 부과대상

필요경비 산입 또는 세액공제받은 개인 또는 손금산입받은 법인에 발급한 기부금액

자 료

① 기부금계정의 금액은 124,500,000원이며 그 내역은 다음과 같다.
　㉮ 이재민구호금품 : 15,000,000원
　㉯ 인천시에 무상으로 기증한 금품액 : 50,000,000원
　㉰ 국방헌금 : 10,000,000원
　㉱ 정부로부터 인가를 받은 문화예술단체 기부금 : 48,000,000원(2025.01.31.
　　기 지급어음 5,000,000원 포함)
　㉲ 양로원에 기부한 컴퓨터 : 시가 1,500,000원, 장부금액 : 1,000,000원
② 결산서상 당기순이익 : 178,500,000원
③ 세무조정
　㉮ 익금산입 · 손금불산입 : 35,000,000원
　㉯ 손금산입 · 익금불산입 : 39,000,000원
④ 법인세법 제13조 제1호 규정의 이월결손금 : 135,000,000원
⑤ 2023년 사업연도에 발생한 일반기부금 중 15,000,000원은 한도를 초과하였다고
　가정함.
⑥ ㈜경인의 사업연도는 2024.1.1.~2024.12.31.이며 내국영리법인에 해당한다.

Ⅰ. 기준소득금액 계산 전 세무조정

1. 정부인가 문화예술단체 기부금 중 2025. 01. 31만기 지급어음 5,000,000원

  〈손금불산입〉 어음기부금 5,000,000원 유보

2. 양로원 기부금 : 1,500,000원

  〈손금불산입〉 비일반기부금 1,500,000원 기타사외유출

Ⅱ. 기부금 세무조정

1. 특례기부금

  (1) 기업계상액 : 15,000,000원 + 50,000,000원 + 10,000,000원 = 75,000,000원

  (2) 세법상 한도 : (기준소득금액 - 이월결손금) × 50%

    82,000,000 = (299,000,000 - 135,000,000) × 50%

  > 기준소득금액 = 299,000,000
  > (당기순이익 + 익금산입 · 손금불산입 - 손금산입 · 익금불산입) + (시부인 대상 특례기부금) +
  > (시부인 대상 우리사주조합기부금) + (시부인 대상 일반기부금)
  > = 178,500,000 + (35,000,000 + 5,000,000 + 1,500,000) - 39,000,000
  >   + 75,000,000 + 0 + (48,000,000 - 5,000,000)

  (3) 시부인 : 한도미달(이월 특례기부금 한도초과금액 없으므로 세무조정 없음)

2. 우리사주조합기부금

  (1) 기업계상액 : 0

  (2) 세법상 한도 : (기준소득금액 - 이월결손금 - 특례기부금 손금산입액) × 30%

  (3) 시부인 : 無

3. 일반기부금

  (1) 회사계상액 : 43,000,000 = 48,000,000 - 5,000,000

  (2) 이월된 일반기부금 : 15,000,000

  (3) 세법상 한도 : (기준소득금액 - 이월결손금 - 특례기부금 손금산입액 - 우리사주조합기부금 손금산입액) × 10%

    (299,000,000 - 135,000,000 - 75,000,000) × 10% = 8,900,000

  (4) 시부인 :

    〈손금산입〉 이월 일반기부금　　　　　　8,900,000원　　기타

    〈손금불산입〉 일반기부금 한도초과　　43,000,000원　　기타사외유출

사업 연도	2024.01.01. ~ 2024.12.31.	기부금조정명세서	법인명	㈜경인
			사업자등록번호	

1. 특례기부금 손금산입액 한도액 계산

① 소득금액 계	299,000,000	⑤ 이월잔액 중 손금산입액 MIN[④, ㉓]		0
②「법인세법」제13조제1항제1호에 따른 이월결손금 합계액	135,000,000	⑥ 해당연도지출액 손금산입액 MIN[(④-⑤)〉0, ③]		75,000,000
③「법인세법」제24조제3항에 따른 특례기부금 해당 금액	75,000,000	⑦ 한도초과액[(③-⑥)〉0]		0
④ 한도액 {[(①-②)〉0]×50%}	82,000,000	⑧ 소득금액 차감잔액 [(①-②-⑤-⑥)〉0]		89,000,000

2. 「조세특례제한법」제88조의4에 따라 우리사주조합에 지출하는 기부금 손금산입액 한도액 계산

⑨「조세특례제한법」제88조의4제13항에 따른 우리사주조합 기부금 해당 금액	0	⑪ 손금산입액 MIN(⑨, ⑩)		0
⑩ 한도액 (①-②)×30%	49,200,000	⑫ 한도초과액[(⑨-⑩)〉0]		0

3. 일반기부금 손금산입 한도액 계산

⑬「법인세법」제24조제4항에 따른 일반기부금 해당 금액	43,000,000	⑯ 해당연도지출액 손금산입액 MIN[(⑭-⑮)〉0, ⑬]		0
⑭ 한도액(⑧×10%, 20%)	8,900,000	⑰ 한도초과액[(⑬-⑯)〉0]		43,000,000
⑮ 이월잔액 중 손금산입액 MIN(⑭, ㉓)	8,900,000			

4. 기부금 한도초과액 총액

⑱ 기부금 합계액(③+⑨+⑬)	⑲ 손금산입 합계(⑥+⑪+⑯)	⑳ 한도초과액 합계(⑱-⑲)=(⑦+⑫+⑰)
118,000,000	75,000,000	43,000,000

210mm×297mm[백상지 80g/㎡ 또는 중질지 80g/㎡]

5. 기부금 이월액 명세

사업연도	기부금 종류	㉑한도초과 손금불산입액	㉒기공제액	㉓공제가능 잔액(㉑-㉒)	㉔해당사업연도 손금추인액	㉕차기이월액 (㉓-㉔)
합계	「법인세법」제24조제3항에 따른 특례기부금					
	「법인세법」제24조제4항에 따른 일반기부금	15,000,000	0	15,000,000	8,900,000	6,100,000
2023	「법인세법」제24조제3항에 따른 특례기부금					
	「법인세법」제24조제4항에 따른 일반기부금	15,000,000	0	15,000,000	8,900,000	6,100,000
	「법인세법」제24조제3항에 따른 특례기부금					
	「법인세법」제24조제4항에 따른 일반기부금					

6. 해당 사업연도 기부금 지출액 명세

사업연도	기부금 종류	㉖지출액 합계금액	㉗해당 사업연도 손금산입액	㉘차기 이월액(㉖-㉗)
2024	「법인세법」제24조제3항에 따른 특례기부금	75,000,000	75,000,000	0
	「법인세법」제24조제4항에 따른 일반기부금	43,000,000	0	43,000,000

작 성 방 법

1. ①소득금액계란: "법인세 과세표준 및 세액조정계산서(별지 제3호서식)"의 ⑩차가감소득금액에서 이 서식의 ⑱기부금 합계액(③+⑨+⑬)를 합하여 적습니다. ⑲손금산입 합계(⑥+⑪+⑯)에는 그 금액을 합하여 적습니다.
2. ③, ⑨, ⑬란: "기부금명세서(별지 제22호서식)"의 ⑨란의 가.~다.에 해당하는 기부금 종류별 소계 금액과 일치해야 합니다.
3. ④한도액란: "(①-②)〉0"은 ①에서 ②를 차감한 금액을 적되, 그 금액이 음수(-)인 경우에는 "0"으로 적습니다. 이하에서 ((Ⓐ-Ⓑ)〉0 표시된 경우는 모두 같은 방법으로 적습니다.
4. ⑤이월잔액 중 손금산입액란: 전기 이월된 한도초과액 잔액 중 「법인세법」제24조제5항 및 제6항에 따라 손금산입되는 금액을 적되, 「법인세법」제24조제5항의 기부금 전기이월액 중 ㉔해당사업연도 손금추인액의 합계금액과 일치해야 합니다.
5. ⑥해당연도지출액 손금산입액란: ④금액에서 ⑤금액을 뺀 금액과 ③금액 중 작은 금액을 적되, 그 금액이 음수(-)인 경우에는 "0"으로 적습니다.
6. ⑦한도초과액란: ③금액에서 ⑥금액을 빼서 적되, 그 금액이 음수(-)인 경우에는 "0"으로 적습니다.
※ 3. 일반기부금 손금산입 한도액 계산에 동일하게 적용합니다.
7. ⑧소득금액 차감잔액란: ①금액에서 ②금액을 뺀 금액에서 ⑤란과 ⑥란의 손금산입액을 뺀 금액을 적되, 그 금액이 음수(-)인 경우에는 "0"으로 적습니다.
8. ⑭한도액란: 사업연도 종료일 현재 「사회적기업 육성법」제2조제1호에 따른 사회적기업에 해당하는 경우 ⑧소득금액 차감금액의 20%로 합니다.
9. ⑳한도초과액 합계란: 해당 사업연도 기부금 한도초과액 총합계금액으로서 별지 제3호서식의 ⑩기부금한도초과액란에 적습니다.
10. "5. 기부금 이월액 명세"는 사업연도별로 작성하며, ㉔해당 사업연도 손금추인액 합계금액은 "법인세 과세표준 및 세액조정계산서(별지 제3호서식)"의 ⑩기부금한도초과이월액 손금산입란에 적습니다.
11. "6. 해당 사업연도 기부금 지출액 명세"는 기부금 종류별로 작성하며, ㉖지출액 합계금액은 기부금 종류별 합계금액으로 "기부금명세서(별지 제22호서식)"의 ⑨란의 가.·나.에 해당하는 기부금 종류별 소계 금액과 일치해야 합니다.
※ 「법인세법」제24조제5항에 따라 손금산입한도액을 초과하여 손금에 산입하지 아니한 기부금은 10년 이내에 끝나는 각 사업연도로 이월하여 공제가능하며, 「법인세법 일부개정법률」(법률 제16008호로 2019. 12. 24. 공포, 2020. 1. 1. 시행된 것을 말함) 부칙 제4조제2항에 따라 2013. 1. 1. 이후 개시한 사업연도에 지출한 기부금에 대해서도 적용합니다.

제**8**장 기업업무추진비

제1절 기업업무추진비의 개요

1. 기업업무추진비의 범위

기업업무추진비란 기업업무추진비 및 교제비, 사례금, 그 밖에 어떠한 명목이든 상관 없이 이와 유사한 성질의 비용으로서 법인이 업무와 관련하여 특정인에게 지출한 금액을 말한다. 이처럼 기업업무추진비는 기업을 운영하는 데 필요한 비용으로서 법인의 순자산을 감소시키는 손비에 해당하는 것이지만, 불건전한 지출에 따른 사회적 비용의 낭비를 억제 하고 건전한 접대문화를 유도하며 과다지출 등에 따른 조세채권의 감소를 방지하기 위하 여 기업업무추진비의 범위와 손금에 산입할 수 있는 한도액을 규정하고 있다.

2. 기업업무추진비로 보는 지출

① 부가가치세법에서 정하는 사업상 증여의 경우에 법인이 부담한 부가가치세매출세액 상당액은 사업상 증여의 성질에 따라 처리한다. 따라서 거래처에 대한 사업상 증여 에 있어서 법인이 부담한 부가가치세매출세액 상당액은 기업업무추진비에 해당한다.

② 기업업무추진비와 관련된 부가가치세매입세액은 매출세액에서 공제받지 못한 금액이 므로 기업업무추진비에 해당한다.

③ 정상적인 업무를 수행하기 위하여 지출하는 회의비로서 사내 또는 통상회의가 개최되는 장소에서 제공하는 다과 및 음식물 등의 가액 중 사회통념상 인정될 수 있는 범위 내 금액에 해당하는 통상회의비를 초과하는 금액과 유흥을 위하여 지출하는 금액은 기업업무추진비로 본다.

④ 정당한 사유 없이 채권의 전부 또는 일부를 포기해도 이를 대손금으로 보지 아니하며 채무자에 따라 기부금 또는 기업업무추진비로 본다. 다만, 특수관계인 외의 자와의 거래에서 발생한 채권으로서 채무자의 부도 발생 등으로 장래에 회수가 불확실한 어음·수표상의 채권 등을 조기에 회수하기 위하여 해당 채권의 일부를 불가피하게 포기한 경우 등 채권의 일부를 포기하거나 면제한 행위에 객관적으로 정당한 사유가 있는 때에는 채권포기액을 대손금으로 보아 손금에 산입한다.

3. 기업업무추진비로 보지 아니하는 지출

① 주주 또는 출자자나 임원 또는 사용인이 부담하여야 할 성질의 기업업무추진비를 법인이 지출한 것(이 경우 법인이 지출한 금액은 전액 손금불산입하여 귀속자에 따라 배당 또는 상여로 소득처분하여야 한다)

② 상품 및 제품의 보관료, 포장비, 운반비, 판매장려금 및 판매수당은 손금산입(판매장려금과 판매수당은 사전약정 없이 지급한 때도 포함함)

③ 광고선전을 목적으로 기증한 물품에 지출한 비용(특정인에게 기증하기 위하여 지출한 비용도 1인당 연간 5만원 한도 내 금액에 대해서는 포함되나 3만원 이하의 물품 제공할 때에는 5만원 한도를 적용하지 않음)은 광고선전비로 전액 손금산입

④ 채무자에 대한 채권의 일부를 조기 회수하기 위하여 해당 채권의 일부를 불가피하게 포기한 경우, 그 포기가 부당행위에 해당하지 않는 한 그 포기한 금액은 대손금으로 처리

1. 광고선전비와 구분

광고선전을 목적으로 견본품·달력·수첩·부채·컵 기타 이와 유사한 물품을 불특정다수인에게 기증하기 위하여 지출한 비용은 이를 기업업무추진비로 보지 아니한다. 다만, 법인이 특정 거래처를 상대로 1인당 연간 3만원을 초과하여 기증한 경우에는 사업상 증여로서 기업업무추진비로 본다(1만원 이하 물품은 제한이 없음).

구 분	기업업무추진비	광고선전비	기 부 금
업무관련성	○	○	×
특정인 지출	○	×	○
한도계산	○	× (전액손금, 업종불문)	○ (비지정은 손금불산입)

2. 사용인이 조직한 단체 등에 지출한 복리시설비

사용인이 조직한 조합 또는 단체에 복리시설비를 지출한 경우에는 조합이나 단체의 성격에 따라 다음과 같이 처리한다.

- 조합이나 단체가 법인이면 기업업무추진비로 보며,
- 조합이나 단체가 법인이 아닌 경우에는 그 법인의 경리의 일부로 본다. 즉 법인에서 회계처리한 항목으로 세무조정한다.

이 경우 복리시설비란 법인이 종업원을 위하여 지출한 복리후생의 시설비·시설구입비 등을 말한다.

3. 판매부대비용과 구분

특수관계가 없는 거래처에 물품 등을 판매하면서 매출액 등에 대한 일정 조건에 따라 사전약정에 의거 판매장려금을 지급하는 것은 판매부대비용으로 보지만, 특정 거래처를 상대로 지출하거나 사전약정이 없이 지출하는 것은 이를 기업업무추진비로 본다.

1. 평 가

법인이 기업업무추진비를 금전 외의 자산으로 제공한 경우 해당 자산의 가액은 시가(시가가 장부금액보다 낮은 경우에는 장부금액)로 평가한다. 이 경우 세무조정을 하면서 법인이 기업업무추진비로 계상한 자산의 장부금액과 시가와의 차액을 기업업무추진비 계상액에 합산하여 기업업무추진비에 대한 시부인을 하여야 한다. 그러나 시가와 장부금액과의 차액에 대하여는 별도의 세무조정을 하지 않는데, 그 이유는 다음과 같다.

(기업업무추진비 예제) 장부금액 1,000 시 가 1,500		
회계상 분개	(차) 기업업무추진비　　　　1,000　　(대) 자　　산	1,000
세법상 분개	(차) 기업업무추진비　　　　1,500　　(대) 자　　산 　　　　　　　　　　　　　　　　　　　　　　처분이익	1,000 500
세 무 조 정	자산의 처분이익　　　　500　　　　　익금산입 (기타) 기업업무추진비의 증가　500　　　　　손금산입 (기타) 따라서 차액 500원에 대한 세무조정은 생략하고 기업업무추진비를 1,500 (1,000+500)으로 보아 기업업무추진비에 대한 시부인을 하면 되는 것이다.	

2. 기업업무추진비 귀속시기

기업업무추진비는 접대행위를 한때에 이를 비용으로 처리하는 것이므로 미지급 기업업무추진비의 계상이 가능하다. 반면에 법인이 기업업무추진비를 지출한 사업연도의 손비로 처리하지 아니하고 이연 처리한 경우에는 이를 지출한 사업연도의 기업업무추진비로서 시부인 계산하고, 그 후 사업연도에서는 이를 기업업무추진비로 보지 아니한다.

1. 증빙불비 기업업무추진비

지출증빙이 없는 기업업무추진비는 전액 손금불산입하여 대표자에 대한 상여로 처분한다. 다만, 농어민으로부터 직접 재화를 공급받는 경우의 지출로서 금융기관을 통하여 송금하고 송금명세서를 첨부한 경우에는 기업업무추진비로 본다.

2. 신용카드 등 사용의무

참고 신용카드 등의 범위

신용카드 · 직불카드 · 현금영수증 · 세금계산서 및 매입자발행세금계산서

① 건당 3만원(경조사비는 20만원) 초과할 때 신용카드 등 사용의무

1회에 지출한 기업업무추진비가 3만원(경조사비는 20만원)을 초과하면 반드시 법인 명의로 발급받은 신용카드를 사용하여야 하며, 이를 사용하지 아니한 경우에는 전액 손금불산입하여 기타사외유출로 처분한다. 다만, 신용카드에 법인의 명의와 사용인의 명의를 함께 기재하고 신용카드 이용대금이 사용인 개인계좌에서 결제되나 최종적으로 법인이 연대하여 책임을 지는 법인개별신용카드는 법인 명의의 신용카드로 본다.

한편, 법인이 직접 생산한 제품 등으로 제공된 기업업무추진비(＝현물기업업무추진비)와 매출채권의 임의포기금액 및 증빙을 갖추기 어려운 법 소정 국외지역에서 지출한 것으로서 지출 사실이 객관적으로 명백한 기업업무추진비는 신용카드 등 사용규정을 적용하지 않는다.

② 가맹점 명의가 다른 매출전표 등

1회에 지출한 기업업무추진비가 3만원을 초과하는 경우로서 재화 등을 공급하는 신용카드 등 가맹점과 상호 및 사업장소재지가 다른 가맹점 명의로 작성된 신용카드 매출전표를 교부받은 경우에는 신용카드 등을 사용하지 아니한 것으로 보아 전액 손금불산입하여 기타사외유출로 처분한다.

3. 기업업무추진비 지출 총액의 제한

　법인이 각 사업연도에 지출한 기업업무추진비로서 법인세법에서 규정하고 있는 한도를 초과한 금액은 이를 손금불산입하여 기타사외유출로 처분한다.

1. 기준수입금액의 계산

기준수입금액이란 해당 사업연도의 수입금액으로서 기업회계기준에 따라 계산한 매출액 (중단사업부문의 매출액을 포함한 금액)을 말하며, 동 금액 중 손익계산서에 계상되지 않았으나 법인세신고를 함에 있어서 기업회계기준상 매출액에 해당하는 금액이 누락되어 세무조정으로 익금에 산입된 금액은 포함한다. 그러나 기업회계에 의한 매출액과 법인세법상의 익금과의 차액을 세무조정한 금액은 포함하지 아니한다. 한편 이러한 것은 기업회계와 세무회계와의 귀속시기 차이로 인하여 발생한 세무조정항목과 부당행위계산부인 또는 의제기부금 등에 따라 익금에 산입한 금액은 매출액에 가산하지 아니한다는 의미로 해석하여야 할 것이다. 또한, 부가가치세법상 공급의제 등은 수입금액에 포함하지 아니한다.

> **참고** 수입금액의 계산구조
>
> = 기업회계에 의한 매출액 ± 수입금액에 대한 세무조정
> = 총매출액 – 매출에누리·환입 및 할인 + 부산물매출액 ± 수입금액에 대한 세무조정사항

2. 기업업무추진비의 시부인

(1) 한도액의 계산

일반법인의 경우 기업업무추진비 한도액은 다음의 금액을 합산하여 계산한 금액으로 한다.

① 기본 한도

$$12,000,000원(중소기업\ 36,000,000원) \times \frac{사업연도의\ 개월\ 수}{12}$$

* 이 경우 개월 수는 역(曆)에 따라 계산하되, 1개월 미만의 일수는 1개월로 함.

② 수입금액에 대한 한도

수입금액에 대한 한도액은 수입금액에 다음의 적용률을 곱하여 계산한다. 이 경우 기타수입금액이 있는 경우 기타수입금액에 대한 한도액의 계산은 전체수입금액에 대하여

적용률을 곱하여 계산한 금액에서 일반수입금액에 대하여 적용률을 곱하여 계산한 금액을 차감하는 방법에 따른다. 이는 일반수입금액에 우선하여 적용률을 적용한 후 기타수입금액에 대하여 적용률을 적용한다는 것을 의미하는 것이다.

【수입금액에 대한 적용률】

구 분		적용률
일반 수입금액	100억원 이하	0.3%
	100억원 초과 500억원 이하	3천만원 + 100억원을 초과하는 금액의 0.2%
	500억원 초과	1억1천만원＋500억원을 초과하는 금액의 0.03%
기타 수입금액	특수관계인과의 거래에서 발생한 수입금액	일반 수입금액 기준 한도액 × 10%

* 기타 수입금액에 대한 한도 = (전체 수입금액에 대하여 적용률을 곱하여 계산한 금액
- 일반 수입금액에 대하여 적용률을 곱하여 계산한 금액) × 10%

③ 문화기업업무추진비에 대한 특례

문화예술에 대한 수요 창출을 통해서 문화예술산업을 지원하고 건전한 접대문화 조성을 위해서 문화기업업무추진비에 대한 특례를 인정하고 있는데, 이는 법인이 문화기업업무추진비를 일정금액을 초과하여 지출한 경우 법인세법상 기업업무추진비 손금인정한도 외에 추가로 문화기업업무추진비 손금한도를 인정해주는 것이다. 이는 2025년 12월 31일까지 지출한 것에 적용된다.

■ 문화기업업무추진비로 인한 추가 손금인정한도

> 문화기업업무추진비의 손금산입 한도액 = 아래 ㉠과 ㉡ 중 적은 금액
> ㉠ 문화기업업무추진비 지출액
> ㉡ 일반기업업무추진비 한도액 × 20%

■ 문화기업업무추진비의 범위

국내 문화 관련 지출로서 다음 중 어느 하나의 용도로 지출한 비용을 말하며, 적격증명서류 미수취 기업업무추진비 손금불산입액은 제외한다.

㉠ 문화예술의 공연이나 전시회 또는 박물관의 입장권 구입

㉡ 체육활동의 관람을 위한 입장권의 구입

㉢ 비디오물의 구입

㉣ 음반 및 음악영상물의 구입

㉤ 간행물 구입

㉥ 지정·등록문화재(국보, 보물, 사적 등)의 관람을 위한 입장권 구입

ⓐ 문화예술 관련 강연의 입장권 구입비용 및 초빙강사에 대한 강연료 등

ⓞ 문화관광축제의 관람 또는 체험을 위한 입장권·이용권의 구입

ⓐ 거래처 직원 등을 위해 직접 개최하는 공연 등 문화예술행사비

ⓐ 문화체육관광부의 후원을 받아 진행하는 문화예술, 체육행사에 지출하는 경비

(2) 시부인 대상이 되는 기업업무추진비 계상액

시부인 대상이 되는 기업업무추진비는 기업업무추진비 계정이 아닌 다른 계정과목에 계상된 금액과 현물기부에 있어서 시가와의 차액을 기업업무추진비 계상액에 가산하고, 이미 직접 손금불산입한 증빙불비 기업업무추진비와 신용카드 미사용액 기업업무추진비의 금액은 기업업무추진비 계상액에서 직접 차감하여 계산한다. 이 경우 해외기업업무추진비에 대하여도 국내에서 지출한 기업업무추진비와 같게 적용을 한다.

- 법인이 자기가 생산하거나 판매하는 제품·상품을 거래처에 제공한 때에는 제공 당시 해당 물품의 시가(시가가 장부금액보다 낮은 경우에는 장부금액)로 하며, 이 경우 시가는 해당 법인의 거래가액에 의한다.
- 자산가액에 포함할 성질이 아닌 기업업무추진비를 자산(가지급금, 미착상품 등)으로 계상한 경우에는 이를 지출한 사업연도의 손금에 산입하고 기업업무추진비에 포함하여 시부인 계산을 한다.

(3) 시부인

기업업무추진비에 대한 시부인을 한 결과, 한도초과액이 발생한 경우에는 이를 손금불산입하고 기타사외유출로 처분한다.

1. 자산 계상 기업업무추진비의 세무조정

기업업무추진비에는 당기에 건설중인자산 등 자산으로 계상된 기업업무추진비를 포함하여 시부인 계산하며, 기업업무추진비 시부인은 다음의 방법에 따른다.

① 기업업무추진비 한도초과액이 당기 손비로 계상한 기업업무추진비보다 많은 경우

- 당기에 손비로 계상한 기업업무추진비는 이를 전액 손금불산입하여 기타사외유출로 처분하며, 그 차액은 손금에 산입하여 △유보로 처분하고 법인세법상 자산 등의 가액을 감액 처리
- 기업업무추진비 한도초과액과 당기에 손비로 계상한 기업업무추진비의 차액을 자산가액에서 감액하면서 그 감액의 순위는 다음과 같다.
  - ㉮ 건설중인자산
  - ㉯ 유형자산

세무조정을 통해 감액한 금액이 있는 자산에 대하여 법인이 해당 자산을 감가상각하는 때에는 감가상각비 중 다음에 상당하는 금액을 손금불산입(유보)한다.

$$\text{감가상각비} \times \frac{\text{감액 계상 잔액}}{\text{해당 사업연도 감가상각 전의 장부금액}}$$

② 기업업무추진비 한도초과액이 당기 손비로 계상한 기업업무추진비보다 적은 경우

- 기업업무추진비 한도초과액을 손금불산입하고 자산가액을 감액하지 아니한다.

2. 사후관리

기업업무추진비 한도초과액이 당기에 손비로 계상한 기업업무추진비보다 많아 그 차액을 손금에 산입하여 감액된 자산에 대하여는 그 자산에 대한 감가상각 또는 그 자산을 처분할 때에 자산의 감액분에 대한 감가상각비상당액 또는 처분 당시의 미상각잔액을 손금불산입하여 유보로 세무조정하여야 한다. 이러한 세무조정을 하는 이유는 기업업무추진비에 대한 세무조정과정에서 법인세법상 취득원가와 기업회계상 취득원가가 다르므로 발생하는 것이다.

자 료

① 수입금액에 관한 사항

㉮ 섬유제품을 제조 및 도매하는 법인

㉯ 매출액(총 810억원)의 세부내역

- 제조·도매 : 500억원(특수관계인과의 거래 100억원 포함)
- 수출 : 300억원
- 잡수익 중 매출액 해당액 : 10억원

② 기업업무추진비 지출에 관한 사항

㉮ 일반관리비 중 기업업무추진비 : 9천만원

- 1회 3만원 초과 지출분 : 7천만원(신용카드사용분 65백만원)
- 1회 3만원 이하 지출분 : 2천만원(신용카드사용분 15백만원)
- 신용카드 사용분에는 2022년 중 지출한 문화기업업무추진비 1천만원

㉯ 광고선전비 및 회의비 중 기업업무추진비 : 25백만원

(전액 1회 3만원 초과 지출분으로서 신용카드사용분 : 2천만원)

㉰ 건설중인자산(건물)중 기업업무추진비 : 57백만원

- 1회 3만원 초과 지출분 : 43백만원(전액 신용카드사용)
- 1회 3만원 이하 지출분 : 14백만원(신용카드사용분 12백만원)

☞ 해당 사업연도에 건물을 준공하여 감가상각비 계상

- 취득가액 : 40억원
- 감가상각비 계상액 : 4천만원

③ 사업연도 : 2024.1.1.~2024.12.31.(중소기업에 해당되지 않는다고 가정함)

① 기업업무추진비 한도액 계산 : 138,600,000(= 128,600,000 + 10,000,000)

▶ 일반기업업무추진비 한도액 = 128,600,000(= 12,000,000 + ㉮ + ㉯)

　㉮ 일반수입금액 기준

　　110,000,000 + (71,000,000,000 - 50,000,000,000) × 0.03% = 116,300,000

　㉯ 특수관계인과의 거래 수입금액 기준

　　[{110,000,000 + (81,000,000,000 - 50,000,000,000) × 0.03%} - ㉮] × 10%

　　= 300,000

▶ 문화기업업무추진비 한도액 = 10,000,000

　　Min[10,000,000, (128,600,000 × 20%)]

② 해당 사업연도 세법상 기업업무추진비 합계액

　= 일반관리비 기업업무추진비 + 광고선전비 중 기업업무추진비

　　+ 건설중인자산 중 기업업무추진비

　= 85,000,000 + 20,000,000 + 57,000,000 = 162,000,000

③ 세무조정

　㉮ 3만원 초과 기업업무추진비 중 신용카드 등 미사용금액 10,000,000원

　　→ 손금불산입(기타사외유출) 처분

　☞ 다만, 허위로 계상한 기업업무추진비의 경우에는 대표자에 대한 상여로 처분

　㉯ 기업업무추진비 한도초과액 : 23,400,000원

　　→ 손금불산입(기타사외유출) 처분

　☞ 한도초과액이 기업업무추진비로 비용 처리한 금액(일반관리비 85,000,000원 + 광고선전비 등 20,000,000원)에 미달하므로 건물의 가액을 감액할 금액은 없음.

기업업무추진비 한도초과액이 기업업무추진비 등으로 손비(비용)처리한 금액을 초과하는 경우로서 자산 계정에 기업업무추진비 지출액이 있는 경우 그 초과액의 처리방법은 다음과 같다.

※ 위 사례의 경우 기업업무추진비 한도초과액이 23,400,000원이고, 기업업무추진비 등으로 비용 처리한 금액 13,400,000원이라고 가정하면, 10,000,000원 초과하게 되어 다음과 같은 방법으로 세무조정을 해야 함.

① 10,000,000원은 자산계정인 건물에 포함되어 있으므로 동 금액을 손금산입하고 유보로 처분함.
② 건물의 해당 사업연도 상각비 중 자산 감액처리분에 대한 감가상각비 상당액은 다음과 같이 손금불산입 유보로 처분함(당초 기업업무추진비 손금부인에 따른 자산 감액 처리하면서 손금산입(△유보)으로 처분된 금액과 상계됨).

$$\text{감가상각비} \times \frac{\text{자산감액계상잔액}}{\text{해당 사업연도 감가상각 전의 장부금액}} = \text{손금불산입액}$$

■ 건물감가상각비 중 손금불산입액 계산

〈해당 연도〉

$$40,000,000 \times \frac{10,000,000}{4,000,000,000} = 100,000 \quad \cdots \quad \text{손금불산입(유보)}$$

〈2차 연도〉

$$40,000,000 \times \frac{9,900,000}{3,960,000,000} = 100,000 \quad \cdots \quad \text{손금불산입(유보)}$$

〈3차 연도〉

$$40,000,000 \times \frac{9,800,000}{3,920,000,000} = 100,000 \quad \cdots \quad \text{손금불산입(유보)}$$

사 업 연 도	2024.01.01. ~ 2024.12.31	기업업무추진비조정명세서(을)	법 인 명	㈜경인
			사업자등록번호	

1. 수입금액명세

구 분	①일반수입금액	②특수관계인간 거래금액	③합 계 (①+②)
금 액	71,000,000,000	10,000,000,000	81,000,000,000

2. 기업업무추진비 해당 금액

④계 정 과 목			일반관리비 중 기업업무추진비	광고선전비, 회의비 등	건설중인자산 (건물)	합 계
⑤계 정 금 액			90,000,000	25,000,000	57,000,000	172,000,000
⑥기업업무추진비계상액 중 사적사용 경비						
⑦기업업무추진비 해당 금액(⑤-⑥)			90,000,000	25,000,000	57,000,000	172,000,000
⑧신용카드 등 미사용 금액	경 조 사 비 중 기 준 금 액 초 과 액	⑨신 용 카 드 등 미 사 용 금 액				
		⑩총 초 과 금 액				
	국 외 지 역 지 출 액 (「법인세법 시행령」 제41조제2항제1호)	⑪신 용 카 드 등 미 사 용 금 액				
		⑫총 지 출 액				
	농 어 민 지 출 액 (「법인세법 시행령」 제41조제2항제2호)	⑬송 금 명 세 서 미 제 출 금 액				
		⑭총 지 출 액				
	기업업무추진비 중 기 준 금 액 초 과 액	⑮신 용 카 드 등 미 사 용 금 액	5,000,000	5,000,000	0	10,000,000
		⑯총 초 과 금 액	70,000,000	25,000,000	43,000,000	138,000,000
	⑰신 용 카 드 등 미 사 용 부 인 액 (⑨ + ⑪ + ⑬ + ⑮)		5,000,000	5,000,000	0	10,000,000
⑱접 대 비 부 인 액(⑥+⑰)			5,000,000	5,000,000	0	10,000,000

사 업 연 도	2024.01.01. ~ 2024.12.31	기업업무추진비조정명세서(갑)		법 인 명	㈜경인
				사업자등록번호	

구 분			금 액
① 기업업무추진비 해당 금액			172,000,000
② 기준금액 초과 기업업무추진비 중 신용카드 등 미사용으로 인한 손금불산입액			10,000,000
③ 차감 기업업무추진비 해당 금액(①-②)			162,000,000
일반 기업업무추진비 한도	④ 1,200만원 (중소기업 3,600만원) × 해당 사업연도 월수(12) / 12		12,000,000
	총수입금액 기준	100억원 이하의 금액×30/10,000	30,000,000
		100억원 초과 500억원 이하의 금액×20/10,000	80,000,000
		500억원 초과 금액×3/10,000	9,300,000
		⑤ 소계	119,300,000
	일반수입금액 기준	100억원 이하의 금액×30/10,000	30,000,000
		100억원 초과 500억원 이하의 금액×20/10,000	80,000,000
		500억원 초과 금액×3/10,000	6,300,000
		⑥ 소계	116,300,000
	⑦ 수입금액 기준	((⑤-⑥)×20(10)/100	300,000
	⑧ 일반기업업무추진비 한도액(④+⑥+⑦)		128,600,000
문화기업업무 추진비 한도 (「조세특례제한법」 제136조제3항)	⑨ 문화기업업무추진비 지출액		10,000,000
	⑩ 문화기업업무추진비 한도액 [⑨와 (⑧×20/100) 중 작은 금액]		10,000,000
⑪ 기업업무추진비 한도액 합계(⑧ + ⑩)			138,600,000
⑫ 한도초과액(③ - ⑪)			23,400,000
⑬ 손금산입한도 내 기업업무추진비지출액(③과 ⑪ 중 작은 금액)			138,600,000

제9장 지급이자

지급이자의 손금불산입

1. 지급이자의 성격

지급이자는 타인자본에 대한 금융비용으로서 손금에 산입함을 원칙으로 하고 있다. 반면에 자기자본에 대한 금융비용인 배당에 대하여는 손금으로 산입할 수 없으므로 법인의 자본조달에 있어서 타인자본에 대한 의존도가 높아지고 이에 따라 재무구조가 불건전해질 수 있다. 또한, 타인자본의 의존도가 높아짐에 따라 이자비용 부담이 증가하여 수익성은 악화하여 기업 경쟁력이 떨어지게 되는 문제점을 발생시킬 수 있으므로 법인세법상 규정을 위반할 때는 손금불산입한다.

2. 지급이자의 규제

법인세법은 특정 지급이자에 대한 손금산입을 규제함으로써 자기자본과 타인자본의 형평을 유지할 뿐만 아니라 재무구조가 악화하는 문제점을 바로잡고자 하는 것이다. 또한, 채권자 불분명 사채이자 등은 가공채무의 계상을 방지하고 금융실명제를 정착하고자 하는 취지에서 손금산입을 규제하고 있으며, 건설자금이자는 규제의 차원이 아니라 이자비용의 원가성을 인정하여 자본적지출로 처리하고자 규정한 것으로서 그 성격을 다르게 한 것이다. 또한, 업무무관자산 및 가지급금에 대한 지급이자를 손금불산입한 것은 업무와 관련되지 않은 자산의 보유를 억제하여 자본의 효율적 활용을 도모하기 위한 것이다.

3. 지급이자 손금불산입의 순서

지급이자의 손금불산입에 관하여 다음에 해당하는 규정이 동시에 적용되는 경우에는 다음에 열거하는 순서에 의하여 지급이자를 손금불산입한다.

① 채권자가 불분명한 사채의 이자

② 지급받은 자가 불분명한 채권·증권의 이자·할인액 또는 차익

③ 건설자금에 충당한 차입금의 이자(고정자산의 건설 등에 투입된 지의 여부가 분명하지 아니한 차입금을 제외함)

④ 업무무관자산 및 가지급금에 대한 지급이자

제2절 채권자 불분명 사채이자

1. 적용대상

채권자가 불분명한 사채 등의 이자란 다음에 해당하는 차입금의 이자비용(알선수수료·사례금 등 명목 여하에도 불구하고 사채를 차입하고 지급하는 금품을 포함)을 말한다. 다만, 거래일 현재 주민등록표에 의하여 그 거주 사실 등이 확인된 채권자가 차입금을 변제받은 후 소재 불명이 된 경우의 차입금에 대한 이자는 제외한다.

① 채권자의 주소 및 성명을 확인할 수 없는 차입금
② 채권자의 능력 및 자산상태로 보아 금전을 대여한 것으로 인정할 수 없는 차입금
③ 채권자와의 금전거래사실 및 거래내용이 불분명한 차입금

2. 세무조정

① 원천징수세액 상당액 : 손금불산입 – 기타사외유출

참고 원천징수세액 상당액

> 원천징수세율 : 소득세법 제129조(비실명금융소득)를 적용 – 45%(지방소득세율 10%)

② 원천징수세액 상당액을 차감한 잔액 : 손금불산입 – 대표자 상여

1. 적용대상

소득세법 제16조 제1항의 규정에 따른 채권 또는 증권의 이자·할인액 또는 차익을 해당 채권 또는 증권의 발행법인이 직접 지급하는 경우 그 지급 사실이 객관적으로 인정되지 아니하는 이자·할인액 또는 차익을 말한다.

2. 세무조정

① 원천징수세액 상당액 : 손금불산입 – 기타사외유출

참고 원천징수세액 상당액

> 원천징수세율 : 소득세법제129조(비실명금융소득)를 적용 – 45%(지방소득세율 10%)

② 원천징수세액 상당액을 차감한 잔액 : 손금불산입 – 대표자 상여

1. 적용대상

자산취득에 충당한 특정차입금의 이자(건설자금이자)란 그 명목 여하에도 불구하고 사업용 고정자산의 매입·제작 또는 건설에 사용한(투입한) 차입금(고정자산의 건설 등에 투입된 지의 여부가 분명하지 아니한 차입금은 제외)에 대한 지급이자 또는 이와 유사한 성질의 지출금을 말한다.

2. 건설자금이자의 계산 등

1) 건설자금이자의 계산

① 건설자금이자

$$= \text{건설에 투입된 것이 분명한 특정차입금의 적수} \times \text{이자율} \times \frac{1}{365}$$

② 건설에 투입된 것이 분명한 특정차입금의 적수

$$= \text{건설에 투입된 것이 분명한 특정차입금} \times \text{건설기간(또는 매입기간·제작기간)}$$

2) 건설기간

건설자금이자는 다음에 열거하는 건설이 준공된 날까지의 기간에 대한 지급이자 또는 이와 유사한 성질의 지출금으로 한다.

① 토 지 : 대금청산일과 사업에 사용되기 시작한 날 중 빠른 날
② 건축물 : 취득일과 사용개시일(해당 건설의 목적물이 그 목적에 실제로 사용되기 시작한 날을 말함) 중 빠른 날
③ 기 타 : 사용개시일

3) 일시적인 예금에 따른 수입이자

특정차입금의 일시예금에서 생기는 수입이자는 원본에 가산하는 자본적지출금액에서 차감한다. 이 경우에도 후순위 지급이자의 손금불산입액을 계산하면서 선순위 손금불산입액으로 지급이자에서 차감할 금액은 수입이자를 차감하기 전의 총액으로 하여야 한다.

4) 운용자금에 전용한 경우

특정차입금 일부를 운영자금에 전용한 경우에는 그 부분에 상당하는 지급이자는 이를 손금으로 한다.

5) 연체이자 등

특정차입금의 연체로 인하여 생긴 이자를 원본에 가산한 경우 그 가산한 금액은 이를 해당 사업연도의 자본적지출로 하고, 그 원본에 가산한 금액에 대한 지급이자는 이를 손금으로 한다.

6) 건설 등이 준공된 후에 남은 특정차입금에 대한 지급이자

특정차입금 중 해당 건설 등이 준공된 후에 남은 특정차입금에 대한 이자는 각 사업연도의 손금으로 한다. 이 경우 건설 등의 준공일은 해당 건설 등의 목적물이 전부 준공된 날로 한다.

7) 자본화대상 일반차입금 이자계산방법

국제회계기준에서 건설자금이자 자본화가 강제사항으로 변경됨에 따라 법인의 세무조정 부담을 완화시켜 주기 위해 다음과 같이 계산되는 금액에 대해서도 일반차입금의 자본화를 선택할 수 있도록 허용하고 있다.

Min[①, ②]
① 해당 사업연도 중 건설 등에 투입된 기간에 실제로 발생한 일반차입금(해당 사업연도에 상환하거나 상환하지 아니한 차입금 중 특정차입금을 제외한 금액)의 지급이자 등의 합계
② ㉠의 금액 × ㉡의 자본화이자율

$$㉠ \quad \frac{\text{해당 건설 등에게 해당 사업연도에 지출한 금액의 적수}}{\text{해당 사업연도 일수}} - \frac{\text{해당 사업연도의 특정차입금의 적수}}{\text{해당 사업연도 일수}}$$

$$㉡ \quad \text{일반차입금에서 발생한 지급이자 등의 합계액} \div \frac{\text{해당 사업연도의 일반차입금의 적수}}{\text{해당 사업연도 일수}}$$

3. 건설자금이자에 대한 세무조정

(1) 건설자금이자를 비용으로 계상한 경우

1) 감가상각 대상자산이 아닌 경우

- 토지, 건설중인자산 등과 같이 비상각자산에 해당하는 경우에는 건설자금이자 전액을 손금불산입하여 이를 해당 자산에 대한 유보로 처분한다.

2) 감가상각 대상자산인 경우

① 해당 자산이 해당 사업연도 종료일 현재 완공된 경우
  - 이 경우에는 자본적 지출에 해당하는 금액을 수익적 지출로 계상한 것과 같은 결과로서 즉시상각의제에 해당하게 되므로 그 금액에 대하여 감가상각 시부인을 하여야 한다.

② 해당 자산이 해당 사업연도 종료일 현재 완공되지 아니한 경우
  - 건설중인자산에 대하여는 감가상각이 불가능하므로 건설자금이자 전액을 손금불산입하여 해당 건설중인자산에 대한 유보로 처분한다. 이 경우 손금불산입된 유보금액은 해당 자산이 완공되는 때에 해당 자산에 대한 상각부인액으로 되는 것이므로, 이후 사업연도의 시인부족액이 발생한 경우에 손금산입(△유보)할 수 있다.

(2) 건설자금이자를 자산으로 과다 계상한 경우

건설자금이자를 과다 계상한 금액은 이를 손금산입하고 △유보로 처분하여 법인세법상 해당 자산가액을 감액하여야 한다.

예제)

다음은 ㈜경인의 제18기(2023년1월1일부터 2023년12월31일까지) 차입금과 관련된 일부 자료이다. 자료를 이용하여 차입금이자에 대해 세무조정을 하라.

1. 공장건설을 위해 제18기 3월 1일 ㈜계양건설과 계약 체결하여 공사에 착수하였으며, 제20기에 준공할 예정이다.
2. 해당 공장을 건설하기 위하여 제18기 중 ㈜계양건설에 지급한 금액은 500,000,000원(3월 1일 300,000,000원과 7월 1일 200,000,000원을 현금 지급)이다.
3. ㈜경인의 제18기 차입금 명세는 다음과 같다.

차입금	차입일	차입금	연이자율	상환일	비고
가	2023.05.01.	90,000,000원	4%	2025.5.1.	일반 목적으로 차입한 금액
나	2023.07.01.	120,000,000원	5%	2025.7.1.	공장건설에 직접 사용한 차입금
다	2024.03.15	200,000,000원	6%	2026.9.1.	채권자 불분명한 차입금 1억원 포함

4. 차입금에 대한 지급이자(19,200,000원)는 세법에 따라 일할로 계산하며, 일시예금에 따른 이자수익과 원천징수세액은 없다고 가정한다.

해답

1. 채권자 불분명 차입금 이자

   $200,000,000원 \times 6\% \times \dfrac{292}{366} \times 50\% = 4,786,885원$(손금불산입, 대표자 상여)

2. 특정차입금이자

   $120,000,000원 \times 5\% \times \dfrac{366}{366} = 6,000,000원$(손금불산입, 유보)

3. 자본화대상 일반차입금이자

   (1) 공장건설에 대한 연평균지출액 : 351,366,120원

   $(300,000,000원 \times 306일 + 200,000,000원 \times 184일) \times \dfrac{1}{366} = 351,366,120원$

   (2) 특정차입금의 연평균액 : 120,000,000원

   $120,000,000원 \times \dfrac{366}{366} = 120,000,000원$

   (3) 자본화이자율 = ① ÷ ② × 100 = 4.94%
   ① 일반차입금의 지급이자 합계액 : 8,386,885원(= 3,600,000원+4,786,885원)

   $90,000,000원 \times 4\% \times \dfrac{366}{366} = 3,600,000원$

   $100,000,000원 \times 6\% \times \dfrac{292}{366} = 4,786,885원$

   ② 일반차입금의 연평균액 : 169,781,421원

   $90,000,000원 + 100,000,000원 \times \dfrac{292}{366} = 169,781,421원$

   (4) 자본화대상 일반차입금이자 : Min[①, ②] = 8,386,885원
   ① (351,366,120원 – 120,000,000원) × 4.94% = 11,429,486원
   ② 일반차입금의 지급이자 합계액 : 8,386,885원
   ☞ 자본화대상 일반차입금이자에 대해서는 당기 이자비용으로도 처리할 수도 있다.

업무무관자산 및 가지급금 관련 지급이자

1. 적용대상

업무무관자산 및 가지급금에 대한 지급이자 손금불산입의 규정은 모든 법인을 대상으로 한다.

2. 손금불산입액의 계산

(1) 산 식

$$\text{손금불산입액} = \text{지급이자} \times \frac{\text{업무무관자산적수} + \text{가지급금적수}}{\text{차입금적수}}$$

☞ 업무무관자산적수와 가지급금적수의 합계는 차입금적수를 한도로 한다.

(2) 차입금 및 지급이자

손금불산입액을 계산하면서 총차입금 및 지급이자란 지급이자 및 할인료를 부담하는 모든 차입금과 그에 대한 이자를 말하며, 기타 유사비용에 대하여는 다음과 같이 구분하여 이를 적용한다.

① 손금불산입 대상에 해당하는 경우(지급이자에 포함된 것)

미지급이자 · 금융어음의 할인료 · 금융리스 조건에 의해 지급되는 리스료 · 사채할인발행차금 상각액 등

② 손금불산입 대상에서 제외되는 경우

선급이자 · 현재가치할인차금 상각액 · 유산스이자 · 상업어음의 할인료 · 운용리스료 · 연불이자 · D/A이자 · 기업구매자금 대출에 대한 차입이자 · 지급보증료 등

※ 지급보증료 : 건설자금이자를 계산함에서는 지급보증료를 포함한다.

③ 선순위로 손금불산입된 지급이자 차감

채권자가 불분명한 사채이자 · 지급받은 자가 불분명한 채권 등의 이자로서 손금불산입된 금액은 이를 시부인 대상이 되는 지급이자에서 차감한다.

(3) 업무무관부동산

① 업무무관부동산의 범위

- 법인의 업무에 직접 사용하지 아니하는 부동산. 다만, 유예기간이 지나기 전까지의 기간에 있는 부동산을 제외한다.

- 유예기간에 해당 법인의 업무에 직접 사용하지 아니하고 양도하는 부동산. 다만, 부동산매매업을 주업으로 영위하는 법인의 부동산은 제외한다.

② 업무무관부동산의 평가

- 업무무관부동산의 가액은 이를 취득가액으로 하되, 부당행위계산부인에 따른 시가초과액을 포함한 금액으로 한다.

(4) 업무무관동산

① 업무무관동산의 범위

- 서화 및 골동품. 다만, 장식·환경미화 등에 사용되는 것으로서 사회통념상 업무와 관련이 있다고 인정되는 것을 제외한다.
- 업무에 직접 사용하지 아니하는 자동차·선박 및 항공기. 다만, 저당권의 실행 기타 채권을 변제받기 위하여 취득한 선박으로서 3년이 지나지 아니한 선박 등 부득이한 사유가 있는 자동차·선박 및 항공기를 제외한다.
- 기타 위의 자산과 유사한 자산으로서 해당 법인의 업무에 직접 사용하지 아니하는 자산

② 업무무관동산의 평가

- 업무무관동산의 가액에 대한 별도의 규정은 없다. 따라서 장부금액에 의하여 지급이자의 손금불산입액을 계산하여야 할 것이다.

(5) 가지급금

가지급금에 대하여는 인정이자의 계산 및 대손충당금의 설정을 제한하는 때도 같게 적용한다.

① 가지급금의 범위

가지급금은 명칭 여하에도 불구하고 특수관계인에게 해당 법인의 업무와 직접 관련이 없는 자금의 대여금액을 말하며, 금융기관 등의 경우 주된 수익사업으로 볼 수 없는 자금의 대여금액을 포함한다.

② 적용배제

다음에 해당하는 금액은 이를 가지급금으로 보지 아니하므로 지급이자 손금불산입의 규정을 적용하지 아니한다.

- 소득세법의 규정에 따라 지급한 것으로 보는 미지급소득에 대한 소득세(지방소득세와 중간예납세액상당액을 포함)를 법인이 납부하고 이를 가지급금 등으로 계상한 금액. 다만, 다음 계산식에 의해 계산한 금액을 한도로 한다.

$$\text{미지급소득에 대한 소득세액} = \text{종합소득 총결정세액} \times \frac{\text{미지급소득}}{\text{종합소득금액}}$$

- 정부의 허가를 받아 국외에 자본을 투자한 내국법인이 해당 국외투자 법인에 종사하거나 종사할 자의 여비·급료 기타 비용을 대신하여 부담하고 이를 가지급금 등으로 계상한 금액(그 금액을 실지로 환부 받을 때까지의 기간에 상당하는 금액에 한함)
- 법인이 근로자복지기본법 제2조 제4호의 규정에 따른 우리사주조합 또는 그 조합원에게 해당 법인의 주식취득(조합원간에 주식을 매매하는 경우와 조합원이 취득한 주식을 교환하거나 현물출자함으로써 독점규제및공정거래에관한법률에 따른 지주회사 또는 금융지주회사법에 의한 금융지주회사의 주식을 취득하는 경우를 포함) 소요되는 자금을 대여한 금액(상환할 때까지의 기간에 상당하는 금액에 한함)
- 국민연금법에 따라 근로자가 받은 것으로 보는 퇴직금전환금(해당 근로자가 퇴직할 때까지의 기간에 상당하는 금액에 한함)
- 법인세법 시행령 제106조 제1항 제1호 단서의 규정에 따라 대표자에게 상여 처분한 금액에 대한 소득세를 법인이 납부하고 이를 가지급금으로 계상한 금액(특수관계가 소멸할 때까지의 기간에 상당하는 금액에 한함)
- 사용인에 대한 월정급여액의 범위 안에서의 일시적인 급료 가불금
- 사용인에 대한 경조사비 또는 학자금(자녀의 학자금 포함)의 대여금액

③ 동일인에 대한 가수금이 있는 경우

동일인에 대한 가지급금과 가수금이 함께 있는 경우에는 상계한 잔액을 기준으로 지급이자 손금불산입액을 계산한다. 다만, 동일인에 대한 가지급금 등과 가수금의 발생하는 시점에 각각 상환기간 및 이자율 등에 관한 약정이 있어 이를 상계할 수 없는 경우에는 상계하지 아니한다.

3. 세무조정

업무무관자산 및 가지급금에 대한 지급이자는 이를 손금불산입하고 기타사외유출로 처분한다.

4. 업무무관자산 등 관련 차입금 이자 조정명세서 작성사례

예제)

① 지급이자 내역(단, 차입금은 모두 전기에 발생한 것이다.)

(단위: 원)

이 자 율	지급이자	차입금 적수
8%	20,000,000	91,250,000,000(건설자금이자 해당적수 22,875,000,000)
6%	30,000,000	183,000,000,000
계	50,000,000	274,750,000,000

② 특수관계에 있는 자(대표이사)에 대한 가지급금 내역

- 2024.04.20. 가 지 급 금 7,000,000
- 2024.08.15. 가 지 급 금 회 수 5,000,000

③ 업무무관동산

- 골동품 30,000,000(2024.11.01. 취득)
- 서화 20,000,000(2024.12.01. 취득)

④ 업무무관자산(토지 계정)

- 임대용 나대지 20,000,000(취득가액)(2023. 7. 1취득)

⑤ 기말 재무상태표 내역(2024.12.31.현재)

- 자산총계 : 150,000,000
- 부채총계 : 120,500,000(충당금 포함, 미지급법인세 제외 금액임)
- 납입자본금 : 50,000,000(주식발행초과금 및 주식할인발행차금 없음)

⑥ 사업연도 : 2024.01.01.~2024.12.31.

해답

$$
\text{손금불산입액} = \text{지급이자} \times \frac{\min\begin{cases}\text{차입금적수}\\\text{(업무무관자산적수 + 가지급금적수)}\end{cases}}{\text{차입금적수}}
$$

$$
1{,}943{,}428 = 45{,}000{,}000^{\langle 주1\rangle} \times \frac{\min\begin{cases}251{,}625{,}000{,}000\\10{,}867{,}000{,}000^{\langle 주2\rangle}\end{cases}}{251{,}625{,}000{,}000^{\langle 주3\rangle}}
$$

〈주1〉 지급이자 : 45,000,000 = 50,000,000 − 5,000,000

〈주2〉 가지급금 적수 : 10,867,000,000

업무무관 동 산 적수	= 30,000,000×61 + 20,000,000×31	= 2,450,000,000
업무무관 부 동 산 적수	= 20,000,000×366	= 7,320,000,000
업무무관 가지급금 적수	= 7,000,000×117 + 2,000,000×139	= 1,097,000,000
합 계		= 10,867,000,000

〈주3〉 차입금적수 : 251,625,000,000 = 274,500,000,000 − 22,875,000,000

사 업 연 도	2024.01.01. ~ 2024.12.31.	업무무관부동산 등에 관련한 차입금 이자조정명세서(을)		법 인 명	㈜경인
				사업자등록번호	

		①연월일	②적 요	③차 변	④대 변	⑤잔 액	⑥일 수	⑦적 수
1. 업무무관 부동산의 적수		2023. 1. 1	전기이월	20,000,000		20,000,000	366	7,320,000,000
		계		20,000,000		20,000,000		7,320,000,000
2. 업무무관동산의 적수		2023. 11. 1	골동품	30,000,000		30,000,000	30	900,000,000
		2023. 12. 1	서화	20,000,000		50,000,000	31	1,550,000,000
		계		50,000,000		50,000,000		2,450,000,000
3. 가지급금 등의 적수	⑧가지급금 등의 적수	2023. 4. 20	가지급금	7,000,000		7,000,000	117	819,000,000
		2023. 8. 15	회 수		5,000,000	2,000,000	139	278,000,000
		계		7,000,000	5,000,000	2,000,000		1,097,000,000
	⑨가수금 등의 적수							
		계						
4. 그 밖의 적수								
		계						

5. 자기자본 적수계산

⑩재무상태표 자산총계	⑪재무상태표 부채총계	⑫자 기 자 본 (⑩ - ⑪)	⑬사 업 연 도 일 수	⑭적 수		
150,000,000	120,500,000	50,000,000	366	18,300,000,000		

⑩ · ⑪ 해당사업연도 종료일 현재 재무상태표상 자산총계와 부채(충당부채를 포함하고 미지급법인세를 제외한다)총계를 기입한다.

⑫ 자기자본의 금액이 사업연도 종료일 현재의 납입자본금(주식발행초과금은 가산, 주식할인발행차금은 차감한 금액)보다 작은 경우에는 납입자본금을 기입한다.

사 업 연 도	2024.01.01. ~ 2024.12.31.	업무무관부동산 등에 관련한 차입금이자조정명세서(갑)		법 인 명	㈜경인
				사업자등록번호	

1. 업무무관부동산 등에 관련한 차입금지급이자

①지급 이자	적 수				⑥차입금 (= ⑲)	⑦ ⑤와 ⑥중 적은 금액	⑧손금불산입 지급이자 (①×⑦÷⑥)
	②업무무관 부 동 산	③업무무관 동 산	④가지 급금 등	⑤계 (②+③+④)			
45,000,000	7,320,000,000	2,450,000,000	1,097,000,000	10,867,000,000	251,625,000,000	10,867,000,000	1,943,428

2. 지급이자 및 차입금 적수계산

⑨ 이자 율	⑩지급 이자	⑪차입금 적 수	⑫채권자불분명 사채이자 등		⑮건설자금이자 등		차 감	
			⑬지급 이자	⑭차입금 적 수	⑯지급 이자	⑰차입금 적 수	⑱지급이자 (⑩-⑬-⑯)	⑲차입금적수 (⑪-⑭-⑰)
8%	20,000,000	91,500,000,000			5,000,000	22,875,000,000	15,000,000	68,625,000,000
6%	30,000,000	183,000,000,000					30,000,000	183,000,000,000
합 계	50,000,000	274,500,000,000			5,000,000	22,875,000,000	45,000,000	251,625,000,000

제 10 장 유가증권, 재고자산 및 외화자산 · 부채

1. 유가증권의 의의

유가증권이란 재산권을 나타내는 증권(주식, 채권)을 말하며, 액면금액 단위로 분할되고 시장에서 거래되거나 투자의 대상이 되기도 한다. 이와 같은 유가증권은 그 속성에 따라 지분증권과 채무증권으로 구분되며, 기업회계에서는 유가증권을 단기매매증권 · 매도가능증권 · 만기보유증권 · 관계기업주식(지분법적용투자주식)으로 분류한 후 보유기간과 목적에 따라 당좌자산과 투자자산으로 구분표기하고 있다.

2. 평가방법과 신고

(1) 평가방법

유가증권의 평가는 다음 평가방법 중 하나를 선택하여 관할 세무서장에게 신고한 후 적용하여 평가한다.

- 원가법 중
  - 개별법(채권에 한함)
  - 총평균법
  - 이동평균법
- 시가법 : 간접투자자산운용법에 따른 투자회사만 적용

(2) 평가방법의 신고 및 변경신고

① 평가방법의 신고

신설법인과 새롭게 수익사업을 개시한 비영리법인은 해당 법인의 설립일 또는 수익사업 개시일이 속하는 사업연도의 법인세 과세표준 신고기한까지 유가증권의 평가방법을 신고하여야 한다. 이 경우 신고기한을 지나 신고한 경우에는 그 신고일이 속하는 사업연도까지는 무신고로 하고, 그 후 사업연도에서는 신고한 방법을 적용하여 평가한다.

② 평가방법의 변경신고

유가증권의 평가방법을 변경하고자 하는 법인은 적용하여야 할 사업연도 종료일 이전 3개월이 되는 날까지 변경할 평가방법을 신고하여야 한다. 이 경우 신고기한을 지나 변경신고를 한 경우에는 그 신고일이 속하는 사업연도의 다음 사업연도부터 변경 신고한 방법을 적용한다.

3. 무신고 등의 경우

① 평가방법을 신고하지 아니한 경우

법인이 유가증권의 평가방법을 신고하지 아니한 경우에는 총평균법에 따라 유가증권을 평가한다.

② 평가방법을 임의변경하거나 변경신고를 하지 아니하고 변경한 경우

유가증권을 신고한 평가방법 이외의 방법으로 평가하거나 변경신고기한 내에 평가방법의 변경신고를 하지 아니하고 평가방법을 변경한 경우에는 총평균법에 따라 평가한 금액과 신고한 평가방법에 따라 평가한 금액 중 큰 금액으로 유가증권을 평가하여야 한다.

4. 평가의 특례

① 중소기업창업투자회사 등의 경우

중소기업창업투자회사 또는 신기술사업금융업자가 보유하는 주식 등 중 창업자 또는 신기술사업자가 발행한 주식 등으로서 그 발행법인이 부도가 발생한 경우·주권상장법인 또는 코스닥상장법인이 발행한 주식으로서 주식발행법인이 부도가 발생한 경우 또는 채무자회생및파산에관한법률에 따른 회생계획인가의 결정을 받았거나 기업구조조정촉진법에 따른 부실징후기업이 된 경우의 해당 주식 등은 해당 주식 등의 장부금액을 사업연도 종료일 현재 시가(창업자 또는 신기술사업자별로 보유주식 총액을 시가로 평가한 가액이 1,000원 이하일 때 1,000원으로 함)로 평가한 가액으로 감액하고 법인의 결산상 이를 비용으로 계상하여 손금에 산입할 수 있다.

② 주식 등을 발행한 법인이 파산한 경우

주식 등을 발행한 법인이 파산한 경우에는 해당 주식 등의 장부금액을 사업연도 종료일 현재 시가(시가로 평가한 가액이 1천원 이하일 때 1천원으로 함)로 평가한 가액으로 감액하고 법인의 결산상 이를 비용으로 계상하여 손금에 산입할 수 있다.

예제) 유가증권의 평가

〈사례 1〉 ㈜경인은 제12기에 상장법인인 ㈜계양의 주식 1,000주를 단기투자목적으로 취득하였다가 제13기에 처분하였다. 다음 자료에 의하여 제12기와 제13기에 수행할 세무조정을 하라.

1. 제12기

취득 때 : (차) 단기매매증권	200,000,000	(대) 현 금	200,000,000
결산 때 : (차) 단기매매증권	80,000,000	(대) 단기매매증권평가이익	80,000,000

2. 제13기

처분 때 : (차) 현 금	300,000,000	(대) 단기매매증권	280,000,000
		단기매매증권처분이익	20,000,000

〈사례 2〉 ㈜경인은 제5기에 상장법인인 ㈜서울의 주식 1,000주를 장기투자목적으로 취득하였다가 제7기에 처분하였다. 다음 자료에 의하여 제5기, 제6기, 제7기에 수행할 세무조정을 하라.

[자료 1] 취득원가 및 시가, 처분가액

① 제5기 취득원가 : 200,000,000원
② 제5기말의 시가 : 240,000,000원
③ 제6기말의 시가 : 230,000,000원
④ 제7기 처분가액 : 260,000,000원

[자료 2] 관련 회계처리

1. 제5기

취득 때 : (차) 매도가능증권	200,000,000	(대) 현 금	200,000,000

결산 때 : (차) 매도가능증권	40,000,000	(대) 매도가능증권평가이익	40,000,000

2. 제6기

결산 때 : (차) 매도가능증권평가이익	10,000,000	(대) 매도가능증권	10,000,000

3. 제7기

처분 때 : (차) 현　　　금	260,000,000	(대) 매도가능증권	230,000,000
매도가능증권평가이익	30,000,000	매도가능증권처분이익	60,000,000

해답

〈사례 1〉

1. 제12기

〈익금불산입〉 단기매매증권평가이익　　　80,000,000(△유보)

2. 제13기

〈익금산입〉 전기 단기매매증권평가이익　　80,000,000(유보)

〈사례 2〉

1. 제5기

〈익금산입〉 매도가능증권평가이익　　　40,000,000(기타)
〈익금불산입〉 매도가능증권(평가증)　　40,000,000(△유보)

※ 장부상 결산분개의 결과, 순자산의 증가 효과를 가져왔으나 수익계상을 하지 않았으므로 익금산입하고, 동 금액만큼 유가증권이 평가증 되었으나 법인세법에서 인정되지 않으므로 익금불산입한다.

2. 제6기

〈손금산입〉 매도가능증권평가이익　　　10,000,000(기타)
〈손금불산입〉 매도가능증권(평가감)　　10,000,000(유보)

※ 장부상 결산분개의 결과 순자산의 감소 효과를 가져왔으나 비용계상을 하지 않았으므로 손금산입하고, 동 금액만큼 유가증권이 평가감 되었으나 법인세법에서 인정되지 않으므로 손금불산입한다.

3. 제7기

〈손금산입〉 매도가능증권평가이익　　30,000,000(기타)
〈손금불산입〉 전기 △유보금액 정리　30,000,000(유보)

※ 유가증권의 처분 때 세무상 분개를 가정하면 다음과 같다.

(차) 현　　　금	260,000,000	(대) 매도가능증권	200,000,000
		매도가능증권처분이익	60,000,000

동 분개와 회사의 분개를 비교하여 보면 회사의 분개가 세무상 분개보다 자산과 자본(매도가능증권평가이익)이 결국 각각 30,000,000원씩 추가로 감소하여 결국 30,000,000원의 순자산 감소 효과를 가져왔으

나 장부상으로는 동 금액을 매도가능증권평가이익의 감소로 처리하였으므로 손금산입하고, 유가증권 관련 △유보금액 30,000,000원을 손금불산입한다.

참고 재고자산과 유가증권의 무신고 · 임의 변경하는 경우 평가

구 분	무신고하는 경우	임의 변경하는 경우
재고자산	선입선출법	다음 ①, ② 중 큰 금액
유가증권	총평균법	① 무신고 때 평가방법에 따른 가액
매매목적 소유 부동산	개별법	② 당초 적법하게 신고한 방법에 따른 가액

1. 재고자산평가의 의의

① 재고자산의 개념

재고자산이란 판매의 목적으로 보유한 자산(상품, 제품 등), 생산 중인 자산(재공품) 및 생산에 투입될 자산(원재료, 저장품 등)을 말한다.

② 평가의 중요성

재고자산은 제조원가 또는 매출원가 계산에 직접적인 영향을 미치는 요소로써 순이익 결정에 중대한 영향을 미친다. 따라서 재고자산의 평가를 법인의 자의에 맡기는 경우 소득금액의 조작에 따른 공평과세가 침해될 가능성이 크므로 법인세법에 그 평가방법을 명백하게 규정하고 있다.

2. 재고자산의 유형

① 제품 및 상품(부동산매매업자의 매매목적 부동산을 포함함)
② 반제품 및 재공품
③ 원재료
④ 저장품

3. 평가방법과 신고

(1) 원칙적인 평가방법

1) 평가방법의 신고

법인이 각 사업연도의 소득금액 계산에 있어서 적용할 재고자산의 평가방법은 원가법과 저가법 중 선택하여 납세지 관할 세무서장에게 신고하여 적용한다.

① 신설법인 또는 비영리법인의 경우

신설법인과 수익사업을 개시하는 비영리법인은 해당 법인의 설립일 또는 수익사업 개시일이 속하는 사업연도의 법인세 과세표준의 신고기한까지 평가방법을 신고하여야 한다. 이 경우 신고기한을 지나 평가방법을 신고한 경우에는 그 신고일이 속하는 사업연도까지는 무신고로 보아 무신고 때의 평가방법을 적용하고, 그 후의 사업연도에서는 신고한 평가방법을 적용한다.

② 변경신고의 경우

신고한 평가방법을 변경하고자 하는 법인은 변경할 평가방법을 적용하고자 하는 사업연도 종료일 이전 3개월이 되는 날까지 변경신고를 하여야 한다. 이 경우 신고기한을 지나 변경신고를 한 경우에는 그 신고일이 속하는 사업연도까지는 임의변경 때 평가방법에 따르고, 그 후의 사업연도부터 신고한 평가방법을 적용한다.

2) 원가법에 따른 평가방법

■ 개별법 · 선입선출법 · 후입선출법 · 총평균법 · 이동평균법 · 매출가격환원법

(2) 구분 선택의 특례

재고자산을 평가하면서 ① 제품 및 상품 ② 반제품 및 재공품 ③ 원재료 ④ 저장품의 각호별로 구분하여 종류별 · 영업장별로 각각 다른 평가방법에 의하여 평가할 수 있다. 이 경우 수익과 비용을 영업의 종목별 또는 영업장별로 각각 구분하여 회계처리하고, 종목별 · 영업장별로 제조원가명세서와 손익계산서를 작성하여야만 평가방법을 달리 적용할 수 있다.

(3) 평가방법을 신고하지 아니한 경우

재고자산 평가방법을 신고하지 아니한 경우에는 선입선출법(매매목적용 부동산의 경우에는 개별법)을 적용하여 재고자산을 평가한다. 다만, 재고자산의 평가방법을 신고하지 아니하여 선입선출법을 적용받는 법인이 그 평가방법을 변경하고자 할 때는 변경할 평가방법을 적용하고자 하는 사업연도의 종료일 이전 3개월이 되는 날까지 변경신고를 하여야 한다.

(4) 임의변경 등의 경우

재고자산을 신고한 평가방법 외의 방법으로 평가하거나 변경신고기한 내에 평가방법의 변경신고를 하지 아니하고 그 방법을 변경한 경우에는 선입선출법(매매목적용 부동산은 개별법)에 따라 평가한 금액과 당초 신고한 평가방법에 따라 평가한 금액 중 큰 금액으로 재고자산을 평가하여야 한다.

(5) 파손품 등에 대한 평가의 특례

재고자산으로서 파손·부패 등의 사유로 정상가격으로 판매할 수 없는 자산이 있는 때에는 해당 자산의 장부금액을 사업연도 종료일 현재 처분가능한 시가로 평가한 가액으로 감액하고, 그 감액한 금액을 손금에 산입할 수 있도록 하고 있다.

(6) 국제회계기준 적용 내국법인에 대한 평가차익의 특례에 대한 과세이연

내국법인이 국제회계기준을 최초로 적용하는 사업연도에 재고자산평가방법을 후입선출법에서 다른 재고자산평가방법으로 납세지 관할 세무서장에게 변경 신고한 경우에는 해당 사업연도의 소득금액을 계산할 때 ①의 금액에서 ②의 금액을 뺀 재고자산평가차익을 익금에 산입하지 아니할 수 있다. 이 경우 재고자산평가차익은 국제회계기준을 최초로 적용하는 사업연도의 다음 사업연도 개시일부터 5년간 균등하게 나누어 익금에 산입한다. 다만, 재고자산평가차익을 익금에 산입하지 아니한 내국법인이 해산(양도손익이 없는 것으로 한 합병 및 분할로 인한 해산은 제외)하는 경우에는 남은 금액을 해산등기일이 속하는 사업연도의 소득금액을 계산할 때 익금에 산입한다.
① 국제회계기준을 최초로 적용하는 사업연도의 기초 재고자산 평가액
② 국제회계기준을 최초로 적용하기 직전 사업연도의 기말 재고자산 평가액

예제) 재고자산의 평가

다음 자료에 의하여 ㈜경인의 제18기(2023.07.01.~2024.06.30.) 사업연도 기말재고자산에 대해 세무조정을 하라.

1. 재고자산의 평가자료

구　　　분	제　　　품	원　재　료	저　장　품
회 사 평 가 액	9,000,000원	1,300,000원	3,200,000원
선 입 선 출 법	9,300,000원	900,000원	3,500,000원
후 입 선 출 법	8,000,000원	1,500,000원	2,800,000원
총 평 균 법	9,000,000원	1,300,000원	3,100,000원
신고한 평가방법	무 신 고	총평균법	총평균법

2. 원재료는 직전 사업연도까지는 후입선출법으로 평가하였으나, 2024년 4월 1일에 총평균법으로 변경신고 하였다.

3. 저장품은 신고한 평가방법에 따라 평가하였으나, 계산의 착오로 100,000원을 과다 계상하였다.

1. 제품 : 재고자산 평가방법을 신고하지 않았으므로 선입선출법에 따라 평가한 가액을 재고자산 가액으로 한다.

    ① 회사평가액   9,000,000원

    ② 세법평가액   9,300,000원

    ③ 재고자산평가감   300,000원

    〈익금산입〉 제품평가감   300,000 (유보)

2. 원재료 : 재고자산 평가방법의 변경신고는 변경할 평가방법을 적용하고자 하는 사업연도 종료일 이전 3월이 되는 날(위 사례의 경우 2024년 3월 31일)까지 신고하여야 한다. 그런데 ㈜경인은 변경신고기한을 지나 신고하고, 동 신고한 평가방법으로 원재료를 평가하였으므로 임의변경에 해당한다. 법인세법상 재고자산 평가방법을 임의 변경한 경우에는 당초 신고한 평가방법과 무신고 때 평가방법(=선입선출법)에 따른 평가액 중 큰 금액으로 한다.

    ① 회사평가액   1,300,000원

    ② 세법평가액   1,500,000원 MAX(1,500,000원, 900,000원)

    ③ 재고자산평가감   200,000원

    〈익금산입〉 원재료평가감   200,000 (유보)

3. 저장품 : 신고한 평가방법에 따라 평가하였으나 계산 착오로 인하여 동 평가방법상 금액보다 과다 또는 과소하게 계상한 경우에는 임의변경으로 보지 아니하므로 그 차액만 조정한다.

    ① 회사평가액   3,200,000원

    ② 세법평가액   3,100,000원

    ③ 재고자산평가증   △100,000원

    〈손금산입〉 저장품평가증   100,000 (△유보)

4. 재고자산 평가조정명세서

다음 자료에 의하여 ㈜계양(2024.1.1.~2024.12.31.)의 재고자산에 대한 세무조정을 한후, 재고자산 평가조정명세서를 작성하라.

구 분	평가방법	신고방법	평가방법에 따른 회사평가액	신고방법에 따른 평가액	선입선출법에 따른 금액	비 고
제 품 A	후입선출법	후입선출법	65,000,000	65,000,000	68,000,000	
재공품 B	총평균법	선입선출법	20,000,000	15,000,000	15,000,000	
원재료 C	총평균법	후입선출법	56,000,000	60,000,000	70,000,000	
저장품 D	이동평균법	후입선출법	38,000,000	50,000,000	40,000,000	

* 원재료 C의 평가방법을 총평균법에서 후입선출법으로 변경한다고 2024년 10월 1일에 관할세무서장에게 신고하였다.

세무조정 계산

자 산 별	회사(B)		세법(T)		세무조정 (T/A)
	평가방법	금액	신고방법	금액	
제 품 및 상 품	후입선출법	65,000,000	후입선출법	65,000,000	없음[주1]
반제품 및 재공품	총평균법	20,000,000	선입선출법 선입선출법	15,000,000 15,000,000	<익금불산입> 재고자산평가증 5,000,000[주2] △유보
원 재 료	후입선출법	56,000,000	총평균법 선입선출법	60,000,000 70,000,000	<익금산입> 재고자산평가감 14,000,000[주3] 유보
저 장 품	이동평균법	38,000,000	후입선출법 선입선출법	50,000,000 40,000,000	<익금산입> 재고자산평가감 12,000,000[주4] 유보

[주1] 제품 A는 후입선출법으로 신고하고, 후입선출법으로 평가하였으므로 세무조정이 필요 없음.

[주2] 재공품 B는 선입선출법으로 신고하고 총평균법으로 평가하였으므로 임의변경에 해당되어 선입선출법 15,000,000원으로 조정해야 한다. 따라서 재고자산평가증 5,000,000원이 발생하게 된다.

[주3] 원재료 C는 10월 1일에 총평균법에서 후입선출법으로 수정신고를 하였으나 사업연도 종료일 3개월 이내에 신고방법을 변경하지 못하였으므로 임의변경에 해당하여 선입선출법과 당초 신고한 평가방법(총평균법)을 비교하여 큰 금액으로 조정해야 한다. 따라서 재고자산평가감 14,000,000원이 발생하게 된다.

[주4] 저장품 D는 후입선출법으로 신고하고 이동평균법으로 평가하였으므로 임의변경에 해당하여 선입선출법과 당초 신고한 평가방법(후입선출법)을 비교하여 큰 금액으로 조정해야 한다. 따라서 재고자산평가감 12,000,000원이 발생하게 된다.

∴ 재고자산평가감 26,000,000원 - 재고자산평가증 5,000,000원
  = 재고자산평가감 21,000,000원에 대해 익금산입하고 유보 처분한다.

사업연도	2024.01.01. ~ 2024.12.31.	☑ 재고자산 ☐ 유가증권	평가조정명세서	법인명	(주)계양

※관리번호 ☐☐ – ☐☐   사업자등록번호 ☐☐☐ – ☐☐ – ☐☐☐☐☐

※표시란은 기입하지 마십시오.

1. 재고자산평가방법검토

①자 산 별		②평 가 방 법 신고연월일	③신고방법	④평가방법	⑤적 부	⑥비 고
제 품 및 상 품		2023. 1. 1	후입선출법	후입선출법	○	
반 제 품 및 재 공 품		2023. 1. 1	선입선출법	총평균법	×	
원 재 료		2023. 10. 1	후입선출법	총평균법	×	
저 장 품		2023. 1. 1	후입선출법	이동평균법	×	
유가증권	채 권					
	기 타					

2. 평가조정계산

⑦ 과목	⑧ 품명	⑨ 규격	⑩ 단위	⑪ 수량	회사계산		조정계산금액				⑱조정액(⑮ 또는 ⑰와 ⑰ 중 큰 금액 –⑬)
					⑫ 단가	⑬ 금액	신고방법		선입선출법		
							⑭단가	⑮금액	⑯단가	⑰금액	
재공품	재공품B					20,000,000		15,000,000		15,000,000	–5,000,000
소계						20,000,000		15,000,000		15,000,000	–5,000,000
원재료	원재료C					56,000,000		60,000,000		70,000,000	14,000,000
소계						56,000,000		60,000,000		70,000,000	14,000,000
저장품	저장품D					38,000,000		50,000,000		40,000,000	12,000,000
소계						38,000,000		50,000,000		40,000,000	12,000,000
계						114,000,000		125,000,000		125,000,000	21,000,000

법인이 회수하거나 상환하는 외화채권·채무의 원화금액과 원화장부금액의 차익 또는 차손은 해당 사업연도의 익금 또는 손금에 산입한다.

1. 외화자산·부채의 평가

(1) 외화자산 및 부채의 평가

금융회사 외의 법인이 보유하는 화폐성외화자산·부채와 화폐성외화자산·부채의 환율변동위험을 회피하기 위하여 보유하는 통화선도 및 통화스와프를 평가함에 따라 발생하는 평가한 원화금액과 원화장부금액(통화선도, 통화스와프를 계약체결일이 속하는 사업연도에 평가한 경우에는 계약의 내용 중 외화자산 및 부채의 가액에 계약체결일의 기준환율 또는 재정환율을 곱한 금액을 말함)의 차익 또는 차손을 해당 사업연도의 익금 또는 손금에 산입할 수도 있다. 그리고 화폐성외화자산·부채와 환위험회피용통화선도·통화스와프를 평가한 법인은 신고와 함께 외화자산 등 평가차손익조정명세서와 화폐성외화자산 등 평가방법신고서를 관할 세무서장에게 제출하여야 한다.

(2) 적용환율

화폐성외화자산·부채와 환위험회피용 통화선도·통화스와프는 다음의 어느 하나에 해당하는 방법 중 관할 세무서장에게 신고한 방법에 따라 평가하여야 하며, 신고한 평가방법은 그 후의 사업연도에도 계속하여 적용하여야 한다. 다만, 금융기관 이외의 기업은 평가방법 선택 후 5개 사업연도가 지난 후에는 다시 선택할 수 있다. 그리고 최초로 사업연도 종료일 현재의 매매기준율 등으로 평가하여 신고하기 위해서는 직전 사업연도의 경우에는 취득일 또는 발생일 현재의 매매기준율을 적용하여야 한다.

① 계약의 내용 중 외화자산 및 부채를 취득일 또는 발생일(통화선도·통화스와프의 경우에는 계약체결일을 말한다) 현재의 매매기준율 또는 재정환율로 평가하는 방법
② 계약의 내용 중 외화자산 및 부채를 사업연도 종료일 현재의 매매기준율 또는 재정환율로 평가하는 방법

외화자산 · 부채의 평가방법

◆ 금융기관 이외 : ①, ② 중 선택하여 익금과 손금에 반영한다.

구 분	화폐성 외화자산 · 부채	헤지 목적 통화선도 · 스와프
①	평가 ×	평가 ×
②	평가 ○	평가 ○

◆ 금융기관 : ①, ② 중 선택하여 익금과 손금에 반영한다.

구 분	화폐성 외화자산 · 부채	통화선도 · 스와프
①	평가 ○	평가 ×
②	평가 ○	평가 ○

2. 외환차손익

내국법인이 상환받거나 상환하는 외화채권 · 채무의 원화금액과 원화장부금액의 차익 또는 차손은 해당 사업연도의 익금 또는 손금에 이를 산입한다.

외화자산 · 부채의 평가대상 여부

평가대상이 되는 화폐성 항목	평가대상이 되지 않는 비화폐성 항목
① 외화채권 · 채무, 외화현금 · 예금, 외화보증금 등	① 재화와 용역에 대한 선급금, 선수금
② 현금으로 상환하는 충당부채, 부채로 인식하는 현금배당 등	② 외화표시 주식 · 출자지분, 영업권, 무형자산, 재고자산, 유형자산, 비화폐성자산의 인도 때문에 상환하는 충당부채 등

3. 외화평가손익

금융회사 외의 법인이 마감환율(결산일 현재 기준환율)평가방법을 신고한 경우, 그 평가손익은 다음과 같이 계산한다.

평가손익 = 외화금액 × 사업연도종료일 현재의 매매기준율 등 – 환산 전 원화 장부금액

이러한 평가손익은 해당 사업연도의 익금 또는 손금에 산입한다. 다만, 취득일(또는 발생일) 현재의 매매기준율 등으로 평가한 경우에는 익금 또는 손금에 산입하지 아니한다.

예제

도매업을 영위하는 ㈜경인은 제19기 6월11일 $10,000을 차입하여 곧바로 환전하여 보통예금 계좌에 11,800,000원 입금하였고, 제20기 5월30일에 보통예금 계좌에서 12,500,000원 인출하여 상환하였다. 다음의 내용을 이용하여 제19기와 제20기의 세무조정을 하여라. ㈜경인의 사업연도는 1월1일부터 12월 31일까지이다.

1. 고시되는 환율은 다음과 같다.

구 분	대고객매도율	매매기준율	대고객매입율
제19기 6월11일	1,220원/$1	1,200원/$1	1,180원/$1
제19기12월31일	1,225원/$1	1,205원/$1	1,185원/$1
제20기 5월30일	1,250원/$1	1,230원/$1	1,210원/$1

2. ㈜경인은 관할 세무서장에게 결산일 현재 보유하는 화폐성외화자산·부채에 대해 사업연도 종료일 현재 매매기준율로 평가하는 방법을 신고하였다.
3. ㈜경인의 회계담당자 실수로 인하여 제19기 결산서에 화폐성외화자산·부채에 대해 평가를 하지 않았다.
4. ㈜경인의 제20기 결산서에 외환차손 700,000원을 계상하였다.

해답

1. 제19기 6월11일(차입시점)
      세무조정 없음

2. 제19기 12월31일(결산일) : 매매기준율로 평가하여야 하나 회계담당자가 처리하지 않음.
(1) 회계처리
      하지 않음
(2) 세무조정
    (차) 외화환산손실   250,000   (대) 외화차입금   250,000
    〈손금산입〉   외화환산손실   250,000원(△유보)

3. 제20기 5월30일(상환시점) : 외환차손 700,000원 계상
(1) 회계처리
    (차) 외화차입금   11,800,000   (대) 보통예금   12,500,000
        외환차손   700,000

(2) 세무조정

(차) 외화차입금	12,050,000	(대) 보통예금	12,500,000
외환차손	450,000		

〈손금불산입〉 외환차손 250,000원(유보)

제11장 고정자산

고정자산의 감가상각

1. 감가상각의 의의

감가상각이란 고정자산의 취득원가를 자산의 효익이 발생하는 사용 기간에 체계적이고 합리적인 방법에 따라 비용으로 배분하는 과정을 말한다.

2. 감가의 원인

고정자산의 가치가 감소하는 사유를 살펴보면 다음과 같으며, 법인세법에서는 이와 관련된 내용을 규정하고 있다.

① 물리적 원인 : 기간의 경과에 따른 감가상각
② 우발적 원인 : 천재·지변 등의 경우에 허용되는 평가손실
③ 기능적 원인 : 시설의 개체 또는 기술의 낙후로 인한 생산설비의 폐기손실

3. 법인세법상 감가상각의 특징

(1) 임의상각 제도

법인세법은 감가상각비를 결산서상 비용으로 계상한 때에만 손금으로 인정하는 임의상각제도를 채택하고 있다. 다만, 임의상각에 대한 예외로서 감면 등을 적용받을 때 의도적으로 감가상각비를 계상하지 아니하는 것을 방지하고, 공평과세를 할 수 있도록 감가상각을 강제하는 감가상각의 의제 규정을 두고 있다. 또한, 국제회계기준을 최초로 적용하는 기업의 경우 급격한 조세부담이 증가하는 것을 방지하기 위해 신고조정도 예외적으로 일부분 허용하고 있다.

(2) 감가상각비 최고한도액의 규정

법인 간 공평과세를 위해 감가상각범위액을 규정하여 그 범위액을 한도로 손금산입을 허용하고 있다.

(3) 내용연수의 일률 적용 및 선택 범위의 규정

법인 간 공평과세를 유지함과 동시에 탄력적인 적용을 위하여 내용연수 및 내용연수의 범위를 법인세법에서 일률적으로 규정하고 있다.

1. 감가상각자산

법인세법에서 규정하고 있는 감가상각자산의 범위는 다음과 같다.

(1) 유형고정자산

① 건물(부속설비 포함) 및 구축물
② 차량 및 운반구·공구·기구 및 비품
③ 선박 및 항공기
④ 기계 및 장치
⑤ 동물 및 식물
⑥ 기타 유형고정자산

(2) 무형고정자산

① 영업권·의장권·실용신안권·상표권
② 특허권·어업권·해저광물자원개발법에 따른 채취권·유료도로 관리권·수리권·전기가스공급시설이용권·공업용수도시설이용권·수도시설이용권·열공급시설이용권
③ 광업권·전신전화전용시설이용권·전용측선이용권·하수종말처리장시설관리권·수도시설관리권
④ 댐사용권
⑤ 개발비
⑥ 사용수익기부자산가액
⑦ 주파수이용권·공항시설이용권 및 항만시설이용권

> **참고** 개발비
>
> 개발비란 상업적인 생산 또는 사용 전에 재료·장치·제품·공정·시스템 또는 용역을 창출하거나 현저히 개선하기 위한 계획 또는 설계를 위하여 연구결과 또는 관련 지식을 적용하는 데 발생하는 비용으로서 기업회계기준상 개발비 요건을 충족한 것을 말한다.

사용수익기부자산

금전 외의 자산을 국가 또는 지방자치단체, 조세특례제한법 제73조 제1항 각호의 규정에 따른 법인 또는 법인세법 시행령 제36조 제1항 제1호의 규정에 따른 법인에 기부한 후 그 자산을 사용하거나 그 자산으로부터 수익을 얻는 경우 해당 자산의 장부금액을 말한다.

2. 감가상각자산에서 제외되는 것

다음에 해당하는 자산은 감가상각자산에 포함하지 아니한다.

① 사업에 사용하지 아니하는 것(유휴설비는 제외)
② 건설 중인 것. 이 경우 감가상각자산에서 제외되는 건설중인자산에는 설치 중인 자산 또는 그 성능을 시험하기 위한 시험 운전 기간에 있는 자산을 포함하되, 건설중인자산 일부가 완성되어 그 부분이 사업에 사용되는 경우 그 부분에 대해서는 감가상각자산에 포함한다.
③ 시간의 경과에 따라 그 가치가 감소하지 아니하는 것

유휴설비

유휴설비란 조업 중단 등의 사유로 가동이 잠시 중단된 설비를 말하며, 다음의 자산은 유휴설비에 포함하지 아니한다.
1. 사용 중 철거하여 사업에 사용하지 아니하는 기계 및 장치 등
2. 취득 후 사용하지 아니하고 보관 중인 기계 및 장치 등

3. 감가상각자산의 특례

(1) 국제회계기준을 적용하는 내국법인이 보유한 고정자산

국제회계기준을 적용하는 내국법인이 보유한 고정자산 중 유형고정자산과 내용연수가 정해지지 않은 무형고정자산의 감가상각비는 개별 자산별로 다음의 구분에 따른 금액이 기존 방식에 따라 손금에 산입한 금액보다 큰 경우 그 차액의 범위에서 추가로 손금에 산입할 수 있다.

① 2013년 12월 31일 이전 취득분 : 국제회계기준을 적용하지 아니하고 종전의 방식에 따라 감가상각비를 손금으로 계상한 경우 기존 방식에 따라 손금에 산입할 감가상각비 상당액(종전 감가상각비)
② 2014년 1월 1일 이후 취득분 : 기준내용연수를 적용하여 계산한 감가상각비 상당액 (기준 감가상각비)

(2) 장기할부자산 등으로 매입한 고정자산

장기할부조건 등으로 매입한 고정자산의 경우 법인이 해당 고정자산가액의 전액을 자산으로 계상하고 사업에 사용하는 경우에는 대금의 청산 또는 소유권 이전 여부와 관계없이 이를 감가상각자산에 포함한다.

(3) 영업권으로 인정하는 것

① 영업권 중 합병 또는 분할의 경우 합병법인 또는 분할신설법인(분할합병의 상대방법인을 포함)이 계상한 영업권은 합병법인 또는 분할신설법인(분할합병의 경우에 한함)이 피합병법인 또는 분할법인(소멸한 분할합병의 상대방법인을 포함)의 자산을 평가하여 승계한 경우로서 피합병법인 또는 분할법인의 상호·거래관계 기타 영업상의 비밀 등으로 사업상 가치가 있어 대가를 지급한 것만 이를 감가상각자산으로 한다.
② 사업의 양도·양수과정에서 양도·양수자산과는 별도로 양수한 사업에 관한 허가·인가 등 법률상의 지위, 사업상 편리한 지리적 여건, 영업상의 비법, 신용·명성·거래선 등 영업상의 이점 등을 고려하여 적절한 평가방법에 따라 유상으로 취득한 금액은 영업권으로 본다.
③ 설립인가, 특정사업의 면허, 사업의 개시 등과 관련하여 부담한 기금·입회금 등으로서 반환청구를 할 수 없는 금액과 기부금은 이를 영업권에 포함한다.

(4) 리스회사 등의 리스자산 등

여신전문금융업법에 따른 시설대여업자 또는 중소기업진흥및제품구매촉진에관한법률에 따른 중소기업진흥공단 등 리스회사가 여신전문금융업법 또는 중소기업진흥및제품구매촉진에관한법률에 의하여 시설 대여하는 리스자산에 대하여는 다음과 같이 구분하여 감가상각한다. 다만, 자산유동화에관한법률에 의한 유동화전문회사가 같은 법에 따른 자산유동화계획에 따라 금융리스의 자산을 양수한 경우 해당 자산에 대하여는 리스이용자의 감가상각자산으로 한다.

> ① 금융리스 자산 : 리스이용자의 감가상각자산에 해당
> ② 운용리스 자산 : 리스회사 등의 감가상각자산에 해당

참고 ▶ 금융리스의 범위

금융리스란 리스기간 동안 계약해지 금지조건이 부여된 리스로서 다음에 해당하는 것을 말한다.
1. 리스기간 종료 때 또는 그 이전에 리스이용자에게 리스자산의 소유권을 무상 또는 당초 계약 때 정한 금액으로 이전할 것을 약정한 경우
2. 리스기간 종료 때 리스자산을 리스실행일 현재 취득가액의 100분의 10 이하의 금액으로 구매할 수 있는 권리가 리스이용자에게 주어지면 또는 동 리스자산의 취득가액의 100분 10 이하의 금액을 재리스 원금으로 하여 재리스할 수 있는 권리가 리스이용자에게 주어진 경우
3. 리스기간(리스기간 종료시점에서 해지 금지조건이 부가된 재리스의 약정이 있는 경우에는 재리스 기간을 포함한다)이 별표 5 및 별표 6에 규정된 리스자산의 자산별·업종별(리스 이용자의 업종에 의함) 기준내용연수의 100분의 75 이상인 경우
4. 리스실행일 현재 기본리스료를 법인세법시행령 제79호 제2호의 규정에 해당하는 리스회계처리준칙에 의하여 현재가치로 평가한 가액이 해당 리스자산의 장부가액의 100분의 90 이상인 경우
5. 리스자산의 용도가 리스이용자만의 특정 용도로 한정되어 전용할 수 없는 경우

1. 일반원칙

법인이 각 사업연도에 감가상각자산의 감가상각비를 손금으로 계상하는 경우에는 해당 감가상각자산의 장부금액을 직접 감액하는 방법 또는 장부금액을 감액하지 아니하고 감가상각누계액으로 계상하는 방법 중 하나를 선택하여 적용하여야 한다.

2. 간접법을 선택한 경우

법인이 감가상각비를 감가상각누계액으로 계상하는 경우에는 개별자산별로 계상하되, 개별자산별로 구분하여 작성된 감가상각비조정명세서를 보관하고 있는 경우에는 감가상각비 총액을 일괄하여 감가상각누계액으로 계상할 수 있다.

감가상각비의 계산

1. 취득가액

고정자산의 취득가액은 감가상각비의 계산하면서 기초가액에 해당하는 것으로 그 내용은 다음과 같다.

(1) 일반적일 때의 취득가액

① 타인으로부터 매입한 자산

- 매입가액에 취득세 등 기타 부대비용을 가산한 금액

② 자기가 제조, 생산, 건설 기타 이에 따르는 방법에 따라 취득한 자산

- 원재료비 · 노무비 · 운임 · 하역비 · 보험료 · 수수료 · 공과금(취득세 포함) 설치비와 기타 부대비용의 합계액

③ 현물출자 · 합병 또는 분할 때문에 취득한 자산

- 장부에 계상한 출자가액 또는 승계가액. 다만, 그 가액이 시가를 초과하면 그 초과금액을 제외한다.

④ ① 내지 ③ 이외의 방법으로 취득한 자산

- 취득 당시의 시가

(2) 취득가액 계산의 특례

1) 취득가액에 산입하는 금액

다음에 열거하는 금액은 이를 취득가액에 포함한다.

① 건설자금에 충당한 차입금의 이자

② 자본적 지출액

③ 인수도조건(D/A)이자 및 기한부신용장(Usance)이자

- 법인세법 : 자산의 취득가액에 포함하는 원칙이다. 다만, 예외로 이자비용으로 처리하면 별도의 세무조정을 하지 아니한다.

■ 기업회계 : 금융비용으로 처리할 수 있다. 따라서 기한부신용장(Usance)이자를 금융비용으로 처리한 때도 세법은 기업회계기준을 준용하므로 별도의 세무조정을 하지 아니한다.

2) 취득가액에 산입하지 아니하는 금액

다음에 열거하는 금액은 취득가액에 포함하지 아니한다.

① 자산을 장기할부조건 등으로 취득하는 경우 발생한 채무를 기업회계가 정하는 바에 따라 현재가치로 평가하여 현재가치할인차금으로 계상한 경우의 해당 현재가치할인차금

② 연지급수입에 있어서 취득가액과 구분하여 지급이자로 계상한 금액

③ 자산을 고가로 매입함에 따라 부당행위계산부인의 적용을 받는 경우의 시가초과액

3) 보유자산에 대한 취득가액 계산의 특례

법인이 보유하는 자산에 대하여 다음에 해당하는 사유가 발생한 경우의 취득가액은 다음과 같다.

① 법인세법의 규정에 따른 자산의 평가가 있는 경우에는 그 평가액

② 자본적 지출이 있는 경우에는 그 금액을 가산한 금액

③ 합병 또는 분할합병으로 인하여 특수관계에 있는 자로부터 분여 받은 이익이 있는 경우에는 그 이익을 가산한 금액

참고 자본적 지출

> 자본적 지출이란 내용연수를 연장하거나 가치를 현실적으로 증가시키는 수선비를 말한다. 이러한 자본적 지출은 발생한 후의 월수를 고려하지 않고, 그 감가상각자산의 기초가액에 합산하여 그 감가상각자산의 내용연수를 그대로 적용하여 상각범위액을 계산한다.

2. 내용연수와 상각률

(1) 내용연수의 유형

법인세법은 시행규칙 별표에 고정자산의 성격에 따라 다음과 같이 내용연수표를 규정하고 있다.

구 분	대 상 자 산	내용연수(하한 ~ 상한)
시험연구용자산의 내용연수표〈별표 2〉	시험연구용 자산 (〈별표 5〉 또는 〈별표 6〉 적용 가능)	3년, 5년
무형고정자산의 내용연수표〈별표 3〉	무형고정자산(개발비·사용수익기부자산가액· 주파수이용권·공항시설관리권 및 항만시설관리 권은 제외)	5년, 10년, 20년, 50년
건축물 등의 기준내용연수 및 내용연수범위표 〈별표 5〉	차량운반구(운수업 등에 사용되는 것은 제외), 공구, 기구 및 비품	5년(4년~6년)
	선박 및 항공기(운수업 등에 사용되는 것은 제외)	12년(9년~15년)
	건물과 구축물(건축물의 부속설비를 별도로 구 분하여 회계처리한 경우에는 제외	㉠ 20년(15년~25년) ㉡ 40년(30년~50년)
업종별 자산의 기준내용연수 및 내용연수범위표 〈별표 6〉	〈별표 3〉 및 〈별표 5〉의 적용을 받는 자산을 제외한 모든 감가상각자산(개발비·사용수익기 부자산가액·주파수이용권·공항시설관리권 및 항만시설관리권은 제외)	㉠ 5년(4년~6년) ㉡ 8년(6년~10년) ㉢ 10년(8년~12년) ㉣ 12년(9년~15년) ㉤ 20년(15년~25년)

(2) 내용연수의 적용

1) 시험연구용자산과 무형고정자산

시험연구용자산과 무형고정자산의 내용연수는 내용연수의 범위가 없다. 따라서 별표에 규정된 내용연수에 따라 감가상각비를 계상하여야 한다.

2) 건축물 등과 업종별 자산

건축물 등 일반자산과 업종별 자산에 대하여는 업종별로 내용연수의 탄력적인 적용을 허용하기 위하여 다음과 같이 기준내용연수 이외에 내용연수의 범위를 별도로 규정하여 법인이 선택적으로 적용할 수 있도록 하고 있다.

① 기준내용연수

기준내용연수란 구조 또는 자산별·업종별로 분류하여 시행규칙 별표에 규정하고 있는 내용연수를 말한다.

② 신고내용연수

신고내용연수란 기준내용연수의 25%를 가감한 내용연수 범위 안에서 법인이 선택하여 신고한 내용연수를 말한다. 그러나 내용연수를 신고하지 아니한 경우에는 기준내용연수를 적용하며, 내용연수는 연(年) 단위로 신고하여야 한다. 내용연수의 신고기간은 다음과 같다.

- 신설법인과 새로이 수익사업을 개시한 비영리법인
  - 영업개시일이 속하는 사업연도의 법인세 과세표준 신고기한
- 기준내용연수가 다른 고정자산의 취득 및 새로운 업종의 사업을 개시한 법인
  - 취득일 또는 사업을 개시한 날이 속하는 사업연도의 법인세 과세표준 신고기한

3) 사업연도가 1년 미만인 경우의 내용연수

법인의 정관상 사업연도가 1년 미만이면 다음 계산식에 의하여 계산한 내용연수를 해당 법인의 내용연수로 한다. 이 경우 월수는 역에 따라 계산하되 1월 미만의 일수는 1월로 한다.

$$\text{적용 내용연수} = \text{내용연수·신고 또는 기준내용연수} \times \frac{12}{\text{사업연도의 월수}}$$

4) 내용연수 특례

기준내용연수에 기준내용연수의 50%를 가감한 범위 내에서 사업장별로 승인을 얻어 내용연수 범위와 다르게 내용연수를 적용하거나 적용하던 내용연수를 변경할 수 있는데, 이런 경우를 살펴보면 다음과 같다(법인세법 시행령 29).

① 사 유
- 사업장의 특성으로 자산의 부식·마모 및 훼손의 정도가 현저한 경우
- 영업개시 후 3년이 지나간 법인으로서 해당 사업연도의 생산설비의 가동률이 직전 3개 사업연도의 평균가동률보다 현저히 증가한 경우
- 새로운 생산기술 및 신제품의 개발 보급 등으로 기존 생산설비의 가속상각이 필요한 경우
- 경제적 여건의 변동으로 조업을 중단하거나 생산설비의 가동률이 감소한 경우

■ 국제회계기준을 최초로 적용하는 사업연도에 결산상 내용연수를 변경한 경우(결산 내용연수가 연장된 경우 내용연수를 연장하고 결산상 내용연수가 단축된 경우 내용연수를 단축하는 경우에만 해당하되 내용연수를 단축하는 경우에는 결산내용연수보다 짧은 내용연수로 변경할 수 없다)

■ 유형자산에 해당하는 감가상각자산에 대한 기준내용연수가 변경된 경우 다만, 내용연수를 단축하는 경우로서 결산내용연수가 변경된 기준내용연수의 25%를 가감한 범위 내에 포함되는 경우에는 결산내용연수보다 짧은 내용연수로 변경할 수 없다.

② 절 차

■ 신 청

영업을 개시한 날 또는 취득한 날로부터 3월 또는 그 변경할 내용연수를 적용하고자 하는 최초 사업연도의 종료일까지 납세지 관할 세무서장을 거쳐 납세지 관할 지방국세청장에게 내용연수승인(변경승인)신청서를 제출하여야 한다. 이 경우 내용연수는 승인·변경승인의 신청은 연(年) 단위로 신청하여야 한다.

■ 승 인

납세지 관할 세무서장은 신청서의 접수일이 속하는 사업연도 종료일로부터 1개월 이내에 관할 지방국세청장으로부터 통보받은 승인 여부에 관한 사항을 통지하여야 한다.

③ 재차 변경의 제한

내용연수를 변경하여 적용한 법인이 내용연수를 다시 변경하고자 할 때는 변경한 내용연수를 최초로 적용한 사업연도종료일부터 3년이 지나야 한다.

5) 중고자산 등의 내용연수

① 적용 사유

■ 기준내용연수의 50% 이상이 지난 중고자산을 다른 법인 또는 소득세법상 사업자인 개인으로부터 취득(합병·분할 때문에 자산을 승계한 경우를 포함함)한 경우

② 수정내용연수의 적용

중고자산 등에 대하여는 다음의 계산식에 의한 수정내용연수와 기준내용연수의 범위에서 선택하여 납세지 관할 세무서장에게 신고한 내용연수를 적용하여 감가상각할 수 있다. 이 경우 수정내용연수의 계산에 있어서 1년 미만은 없는 것으로 한다.

③ 절 차

수정내용연수는 다음의 기한 내에 내용연수 변경신고서를 제출한 때에만 적용한다.
- 중고자산을 취득한 경우 : 취득일이 속하는 사업연도의 법인세 과세표준 신고기한
- 기준내용연수의 50% 이상 지나간 자산(합병 또는 분할로 인한 취득 포함)의 경우 : 취득일이 속하는 사업연도의 법인세 과세표준 신고기간

3. 잔존가액

① 잔존가액

감가상각자산의 잔존가액은 원칙적으로 영(zero)으로 한다. 다만, 정률법에 따라 감가상각범위액을 계산하는 경우에는 취득가액의 5%에 상당하는 금액을 가상의 잔존가액으로 하되, 해당 자산에 대한 미상각잔액이 5% 이하가 되는 사업연도의 감가상각범위액에 그 금액을 가산한다.

② 비망계정

감가상각이 종료된 감가상각자산에 대하여는 취득가액의 5%와 1,000원 중 적은 금액을 해당 자산의 장부금액으로 한다.

감가상각의 방법

1. 감가상각방법

감가상각하는 개별자산별로 하나의 방법을 선택하여 신고한 감가상각방법을 적용하여 감가상각범위액을 계산한다.

【감가상각방법의 요약】

자산의 종류	감가상각방법		
	신고 때 선택방법	무신고 때	무신고 변경 때
건축물 · 무형고정자산	정액법	정 액 법	변경 전의 상각방법
유형고정자산	정률법 또는 정액법	정 률 법	
광업권	생산량비례법 또는 정액법	생산량비례법	
폐기물매립시설	생산량비례법 또는 정액법	생산량비례법	
광업용 유형고정자산	생산량비례법 · 정률법 · 정액법	생산량비례법	
개발비	20년 이내의 기간 내 균등상각	5년 균등상각	
사용수익기부자산	사용기간 동안 균등상각	사용기간동안	
주파수이용권	사용기간 동안 균등상각	사용기간동안	
공항시설이용권	사용기간 동안 균등상각	사용기간동안	

2. 감가상각방법의 신고

감가상각방법을 신고하고자 할 때는 다음에 규정된 날까지 감가상각방법신고서를 납세지관할세무서장에게 제출하여야 한다.

① 신설법인과 새로운 수익사업을 개시한 비영리법인

■ 영업개시일이 속하는 사업연도의 법인세 과세표준 신고기한

② 상각방법을 달리하는 고정자산을 새로 취득한 경우

■ 취득한 날이 속하는 사업연도의 법인세 과세표준 신고기한

3. 감가상각방법의 변경

(1) 변경의 사유

① 상각방법이 서로 다른 법인이 합병 또는 분할합병을 한 경우
② 상각방법이 서로 다른 사업자의 사업을 인수 또는 승계한 경우
③ 외국인투자촉진법에 의하여 외국인투자자가 내국법인의 주식을 20% 이상 인수 또는 보유하게 된 경우
④ 해외시장의 경기변동 또는 경제적 여건의 변동으로 인하여 종전의 상각방법을 변경할 필요가 있는 경우로서 **국세청장이 정하는 승인기준**에 해당하는 경우
⑤ 기획재정부령으로 정하는 회계정책의 변경에 따라 결산상각방법이 변경된 경우(변경된 결산상각방법과 같은 방법으로 변경하는 경우만 해당함)
여기서 회계정책의 변경 사유는 다음의 경우를 말한다.
㉠ 국제회계기준을 최초로 도입하여 결산상 감가상각방법을 변경한 경우
㉡ 모회사가 국제회계기준을 최초로 도입하여 감가상각방법을 변경하고 자회사가 회계정책을 일치시키기 위해 감가상각방법을 모회사와 같이 변경한 경우

(2) 변경의 절차

① 신 청

변경할 감가상각방법을 적용하고자 하는 최초사업연도 종료일까지 기획재정부령으로 정하는 감가상각변경신청서를 납세지관할세무서장에게 제출(국세정보통신망에 의한 제출을 포함)하여야 한다.

② 승 인

납세지관할세무서장은 감가상각변경신청서의 접수일이 속하는 사업연도 종료일부터 1개월 이내에 그 승인 여부를 결정하여 통지하여야 한다.

③ 무신고 변경한 경우

감가상각변경신고를 하지 아니하고 감가상각방법을 변경한 경우에는 변경하기 전의 상각방법을 적용한다.

(3) 변경 후 상각범위액의 계산

> 감가상각범위액 = 세법상 미상각잔액 × 변경된 방법에 따른 상각률

① 세법상 미상각잔액

= 취득가액 - 감가상각누계액 + 이월된 상각부인액의 누계

※ 세법상 미상각잔액 : 정액법으로 변경하는 때도 같이 적용

② 변경된 방법에 따른 상각률 : 기준 또는 신고내용연수에 따른 상각률

※ 기준 또는 신고내용연수 : 잔존내용연수가 아닌 당초에 신고한 내용연수를 말함.

참고 국세청장이 정하는 승인기준

1. 다음에 해당하는 경우로서 종래의 상각방법으로는 적정한 소득을 계산할 수 없다고 인정되는 경우
   가. 해외에서 구매하는 고정자산의 가액이 환율의 변동 및 국제가격 상승으로 현저히 증가한 때
   나. 신규시설을 대폭 증설하거나 사업규모를 현저하게 축소한 때
   다. 기존 제조 주 종목을 변경하여 새로운 종목에 대한 시설을 완료한 때
   라. "가" 내지 "다"와 유사한 여건변동으로 상각방법을 변경할 필요가 있다고 판단되는 때
2. 조세의 부담을 현저히 감소시킬 우려가 없다고 인정되는 경우
3. 영 제26조 제3항의 규정에 따라 상각방법을 신고하고 영 제27조 제1항의 규정에 따른 상각방법을 변경한 경우에는 그 변경한 사업연도가 지난 경우

참고 감가상각방법의 변경할 때 세무조정(법기통 23 - 26…8)

1 정액법 ➡ 정률법

구 분	내 용
회계처리	(차) 이익잉여금　　　×××　　　(대) 감가상각누계액　　　×××
세무조정	① 〈손금산입〉 이익잉여금 감소　　　　　　×××(△기타) ② 동 금액을 회사 계상 감가상각비로 보아 시부인 계산

2 정률법 ➡ 정액법

구 분	내 용
회계처리	(차) 감가상각누계액　　　×××　　　(대) 이익잉여금　　　×××
세무조정	① 〈익금산입〉 이익잉여금 증가　　　　　　×××(기타) ② 〈손금산입〉 감가상각누계액 과소계상　　　×××(△유보)

예제) 감가상각방법의 변경(정액법 → 정률법)

㈜경인은 제18기(2024.1.1.~2024.12.31.)부터 감가상각방법을 정액법에서 정률법으로 변경하였다. 다음의 자료를 이용하여 세무조정을 하라.

1. 취득가액 : 100,000,000원
2. 취득시점 : 2021년 1월 14일
3. 내용연수 : 5년(정액법 : 20%, 정률법 : 45.1%)
4. 잔존가액 : 0원
5. 기업의 회계처리

    (잔존내용연수 3년에 대한 정률법 상각률 63.2%를 적용하여 회계처리를 하였다고 가정함).

(차) 감가상각비	37,920,000	(대) 감가상각누계액	37,920,000

2022년 감가상각비 = (100,000,000원 − 40,000,000원) × 63.2% = 37,920,000원

㉠ 감가상각범위액 = 세법상 미상각잔액×변경된 방법에 따른 상각률
   = (100,000,000 − 40,000,000)×45.1%[주1] = 27,060,000원

   [주1] 당초 적용된 내용연수에 의한 상각률 45.1% 적용

㉡ 감가상각비 상각부인액 = 37,920,000 − 27,060,000 = 10,860,000

   〈손금불산입〉 상각부인액 10,860,000(유보)

예제) 감가상각방법의 변경(정률법 → 정액법)

㈜경인은 제10기(2024.1.1.~2024.12.31.)부터 감가상각방법을 정률법에서 정액법으로 변경하였다. 다음의 자료를 이용하여 세무조정을 하라.

1. 취득가액 : 100,000,000원

2. 취득시점 : 2021년 1월 14일

3. 내용연수 : 5년(정액법 : 20%, 정률법 : 45.1%)

4. 잔존가액 : 0원

5. 기업의 회계처리

    (잔존내용연수 3년에 대한 정액법 상각률 33.3%를 적용하여 회계처리를 하였다고 가정함).

(차) 감가상각비	10,036,653	(대) 감가상각누계액	10,036,653

2022년 감가상각비 = (100,000,000원 - 69,859,900원) × 33.3% = 10,036,653원

㉠ 감가상각범위액 = 세법상 미상각잔액×변경된 방법에 따른 상각률

= (100,000,000 - 69,859,900)×20.0%[주1] = 6,028,020원

[주1] 당초 적용된 내용연수에 의한 상각률 20.0% 적용

㉡ 감가상각비 상각부인액 = 10,036,653 - 6,028,020 = 4,008,633

〈손금불산입〉 상각부인액 4,008,633(유보)

1. 감가상각의 시부인

(1) 시부인의 원칙

감가상각비에 대한 시부인은 개별감가상각자산별로 행한다. 따라서 개별감가상각자산별로 발생하는 상각부인액과 시인부족액은 통산하지 아니한다.

(2) 상각범위액의 계산

1) 보유자산의 상각범위액

① 정률법의 경우

$$감가상각범위액 \;=\; 세법상 \; 미상각잔액 \;\times\; 상각률$$

※ 세법상 미상각잔액
   = 취득가액 − 상각누계액 + 즉시상각의제액 + 상각부인액 − 감가상각의제액
※ 취득가액 − 상각누계액 = 기말 취득가액 − 기말 감가상각누계액 + 당기 상각비

② 정액법의 경우

$$감가상각범위액 \;=\; 세법상 \; 취득가액 \;\times\; 상각률$$

※ 세법상 취득가액 = 취득가액 + 즉시상각의제 누계액
※ 즉시상각의제 누계액 = 당기분 즉시상각의제 + 당기 이전분 즉시상각의제

③ 생산량비례법의 경우

$$감가상각범위액 \;=\; 세법상 \; 취득가액 \;\times\; \dfrac{채굴량}{총채굴예정량}$$

2) 사업연도의 의제에 따라 사업연도가 1년 미만일 때 : 월할 계산

$$위 「가」의 감가상각범위액 \;\times\; \dfrac{취득 \; 후 \; 월수}{12} \quad (월 \; 미만 \; 1월로 \; 계산)$$

3) 사업연도 중 신규로 취득한 자산 : 월할 계산

$$\text{위 「가」의 감가상각범위액} \times \frac{\text{사업연도 월수}}{12} \ \text{(월 미만 1월로 계산)}$$

단, 자본적 지출에 해당하는 금액에 대해서는 월할 계산을 고려하지 않고 기초가액에 합산하여 1년분에 해당하는 것을 상각한다.

4) 사업연도 중 양도한 자산

감가상각비에 대한 시부인의 결과가 소득금액에 영향을 미치지 아니하므로 양도한 자산에 대하여 감가상각시부인을 하지 아니한다.

(3) 기업계상액

$$\text{손익계산서} + \text{제조원가명세서} + \text{전기오류수정손실} + \text{당기 즉시상각의제}$$

> **참고** 전기오류수정손실
>
> 잉여금처분계산서에 전기오류수정손실로 계상한 금액으로서 먼저 손금에 산입하고 기타로 처분한 후 이를 감가상각비로 보아 시부인 대상에 포함하는 것임.

(4) 감가상각비 시부인

① 시인부족액이 발생한 경우

감가상각 시부인 한 결과, 시인부족액이 발생한 경우에는 이월된 상각부인누계액을 한도로 시인부족액을 손금산입한 후 그 잔액은 소멸시킨다.

② 상각부인액이 발생한 경우

감가상각 시부인 한 결과, 상각부인액이 발생한 경우에는 이를 손금불산입하여 유보로 처분한다. 손금불산입된 상각부인액은 다음과 같은 사유가 발생한 때에 손금에 산입하여야 하므로 사후관리를 철저하게 해야 한다.

- 감가상각 시인부족액이 발생하는 경우
- 자산을 양도하거나 재해 등으로 자산이 없어진 경우
- 자산을 평가증 하는 경우

■ 수정회계처리를 하는 경우

예제

㈜경인은 제17기에 기계장치를 취득하였으며, 동 기계장치에 대한 자료는 다음과 같다.

1. 기계장치 A와 관련된 사항

> ① 취득가액 : 50,000,000원
> ② 제17기말 장부상 감가상각누계액 : 10,000,000원
> ③ 제17기말 시인부족액 : 2,000,000원
> ④ 제18기 5월 말 자본적 지출액 5,000,000원을 손익계산서상 비용으로 계상
> ⑤ 제18기 손익계산서상 감가상각비 : 7,000,000원

2. 기계장치에 대한 상각률(신고내용연수 : 5년)

상각방법 \\ 내용연수	5년	10년
정 액 법	0.200	0.100
정 률 법	0.451	0.259

3. ㈜경인의 사업연도는 6개월이다.

㈜경인의 제18기 사업연도(2024.1.1.~2023.6.30.)에 대해 정액법과 정률법에 따른 세무조정을 각각 하라.

1. 정액법
   ① 감가상각비 : 12,000,000원(=5,000,000원+7,000,000원)
   ② 상각범위액 : (50,000,000원+5,000,000원)×0.100=5,500,000원
   ③ 한도초과액 : 6,500,000원
   〈손금불산입〉 상각부인액　　6,500,000(유보)

2. 정률법
   ① 감가상각비 : 12,000,000원(=5,000,000원+7,000,000원)
   ② 상각범위액 : (50,000,000원-10,000,000원+5,000,000원)×0.259=11,655,000원
   ③ 한도초과액 : 345,000원
   〈손금불산입〉 상각부인액 345,000(유보)

2. 양도자산의 시부인

① 양도자산의 상각부인액

감가상각자산을 양도한 경우 해당 자산의 상각부인액은 양도일이 속하는 사업연도에 손금산입하여 △유보로 처분한다.

> **참고** 손금산입(△유보)하는 근거
>
> 기업회계에서 고정자산처분이익이 과대 계상되거나 고정자산처분손실이 과소 계상되어 이를 손금산입하지 아니할 때는 이중과세의 문제가 발생하기 때문이다.

② 자산 일부를 양도한 경우의 상각부인액

감가상각자산 일부를 양도한 경우 해당 양도자산에 대한 상각부인액은 해당 감가상각자산 전체의 상각부인액에 양도 부분의 가액이 해당 감가상각자산의 전체가액에서 차지하는 비율을 곱하여 계산한 금액으로 한다. 이 경우 그 가액은 취득 당시의 장부금액에 의한다.

③ 적격합병·분할·자산의 포괄적 양도를 통해 취득한 자산의 상각범위액 산정 특례

다음의 두 가지 방법 중 선택하여 계산한다.
- ㉠ 피합병법인 등의 상각범위액을 승계하는 방법 : 피합병법인 등의 신고상각방법 및 신고내용연수, 취득가액, 미상각잔액 등을 사용하여 상각범위액 계산
- ㉡ 취득 이후 합병법인 등이 계속 보유한 것으로 간주하고 합병법인 등의 상각범위액을 적용하는 방법 : 피합병법인의 취득가액 및 미상각잔액에 합병법인 등의 신고상각방법 및 신고내용연수를 적용하여 상각범위액 계산

3. 법률에 따른 평가증의 경우

법인이 감가상각자산의 장부금액을 증액하는 평가증을 한 경우 해당 감가상각자산의 상각부인액은 평가증의 한도까지 익금에 산입된 것으로 보아 손금으로 추인하고, 평가증의 한도를 초과하는 금액은 그 후의 사업연도에 이월할 상각부인액으로 한다. 다만, 시인부족액은 소멸하는 것으로 한다. 이 경우 법인이 감가상각자산에 대하여 감가상각과 평가증을 병행한 경우에는 먼저 감가상각을 한 후 평가증을 한 것으로 보아 감가상각범위액을 계산한다.

※ 평가증 범위 내 : 평가이익의 과대계상
※ 평가증 초과분 : 초과분을 손금산입하는 경우 평가손실이 발생하게 되므로 소멸함

4. 감가상각비조정명세서 작성사례

예제)

다음은 제품제조업을 영위하는 ㈜경인의 제18기 사업연도(2024.01.01.~2024.12.31.) 자료이다. 자료를 이용하여 유형고정감가상각비조정명세서(정률법, 정액법), 감가상각비신고조정명세서 및 감가상각비조정명세서합계표를 작성하고, 감가상각비에 대한 시부인계산을 하라.

〈사례 1〉 정률법을 적용하는 유형자산의 종류

구 분		자산별 세부 내역		
종류 또는 업종명		제품제조	차량운반구	비 품
구조(용도) 또는 자산명		기계장치〈주1〉	승용차	컴퓨터
취득(사용)일		2020.08.06.	2022.10.20.	2024.07.12.
내용연수(신고) 및 상각률		8년(0.313)	5년(0.451)	4년(0.528)
당기 재무상태표	기말현재액	680,000,000	42,000,000	18,500,000
	감가상각누계액	328,420,000	30,640,000	9,000,000
장부상 당기 감가상각비		156,000,000	8,600,000	9,000,000
전기말 상각부인누계액		0	3,200,000	0
당기 중 자본적지출액		12,800,000	0	0

〈주1〉 기계장치에 대해 당기 중 자본적지출 12,800,000원이 발생하였으나 전부 수익적지출인 수선비(비용)로 처리하였다.

〈사례 2〉 정액법을 적용하는 유형자산의 종류

구 분		자산별 세부 내역		
종류 또는 업종명		건물(A)	건물(B)	건물(C)〈주2〉
구조(용도) 또는 자산명		철근콘크리트	철근콘크리트	연화조
취득(사용)일		2020.08.06.	2024.07.25.	2024.12.22.
내용연수(신고) 및 상각률		40년(0.025)	40년(0.025)	20년(0.05)
당기 재무상태표	기말현재액	600,000,000	400,000,000	200,000,000
	감가상각누계액	60,500,000	4,000,000	0
장부상 당기 감가상각비		12,000,000	4,000,000	0
전기말 상각부인누계액		2,000,000	0	0
당기 중 자본적지출액		0	0	8,000,000

〈주2〉 건물(C)을 취득하는 과정에서 자본적지출에 해당하는 금액 8,000,000원이 발생하였으나, 당기

비용으로 처리하였다.

〈사례 1〉

1. 기계장치

① 감가상각비 : 156,000,000 + 12,800,000 = 168,800,000

② 상각범위액 : (680,000,000 − (328,420,000 − 156,000,000 + 12,800,000) × 0.313 = 162,878,940

③ 한도초과액 : 5,921,060 〈손금불산입〉상각부인액 5,921,060 (유보)

2. 차량운반구

① 감가상각비 : 8,600,000

② 상각범위액 : (42,000,000 − (30,640,000 − 8,600,000) + 3,200,000) × 0.451 = 10,445,160

③ 시인부족액 : △1,845,160 〈손금산입〉전기말 상각부인액 1,845,160 (△유보)

3. 비품

① 감가상각비 : 9,000,000

② 상각범위액 : (18,500,000 − (9,000,000 − 9,000,000)) × 0.528 × $\frac{6}{12}$ = 4,884,000

③ 한도초과액 : 4,116,000 〈손금불산입〉상각부인액 4,116,000 (유보)

〈사례 2〉

1. 건물 (A)

① 감가상각비 : 12,000,000

② 상각범위액 : 600,000,000 × 0.025 = 15,000,000

③ 시인부족액 : △3,000,000 〈손금산입〉상각부인액 2,000,000 (△유보)

2. 건물 (B)

① 감가상각비 : 4,000,000

② 상각범위액 : 400,000,000 × 0.025 × $\frac{6}{12}$ = 5,000,000

③ 시인부족액 : △1,000,000 세무조정 없음

3. 건물 (C)

① 감가상각비 : 8,000,000

② 상각범위액 : (200,000,000 + 8,000,000) × 0.05 × $\frac{1}{12}$ = 866,667

③ 한도초과액 : 7,133,333 〈손금불산입〉상각부인액 7,133,333 (유보)

사업 연도	2024.01.01 ~ 2024.12.31	유형고정자산감가상각비 조정명세서(정률법)		법 인 명	㈜경인
				사업자등록번호	

자 구	산 분	①종 류 또 는 업 종 명	총계	제품제조업	차량운반구	비품
		②구 조(용 도) 또 는 자 산 명		기계장치	승용차	컴퓨터
		③취 득 일		2020.08.06	2022.10.20	2024.07.12
④내		용 연 수(기준·신고)		8	5	4
상 계 산 기 가	각 의 초 액	재무상태표 자산가액 ⑤기 말 현 재 액	740,500,000	680,000,000	42,000,000	18,500,000
		⑥감 가 상 각 누 계 액	368,060,000	328,420,000	30,640,000	9,000,000
		⑦미 상 각 잔 액(⑤-⑥)	372,440,000	351,580,000	11,360,000	9,500,000
		⑧회 사 계 산 감 가 상 각 비	173,600,000	156,000,000	8,600,000	9,000,000
		⑨자 본 적 지 출 액	12,800,000	12,800,000	0	0
		⑩전 기 말 의 제 상 각 누 계 액	0	0	0	0
		⑪전 기 말 부 인 누 계	3,200,000	0	3,200,000	0
		⑫가 감 계(⑦+⑧+⑨-⑩+⑪)	562,040,000	520,380,000	23,160,000	18,500,000
⑬일		반 상 각 률·특 별 상 각 률		0.313	0.451	0.528×6/12
상 범 계	각 위 산	당기산출 상각액 ⑭일 반 상 각 액	178,208,100	162,878,940	10,445,160	4,884,000
		⑮특 별 상 각 액	0	0	0	0
		⑯ 계 (⑭+⑮)	178,208,100	162,878,940	10,445,160	4,884,000
		취득가액 ⑰전 기 말 현 재 취 득 가 액	740,500,000	680,000,000	42,000,000	18,500,000
		⑱당 기 회 사 계 산 증 가 액	0	0	0	0
		⑲당 기 자 본 적 지 출 액	12,800,000	12,800,000	0	0
		⑳ 계 (⑰+⑱+⑲)	753,300,000	692,800,000	42,000,000	18,500,000
		㉑잔 존 가 액(⑳×5/100)	37,665,000	34,640,000	2,100,000	925,000
		㉒당 기 상 각 시 인 범 위 액 {⑯, 단 (⑫-⑯)≤㉑인 경우 ⑫}	178,208,100	162,878,940	10,445,160	4,884,000
㉓회	사	계 상 상 각 액(⑧+⑨)	186,400,000	168,800,000	8,600,000	9,000,000
㉔차		감 액(㉓-㉒)	8,191,900	5,921,060	△1,845,160	4,116,000
㉕최 저 한 세 적 용 에 따 른 특 별 상 각 부 인 액						
조 정 액		㉖상 각 부 인 액(㉔+㉕)	10,037,060	5,921,060	0	4,116,000
		㉗기 왕 부 인 액 중 당 기 손 금 추 인 액 (⑪, 단 ⑪≤丨△㉔丨)	1,845,160		1,845,160	
㉘당 기 말 부 인 액 누 계(⑪+㉖-丨㉗丨)			8,191,900	5,921,060	1,354,840	4,116,000
당기말의 제상각액		㉙당 기 의 제 상 각 액(丨△㉔丨-丨㉗丨)				
		㉚의 제 상 각 누 계(⑩+㉙)				
신고조정감가 상각비계산 (2013.12.31 이전 취득분)		㉛기 준 상 각 률				
		㉜종 전 상 각 비				
		㉝종전감가상각비 한도[㉜-{㉓-(㉘-⑪)}]				
		㉞추 가 손 금 산 입 대 상 액				
		㉟동종자산 한도계산 후 추가손금산입액				
신고조정감가 상각비계산 (2014.1.1 이후 취득분)		㊱기획재정부령으로 정하는 기준내용연수				
		㊲기 준 감 가 상 각 비 한 도				
		㊳추 가 손 금 산 입 액				
㊴추 가 손 금 산 입 후 당 기 말 부 인 액 누 계 (㉘-㉟-㊳)			8,191,900	5,921,060	1,354,840	4,116,000

사 업 연 도	2024.01.01 ~ 2024.12.31	유형 · 무형고정자산감가상각비 조정명세서(정액법)		법 인 명	㈜경인
				사업자등록번호	

자 산 구 분			①종 류 또 는 업 종 명	총계	건물(A)	건물(B)	건물(C)
			②구 조(용 도) 또 는 자 산 명		철근콘크리트	철근콘크리트	연화조
			③취 득 일		2020.08.06	2024.07.25	2024.12.22
④내 용 연 수(기준·신고)					40	40	20
상 각 계 산 의 기 초 가 액	재무상태표 자산가액		⑤기 말 현 재 액	1,200,000,000	600,000,000	400,000,000	200,000,000
			⑥감 가 상 각 누 계 액	64,500,000	60,500,000	4,000,000	0
			⑦미 상 각 잔 액(⑤-⑥)	1,135,500,000	539,500,000	396,000,000	200,000,000
	회 사 계 산 상 각 비		⑧전 기 말 누 계	48,500,000	48,500,000	0	0
			⑨당 기 상 각 비	16,000,000	12,000,000	4,000,000	0
			⑩당 기 말 누 계(⑧+⑨)	64,500,000	60,500,000	4,000,000	0
	자 본 적 지 출 액		⑪전 기 말 부 인 누 계	0	0	0	0
			⑫당 기 지 출 액	8,000,000	0		8,000,000
			⑬합 계(⑪+⑫)	8,000,000	0		8,000,000
⑭취 득 가 액(⑦+⑩+⑬)				1,208,000,000	600,000,000	400,000,000	208,000,000
⑮일 반 상 각 률·특 별 상 각 률					0.025	0.025×6/12	0.05×1/12
상 각 범 위 액 계 산	당 기 산 출 상 각 액		⑯일 반 상 각 액	20,866,667	15,000,000	5,000,000	866,667
			⑰특 별 상 각 액				
			⑱계 (⑯+⑰)	20,866,667	15,000,000	5,000,000	866,667
	⑲ 당 기 상 각 시 인 범 위 액 {⑱, 단 ⑱≤⑭-⑧-⑪+⑤-전기⑱}			20,866,667	15,000,000	5,000,000	866,667
⑳회 사 계 상 상 각 액(⑨+⑫)				24,000,000	12,000,000	4,000,000	8,000,000
㉑차 감 액(⑳-⑲)				3,133,333	△3,000,000	△1,000,000	7,133,333
㉒최 저 한 세 적 용 에 따 른 특 별 상 각 부 인 액							
조 정 액	㉓상 각 부 인 액(㉑+㉒)			7,133,333	0	0	7,133,333
	㉔기왕부인액중 당기 손금 추인액 (㉕, 단 ㉕≤ |△㉑|)			2,000,000	2,000,000		
부인액누계	㉕전 기 말 부 인 액 누 계 (전 기 ㉖)			2,000,000	2,000,000	0	0
	㉖당 기 말 부 인 액 누 계(㉕+㉓-|㉔|)			7,133,333	0	0	7,133,333
당 기 말 의 제 상 각 액	㉗당 기 의 제 상 각 액(|△㉑|-|㉔|)						
	㉘의 제 상 각 의 누 계 (전 기 ㉘+ ㉗)						
신고조정감가 상각비계산 (2013.12.31 이전 취득분)	㉙기 준 상 각 률						
	㉚종 전 상 각 비						
	㉛종전감가상각비 한도[㉚-{⑳-(㉖-㉕)}]						
	㉜추 가 손 금 산 입 대 상 액						
	㉝동종자산 한도계산 후 추가손금산입액						
신고조정감가 상각비계산 (2014.1.1 이후 취득분)	㉞기획재정부령으로 정하는 기준내용연수						
	㉟기 준 감 가 상 각 비 한 도						
	㊱추 가 손 금 산 입 액						
㊲추가 손금산입 후 당기말부인액 누계(㉖-㉝-㊱)				7,133,333	0	0	7,133,333

사 업 연 도	2024.01.01 ~ 2024.12.31	감가상각비신고조정명세서		법 인 명	㈜경인
				사업자등록번호	

1. 동종자산 내역

①업 종	제품제조	②자산종류	기계장치 차량운반구 비품 건물	③자산개수	정률법	3
					정액법	1

2. 기준상각률의 계산

구 분	기준연도(2024)		전년도( )		전전년도( )		평균	
	정률법	정액법	정률법	정액법	정률법	정액법	정률법	정액법
④감 가 상 각 비 손 금 산 입 액 합 계	178,208,100	18,866,667						
⑤취 득 가 액 또 는 미 상 각 잔 액 합 계	562,040,000	1,208,000,000						
⑥기 준 상 각 률 (④÷⑤)	31.7%	1.6%						

3. 동종자산 신고조정 한도

⑦취 득 가 액 또 는 미 상 각 잔 액 합 계	
⑧종 전 상 각 비 합 계 (⑦×⑥(평균값))	
⑨「법인세법」제23조제1항에 따라 손금산입한 감가상각비 합계	
⑩신고조정 한도 합계(⑧ - ⑨)	
⑪추 가 손 금 산 입 대 상 액 합 계	
⑫동종자산 신고조정 손금산입액계 (Min(⑩,⑪))	

사업연도	2024.01.01 ~ 2024.12.31	감가상각비조정명세서합계표			법인명	㈜경인
					사업자등록번호	

①자산구분		코드	②합계액	유형고정자산			⑥무형고정자산
				③건축물	④기계장치	⑤기타자산	
재무상태표상가액	⑩기말현재액	01	1,940,500,000	1,200,000,000	680,000,000	60,500,000	
	⑩감가상각누계액	02	432,560,000	64,500,000	328,420,000	39,640,000	
	⑩미상각잔액	03	1,507,940,000	1,135,500,000	351,580,000	20,860,000	
⑭상각범위액		04	197,074,767	18,866,667	162,878,940	15,329,160	
⑮회사손금계상액		05	210,400,000	24,000,000	168,800,000	17,600,000	
조정금액	⑯상각부인액 (⑮－⑭)	06	13,325,233	5,133,333	5,921,060	2,270,840	
	⑰시인부족액 (⑭－⑮)	07					
	⑱기왕부인액 중 당기손금추인액	08	3,845,160	2,000,000	0	1,845,160	
⑲신고조정손금계상액		09					

작성방법

1. ⑮회사손금계상액란 : 「법인세법」 제23조제1항에 따라 결산서상 손금으로 계상한 금액을 적습니다.
2. ⑱기왕부인액 중 당기손금추인액란 : 당기에 시인부족액이 발생한 경우 당기 이전까지 한도초과로 부인했던 금액과 당기 시인부족액 중 작은 금액[별지 제20호서식(1) 유형고정자산감가상각비명세서의 ㉗금액, 별지 제20호서식(2) 유·무형고정 자산감가상각비명세서의 ㉔금액의 합]을 적습니다.
3. ⑲신고조정손금계상액란 : 「법인세법」 제23조제2항에 따라 추가로 손금산입한 금액 {"유형고정자산감가상각비조정명세서 [별지20호서식(1),(2)]"의 추가손금산입액 합계[(1)의 ㉟, ㊳,(2)의 ㉝, ㊱]} 를 적습니다.

1. 즉시상각의 의의

고정자산의 취득가액이나 자본적지출에 해당하는 금액을 손금으로 계상한 경우, 계산상 편의에 따라 손금으로 계상한 금액을 감가상각비로 보아 감가상각 시부인을 하도록 규정하고 있는 한편, 소액의 고정자산 또는 폐기자산을 손금으로 계상한 경우에는 정책적인 면에서 감가상각 시부인을 하지 아니하고 전액 손금으로 인정하고 있는데, 이러한 내용을 법인세법에서는 즉시상각 의제로 일괄하여 규정하고 있다.

2. 자본적지출을 손금으로 계상한 경우의 즉시상각 의제

자본적지출을 수익적지출로 계상하거나 고정자산의 취득가액을 비용으로 계상하는 등의 경우에는 수익적지출 또는 비용으로 계상한 금액을 감가상각비의 계상액으로 보아 해당 감가상각자산에 대한 시부인을 하여야 하는바, 이를 자본적지출의 즉시상각의제라 하는 것이며, 그 유형은 다음과 같다.

(1) 자본적지출을 수익적지출로 계상한 경우

자본적지출에 해당하는 금액을 자산으로 계상하지 아니하고 비용으로 계상한 경우

① 자본적지출의 범위

자본적지출이란 고정자산의 내용연수를 연장하거나 그 가치를 실질적으로 증가시키는 다음의 수선비 등을 말한다.
- 본래의 용도를 변경하기 위한 개조
- 승강기 또는 냉난방기의 설치
- 빌딩 등에 있어서 피난시설 등의 설치
- 재해 등으로 인하여 멸실 또는 훼손되어 본래의 용도에 이용할 가치가 없는 건축물 등의 복구
- 기타 개량·확장·증설 등 유사한 성질의 것

② 수익적지출의 범위

수익적지출이란 고정자산의 원상을 회복하거나 능률의 유지를 위한 다음의 수선비 등을 말한다.
- 건물 또는 벽의 도장
- 파손된 유리나 기와의 대체
- 기계의 소모된 부속품 또는 벨트의 대체
- 자동차 타이어의 대체
- 재해를 입은 자산에 대한 외장의 복구·도장 및 유리의 삽입
- 기타 조업가능상태의 유지 등 유사한 것

(2) 건설자금이자를 비용으로 계상한 경우

해당 사업연도 종료일 현재 건설이 완료된 감가상각자산에 대한 건설자금이자 등을 자산으로 계상하지 아니하고 이자비용으로 계상한 경우

(3) 소액자산을 소모품비 등으로 계상한 경우

업무 성질상 대량으로 보유하거나 사업의 개시 또는 확장을 위하여 취득한 소액자산을 비품 등으로 계상하지 아니하고 소모품비 등의 비용으로 계상한 경우

(4) 부대비용을 세금과공과로 계상한 경우

감가상각자산에 대한 취득세 및 비영업용소형승용차에 대한 부가가치세 매입세액으로서 공제받지 못한 금액 등을 자산으로 계상하지 아니하고 세금과공과 등의 비용으로 계상한 경우

3. 즉시 손금산입의 특례

법인이 소액자산 등에 대하여 결산서상 비용으로 계상한 때에만 절차의 간소화 등 정책적인 측면에서 이에 대한 감가상각 시부인을 하지 아니하고 이를 전액 손금으로 인정하는 특례제도를 말한다.

(1) 소액자산의 경우

취득가액이 거래단위별로 100만원 이하인 감가상각자산에 대하여는 이를 그 사업에 사용한 날이 속하는 사업연도의 손금으로 계상한 것만 이를 손금에 산입한다. 다만, 다음에 해당하는 소액자산은 이를 반드시 자본적지출로 처리하여야 하며, 이를 비용으로 계상한 경우에는 그 금액을 감가상각비로 보아 감가상각 시부인을 하여야 한다.

- 고유 업무의 성질상 대량으로 보유하는 자산
- 사업의 개시 또는 확장을 위하여 취득한 자산

(2) 소액 수선비 등의 경우

법인이 각 사업연도에 지출한 수선비가 다음에 해당하는 경우로서 그 수선비를 해당 사업연도의 손금으로 계상한 경우에는 이를 자본적지출에 포함되지 아니하는 것으로 보아 전액 손금으로 인정한다. 이 경우 수선비로 지출한 금액은 자본적 지출액과 수익적 지출액을 합산한 금액을 기준으로 한다.

- 개별자산별로 수선비로 지출한 금액이 600만원 미만인 경우
- 개별자산별로 수선비로 지출한 금액이 직전 사업연도 종료일 현재 재무상태표 상 미상각잔액의 5%에 미달하는 경우
- 3년 미만의 기간마다 주기적인 수선을 위하여 지출하는 경우

(3) 생산설비의 폐기손실

시설의 개체 또는 기술의 낙후로 인하여 생산설비 일부를 폐기한 경우에는 해당 자산의 장부금액에서 1천원을 공제한 금액을 폐기일이 속하는 사업연도의 손금에 산입할 수 있다.

(4) 시설물의 철거손실

사업의 폐지 또는 사업장의 이전으로 임대차계약에 따라 임차사업장의 원상회복을 위하여 시설물을 철거하는 경우 발생한 손실을 손금에 산입할 수 있다.

(5) 기 타

다음의 자산은 사업에 사용한 날이 속하는 사업연도에 손금으로 계상하면 감가상각 시부인을 하지 아니하고 전액 손금에 산입한다.

- 어업에 사용되는 어구 및 어선용구
- 영화 필름, 공구, 가구, 전기 기구, 가스 기기, 가정용 기구·비품, 시험기기, 시계, 측정기기 및 간판
- 대여사업용 비디오테이프 및 음악용 콤팩트디스크로서 개별자산의 취득가액이 30만 원 미만인 것
- 전화기(휴대용 전화기를 포함함) 및 개인용 컴퓨터(그 주변기기를 포함함)

4. 손상차손의 특례

감가상각자산이 진부화, 물리적 손상 등에 따라 시장가치가 급격히 하락하는 법인이 손상차손을 계상한 경우에는 해당 금액을 감가상각비로서 손금으로 계상한 것으로 보아 시부인계산을 한다.

제8절 감가상각 의제

1. 적용대상

각 사업연도의 소득에 대하여 법인세가 면제되거나 감면되는 사업을 영위하는 법인으로서 법인세를 면제받거나 감면받았으면 감가상각 의제를 적용한다.

2. 적용의 형태(강제상각)

각 사업연도의 소득에 대하여 법인세가 면제되거나 감면되는 사업을 영위하는 법인으로서 법인세를 면제받거나 감면받았으면 손금산입하는 개별자산에 대한 감가상각비가 상각범위액 이상이 되도록 감가상각비를 손금으로 계상하거나 손금에 산입하여야 한다. 이는 임의상각에 대한 예외 규정으로서 법인이 감면받는 사업연도에 감가상각하지 아니하고 감면받은 후의 사업연도에 감가상각함으로써 법인세부담을 부당하게 감소시키는 행위를 제한하기 위하여 규정한 제도이다.

3. 감가상각의제액이 감가상각 및 자산의 양도차손익에 미치는 영향

감가상각의제액은 그 후 사업연도에 감가상각하거나 해당 자산을 양도하는 때에 있어서 소득금액의 계산에 영향을 미치는바, 이를 나누어 설명하면 다음과 같다.

(1) 감가상각에 미치는 영향 : 감가상각의 기초가액에 미치는 영향

일반법인의 경우에는 감가상각비를 손비로 계상하지 아니하거나 과소 계상하여 시인부족액이 생긴 경우에도 이를 그 후 사업연도의 상각부인액에 충당하지 못하며 감가상각의 기초가액 계산에서도 이를 차감하지 아니한다. 다만, 감가상각의 의제규정이 적용되는 법인이 해당 자산에 대한 감가상각비를 손비로 계상하지 아니하거나 과소 계상한 경우에는 그 후 사업연도의 감가상각범위액 계산의 기초가 될 자산의 가액에서 손비로 계상하지 아니하였거나 과소 계상하다 금액 상당액을 공제한 잔액을 기초가액으로 하여 상각범위액을 계산하도록 규정함으로써 그 후 사업연도의 감가상각에 영향을 주는데, 이를 정률법과 정액법으로 구분하여 설명하면 다음과 같다.

① 정률법의 경우

법인이 감가상각방법을 정률법에 따를 때는 미상각잔액을 감가상각의 기초가액으로 하는데, 감가상각의제액만큼 감가상각의 기초가액이 감소하여 감가상각범위액이 감소하므로 감가상각의제액이 발생한 다음 사업연도부터 감가상각에 영향을 미치게 되는 것이다.

② 정액법의 경우

법인이 감가상각방법을 정액법에 따를 때에는 취득가액을 감가상각의 기초가액으로 하도록 함으로써 감가상각의제액을 감가상각의 기초가액에서 차감하지 아니하기 때문에 감가상각의제액이 발생한 다음 사업연도부터 감가상각에 영향을 미치지 아니하고, 해당 자산에 대한 내용연수의 최종단계에서 감가상각의제액만큼 감가상각범위액이 감소하게 되는 것이다.

(2) 양도차손익에 미치는 영향

감가상각의제액은 각 사업연도의 소득금액을 계산하면서 감가상각범위액의 계산에만 영향을 미치게 된다. 따라서 감가상각의 의제에 해당하는 자산을 처분하는 사업연도의 각 사업연도 소득금액을 계산함에서는 감가상각의제액을 처분한 자산의 처분가액이나 취득가액에서 차감하지 아니하므로 감가상각의 의제로 인하여 손금불산입된 감가상각부인액이 전액 손금에 산입되어 감가상각 의제의 취지가 소멸하는 것이다.

예제) 감가상각의제(Ⅰ)

〈사례 1〉 ㈜경인은 법인세가 감면되는 사업을 영위하는 법인이다. 다음 자료에 의하여 제18기(2024. 01.01.~2024.12.31.)의 감가상각 시부인계산을 하라.

1. 기계장치의 취득가액 : 700,000,000원
2. 취득일 : 2023년 1월 23일
3. 신고내용연수(상각률) : 5년(0.451)
4. 감가상각방법 : 정률법
5. ㈜경인은 제17기와 제18기에 각각 125,000,000원 및 200,000,000원의 감가상각비를 계상하였다.

〈사례 2〉 ㈜경인은 제19기 초에 위 〈사례 1〉의 기계장치를 처분하면서 다음과 같이 회계처리를 하였다. 기계장치의 처분과 관련된 세무조정을 하라.

(차) 현 금	500,000,000	(대) 기 계 장 치	700,000,000
감가상각누계액	325,000,000	유형자산처분이익	125,000,000

해답

〈사례 1〉

17기 세무조정		18기 세무조정	
(B)	125,000,000	(B)	200,000,000
(T)	700,000,000×0.451=315,700,000	(T)	(700,000,000 – 125,000,000 – 190,700,000)×0.451=173,319,300
(T/A)	없음 감가상각의제액 : △190,700,000원	(T/A)	26,680,700 〈손금불산입〉 상각부인액 26,680,700유보

〈사례 2〉

세법상 장부금액은 401,680,700원(=700,000,000원 – 325,000,000 + 26,680,700원)으로서 기업회계상 장부금액 375,000,000원(=700,000,000원 – 325,000,000원)보다 26,680,700원이 더 크다. 결국, 기업회계상 유형자산처분이익이 동 금액만큼 과다 계상되었으므로 다음과 같은 세무조정이 필요하다.
〈손금산입〉 전기 상각부인액 손금추인   26,680,700(△유보)

예제) 감가상각의제(Ⅱ)

〈사례 1〉 ㈜경인은 법인세가 감면되는 사업을 영위하는 법인이다. 다음 자료에 의하여 제18기
(2024.01.01.~2024.12.31.)의 감가상각 시부인계산을 하라.

1. 기계장치의 취득가액 : 600,000,000원
2. 취득일 : 제16기(2022년 1월 23일)
3. 감가상각방법 : 정액법
4. 신고내용연수(상각률) : 2년(0.500)
5. ㈜경인은 자산의 취득연도인 제16기에는 감가상각비를 계상하지 않았으며, 제17기와 제18기에는
각각 300,000,000원의 감가상각비를 계상하였다.

〈사례 2〉 ㈜경인은 제19기 초 위 〈사례 1〉의 기계장치를 처분하면서 다음과 같이 회계처리를 하였다. 기
계장치의 처분과 관련된 세무조정을 하라.

(차) 현　　　　금	300,000,000	(대) 기 계 장 치	600,000,000
감가상각누계액	600,000,000	유형자산처분이익	300,000,000

〈사례 1〉

16기 세무조정	17기 세무조정	18기 세무조정
(B)　0	(B)　300,000,000	(B)　300,000,000〈주1〉
(T)　600,000,000원×0.500 　　　= 300,000,000	(T)　600,000,000원×0.500 　　　= 300,000,000	(T)　0〈주2〉
(T/A) 없음 　　감가상각의제액　： 　　300,000,000	(T/A) 없음	(T/A) 〈손금불산입〉 상각부인액 　　　300,000,000(유보)

〈주1〉 법인은 제17기에만 3억원의 감가상각비를 계상하였으므로 제18기에 3억원의 감가상각비를 계상할 수
있다.
〈주2〉 법인세법상으로는 제16기에 발생한 감가상각의제액 3억원과 제17기에 손금 인정받은 감가상각비가 3
억원이므로 제7기의 상각범위액은 0(zero)이다.

〈사례 2〉

세법상 장부금액은 300,000,000원(＝600,000,000원−600,000,000＋300,000,000원)으로서 기업회계
상 장부금액 0원(＝600,000,000원−600,000,000)보다 300,000,000원이 더 크다. 결국, 기업회계
상 유형자산처분이익이 동 금액만큼 과다 계상되었으므로 다음과 같은 세무조정이 필요하다.
〈손금산입〉 전기 상각부인액 손금추인　300,000,000(△유보)

1. 의 의

일시상각제도란 특정한 경우에 대하여 조세정책적인 측면에서 법인세의 부담을 차기 사업연도로 이연시켜 주는 제도를 말한다.

2. 유 형

① 국고보조금
② 공사부담금
③ 보험차익
④ 합병평가이익 상당액의 손금산입
⑤ 분할평가이익 상당액의 순금산입
⑥ 물적 분할로 인한 자산양도차익상당액의 손금산입
⑦ 교환으로 인한 자산양도차익상당액의 손금산입

3. 국고보조금

(1) 적용요건

1) 국고보조금의 수령

다음의 법률에 따른 국고보조금 등을 받은 내국법인에 대하여 이를 적용한다.
① 보조금의 예산 및 관리에 관한 법률
② 지방재정법
③ 농어촌전화촉진법
④ 전기사업법
⑤ 사회간접자본시설에 대한 민간투자법
⑥ 한국철도공사법

2) 국고보조금의 사용

국고보조금을 받은 날이 속하는 사업연도의 다음 사업연도 개시일부터 1년 이내에 사업용 고정자산 및 석유류의 취득 또는 개량에 사용하여야 한다. 다만, 다음 사업연도에 사용하고자 할 때는 국고보조금의 사용계획서를 제출하여야 한다.

3) 일시상각충당금 등의 계상 및 상계

① 일시상각충당금 등의 계상

국고보조금을 손금에 산입하는 법인은 해당 사업용자산별로 다음의 구분에 따라 일시상각충당금 또는 압축기장충당금을 계상하여야 한다.
- 감가상각자산 : 일시상각충당금
- 기타의 자산 : 압축기장충당금

② 상 계

손금에 산입한 일시상각충당금은 해당 사업용자산에 대한 감가상각비와 상계하여야 한다. 그리고 국고보조금을 받는 날이 속한 과세연도 이전에 취득한 사업용자산의 경우 해당 자산의 이전 과세연도 감가상각비는 차감해야 한다.

(2) 손금산입의 한도

국고보조금으로 사업용자산의 취득 및 개량에 사용하였거나 사용하고자 하는 국고보조금에 상당하는 금액을 한도로 손금에 산입한다. 단, 먼저 사업용자산을 취득 및 개량하고 이에 대한 국고보조금을 받은 경우에도 손금에 산입한다.

(3) 손금산입 귀속 사업연도

국고보조금은 해당 국고보조금을 익금에 산입하는 사업연도에 이를 손금에 산입한다.

(4) 손금산입의 절차

① 절 차

국고보조금 등 상당액 손금산입조정명세서와 국고보조금 등으로 취득한 사업용자산의 명세서 또는 국고보조금 등 사용계획서를 납세지 관할 세무서장에게 제출하여야 한다.

② 방 법

국고보조금에 대하여는 손익계산서에 비용으로 계상하여 손금에 산입하는 것을 원칙으로 하되, 세무조정계산서 상에서 신고조정으로 손금에 산입하는 것을 허용하고 있다.

(5) 환 입

손금에 산입한 일시상각충당금과 압축기장충당금은 다음의 사유가 발생한 사업연도의 소득금액 계산에 있어서 이를 익금에 산입한다.

① 손금에 산입한 국고보조금 등을 기한 내에 사업용자산의 취득 또는 개량에 사용하지 아니한 경우
② 손금에 산입한 국고보조금 등을 사용하기 전에 폐업 또는 해산하는 경우
(합병 또는 분할합병에 있어서 합병법인 등이 승계한 경우는 제외)
③ 해당 자산을 처분한 때
  ■ 이 경우에는 압축기장충당금은 전액을, 일시상각충당금은 감가상각비와 상계한 후의 잔액을 익금에 산입한다.
  ■ 해당 사업용자산의 일부를 처분하는 경우에는 해당 사업용자산의 가액 중 일시상각충당금 또는 압축기장충당금이 차지하는 비율로 안분한 금액을 익금에 산입한다.

4. 공사부담금

(1) 적용요건

① 적용대상사업

다음에 해당하는 사업을 영위하는 내국법인만 적용한다.
  ■ 전기사업법에 따른 전기사업
  ■ 도시가스사업법에 따른 도시가스사업
  ■ 액화석유가스의안전관리및사업법에 따른 액화석유가스충전사업 · 액화석유가스집단공급사업 및 액화석유가스판매사업
  ■ 집단에너지사업법에 따른 집단에너지공급사업
  ■ 정보화촉진기본법에 따른 초고속정보통신기반구축사업
  ■ 수도법에 따른 수도사업

② 공사부담금의 사용 : 국고보조금의 규정을 준용

③ 일시상각충당금의 계상 및 상계 : 국고보조금의 규정을 준용

(2) 손금산입한도 · 귀속사업연도 · 절차 및 환입

이에 대하여는 국고보조금의 규정을 준용한다.

5. 보험차익

(1) 적용요건

1) 보험차익의 발생

고정자산의 멸실 등으로 인하여 보험차익이 발생하여야 한다. 화재보험 등에 가입하지 않은 법인이 고정자산의 멸실 등으로 재해손실이 발생한 경우에는 익금에 산입할 금액이 없으므로 이 규정을 적용할 여지가 없다.

2) 보험차익의 사용

① 사용기한

보험차익이 발생한 사업연도의 다음 사업연도의 개시일부터 2년 이내에 없어진 고정자산에 대체하여 용도 및 목적이 같은 종류의 고정자산을 취득하거나 파괴된 고정자산의 개량에 사용하여야 한다.

② 손금산입의 한도

취득 또는 개량한 고정자산의 가액 중 그 고정자산의 취득 및 개량에 사용하였거나 사용하고자 하는 보험차익에 상당하는 금액을 한도로 손금에 산입한다.

(3) 손금산입 귀속 사업연도 · 절차 및 환입

이에 대하여 국고보조금의 규정을 준용한다.

6. 물적 분할로 인한 자산양도차익상당액의 손금산입

(1) 적용요건

① 분할법인이 물적 분할에 의하여 분할신설법인 또는 분할합병의 상대방법인의 주식을 취득한 경우

② 분할평가이익의 과세이연 요건을 충족할 것. 단, 이 경우 분할대가는 전액 주식이어야 한다.

③ 손금에 산입하는 금액을 해당 주식의 압축기장충당금을 계상할 것

(2) 손금산입의 한도

분할법인이 손금에 산입하는 금액은 분할신설법인 또는 분할합병의 상대방법인으로부터 취득한 주식의 가액 중 물적 분할로 인하여 발생한 자산의 양도차익에 상당하는 금액으로 한다.

(3) 사후관리

분할법인이 자산양도차익상당액을 손금에 산입한 후 다음에 해당하는 사유가 발생할 때는 손금에 산입한 금액을 해당 사유가 발생한 사업연도의 소득금액을 계산하면서 이를 익금에 산입한다.

① 분할신설법인 또는 분할합병의 상대방법인이 분할등기일이 속하는 사업연도의 다음 사업연도 개시일부터 3년 이내에 승계 받은 사업을 폐지하는 경우

② 분할등기일이 속하는 사업연도의 다음 사업연도 개시일부터 3년 이내에 다음의 사유가 발생한 경우

■ 분할신설법인 또는 분할합병의 상대방법인이 분할법인으로부터 승계한 고정자산가액의 2/3 이상을 처분하거나 승계한 해당 사업에 직접 사용하지 아니하는 경우

■ 승계 받은 사업을 6개월 이상 계속하여 휴업하거나 폐업하는 경우

③ 해당 주식을 처분하는 경우

일부 주식을 처분하는 경우에는 처분한 주식의 비율에 해당하는 압축기장충당금 상당액을 익금에 산입한다.

7. 교환으로 인한 자산양도차익상당액의 손금산입

(1) 적용요건

① 다음의 사업을 제외한 사업을 영위하는 내국법인이 2년 이상 해당 사업에 직접 사용하던 사업용 고정자산(토지·건축물 또는 업종별 자산)일 것
- 부동산업 : 부동산임대업, 부동산중개업 및 부동산매매업
- 소비성 서비스업 : 호텔업 및 여관업, 주점업, 무도장 운영업, 도박장 운영업 및 의료행위가 아닌 안마하는 안마업

② 특수관계인 외의 다른 내국법인이 2년 이상 해당 사업에 직접 사용하던 같은 종류의 사업용 고정자산과 교환할 것. 이 경우 3 이상의 법인 간에 하나의 교환계약에 따라 각 법인이 자산을 교환하는 다수 법인 간 교환을 포함한다.

③ 내국법인이 교환 취득한 자산을 교환일이 속하는 사업연도 종료일까지 해당 법인의 사업에 사용할 것

④ 압축기장충당금 또는 일시상각충당금의 계상 및 상계
국고보조금의 규정을 준용하여 압축기장충당금 및 일시상각충당금을 계상하고 해당 자산에 대한 감가상각비 상당액은 이를 일시상각충당금과 상계하여야 하며, 압축기장충당금 및 상계 후 남은 일시상각충당금의 잔액은 해당 자산을 처분하면서 이를 익금에 산입한다.

(2) 손금에 산입하는 자산양도차익상당액의 계산

① 손금에 산입하는 자산 양도차익
 = 교환취득자산 가액 - (대가 지급액 + 사업용고정자산의 장부금액)
② 한도 = 사업용고정자산의 시가 - 장부금액

제12장 충당금과 준비금

1. 충당금과 준비금의 의의

충당금이란 해당 사업연도의 수익에 대응되는 비용으로서 장래에 지출될 것이 확실한 것과 해당 사업연도의 수익에서 차감하는 것이 합리적인 것에 대하여 그 금액을 추산하여 계상하는 금액을 말한다. 다만, 기업회계가 인정하고 있는 모든 충당금을 수용하게 되는 경우 조세수입이 감소하게 되고, 한편으로는 이를 전부 부인하는 경우 기업의 적정한 기간손익이 불가능하게 되므로 법인세법에서는 일부의 충당금에 대하여만 손금산입을 허용하고 있다.

준비금이란 상법상 용어로서 이익을 사내에 유보하는 금액, 즉 기업회계에서 적립금을 말하는 것이지만 법인세법상 준비금은 장래 발생할 가능성이 있는 일시 거액의 손실에 충당하거나 사업용자산의 취득에 충당하기 위하여 특정 사업연도에 미리 비용으로 계상하고 적립하는 과세이연제도에 해당하는 것과 다른 법령에서 설정하도록 강제하고 있는 규정을 법인세법이 수용한 것으로 구분되며, 상법상 준비금과는 그 성격이 차이가 있는 것이다. 이처럼 준비금은 법인세법과 조세특례제한법에 규정하고 있으며, 조세특례제한법에서 규정하고 있는 준비금은 조세지원의 수단으로 사용될 수 있는 것으로 강제성은 없다.

이처럼 준비금이란 장래 발생할 가능성이 있는 일시 거액의 손실에 충당하거나 사업용자산의 취득에 충당하기 위하여 특정 사업연도에 미리 비용으로 계상하고 적립하는 것이지만 충당금은 수익비용대응의 원칙에 따라 추산하여 계상하는 것이므로 그 성격이 다른 것이다.

한편, 국고보조금 등에 대한 일시상각충당금 등은 과세의 이연을 위한 것으로서 사실상 감가상각누계액과 유사한 성격이 있으므로 이에 대하여는 고정자산에서 설명하였다.

2. 충당금의 유형

현행 법인세법상 손금의 산입을 허용하는 충당금의 유형은 다음과 같다.

① 대손충당금
② 퇴직연금부담금

3. 준비금의 유형

현행 법인세법과 조세특례제한법상 손금의 산입을 허용하는 준비금의 유형은 다음과 같다.

① 법인세법상 비영리법인의 고유목적사업준비금
② 보험업법상 준비금
③ 조세특례제한법상 고유목적사업준비금

1. 대손충당금의 의의

대손충당금이란 법인이 장래에 발생할 가능성 있는 채권의 대손금을 추산하여 손비로 계상한 금액의 상대계정으로서 해당 자산을 차감·평가하는 성질의 평가성충당금에 해당한다.

기업회계는 회수 불가능한 채권이 발생하면 대손충당금과 상계하고 대손충당금이 부족한 경우에는 그 부족액을 비용으로 처리하며, 회수가 불확실한 채권에 대하여는 합리적이고 객관적인 기준에 따라 대손 추산금액을 산출하여 해당 채권에서 차감하는 형식으로 표시하도록 규정하고 있다.

2. 대손금에 대한 시부인

법인세법상 대손금의 요건을 충족하지 못하여 손금불산입된 대손금의 유보잔액은 법인세법상 채권에 해당하므로 이는 대손충당금의 설정대상채권에 포함된다. 따라서 항상 대손금에 대한 세무조정을 먼저 행한 후 대손충당금에 대해 세무조정을 하여야 한다.

(1) 대손금에 대한 세무조정의 형태

① 당기의 대손금 중 대손 요건을 충족하지 못한 금액

해당 사업연도의 대손금 중 대손의 요건을 충족하지 못한 금액은 이를 익금산입 또는 손금불산입하고 유보로 처분한다.

② 당기 이전 대손 부인액의 추인

해당 사업연도 이전에 대손의 요건을 충족하지 못하여 익금산입 또는 손금불산입한 대손금의 부인액은 다음의 사유가 발생한 때에 이를 손금산입 또는 익금불산입하여 추인하고 △유보로 처분한다.

- ■ 자동추인 : 소멸시효의 완성 등 대손 요건을 충족한 경우
- ■ 회수에 따른 추인 : 대손충당금의 증가로 회계처리한 경우
- ■ 수정에 따른 추인 : 전기오류수정이익 등으로 수정분개한 경우

(2) 대손금을 손금에 산입할 수 없는 채권의 범위

다음에 해당하는 채권에 대하여는 대손금으로 손금에 산입할 수 없으며, 또한 대손충당금도 설정할 수 없다.

① 채무보증으로 인하여 발생한 구상채권

구상채권에 대하여는 구상채권처분손실도 손금에 산입할 수 없다. 다만, 다음의 채무보증으로 인한 구상채권에 대하여는 대손금의 손금산입을 허용한다.
- 독점규제및공정거래에관한법률에 따른 채무보증
- 금융회사 등이 행한 채무보증
- 법률에 따라 신용보증사업을 영위하는 법인이 행한 채무보증
- 상생협력촉진법에 따른 위탁기업이 수탁기업체협의회의 구성원인 수탁기업에 대하여 행한 채무보증
- 해외자원개발사업자(해외자원개발을 하는 해외건설사업자 포함)가 해외자원개발사업과 관련하여 해외현지법인에 행한 채무보증

② 대여시점의 특수관계인에게 해당 법인의 업무와 관련 없이 지급한 가지급금 등
③ 대손세액공제를 받은 부가가치세 매출세액의 미수금

(3) 대손금의 손금산입 요건과 대손금의 귀속사업연도

1) 강제대손사유

강제대손사유란 다음의 사유가 발생한 날이 속하는 사업연도에 반드시 손금에 산입하여야 하는 경우를 말하는 것으로 그 금액은 사유가 발생한 사업연도의 이후 사업연도에 손금에 산입할 수 없다. 이 경우 사유가 발생한 날이 속하는 사업연도에 비용으로 계상하지 아니한 대손금은 세무조정계산서 상에 단순신고조정으로 손금에 산입하여야 한다.

① 상법에 따른 소멸시효가 완성된 외상매출금 및 미수금
② 어음법에 따른 소멸시효가 완성된 어음
③ 수표법에 따른 소멸시효가 완성된 수표
④ 민법에 따른 소멸시효가 완성된 대여금 및 선급금
⑤ 채무자회생및파산에관한법률에 따른 회생계획인가의 결정 또는 법원의 면책결정에 따라 회수불능으로 확정된 채권
⑥ 민사집행법에 따라 채무자의 재산에 대한 경매가 취소된 압류채권
⑦ 물품의 수출 또는 외국에서의 용역제공으로 발생한 채권으로서 한국은행총재 또는

외국환은행의 장으로부터 채권회수의무를 면제받은 채권

⑧ 물품의 수출 또는 외국에서의 용역제공으로 발생한 채권으로서 무역에 관한 법령에 따라 한국무역보험공사로부터 회수불능이 확인된 채권

2) 임의대손사유

임의대손사유란 다음의 사유가 발생하여 결산서상 비용으로 계상한 때에만 손금으로 인정하는 것을 말한다. 이 경우 사유가 발생한 사업연도에 비용으로 계상하지 아니한 경우에도 이후 강제대손사유가 발생한 사업연도에 손금에 산입할 수 있는 것이다. 따라서 임의대손은 사유가 발생한 사업연도에 비용으로 계상하지 아니한 대손금은 세무조정계산서 상에 단순신고조정으로 손금에 산입할 수 없는 것이다.

① 채무자의 파산·강제집행·형의 집행·사업의 폐지·사망·실종 및 행방불명으로 인하여 회수할 수 없는 채권

② 부도발생일로부터 6개월 이상 경과한 수표 또는 어음상의 채권 및 외상매출금(중소기업의 외상매출금으로서 부도발생일 이전의 것에 한함) 다만, 해당 법인이 채무자의 재산에 저당권을 설정하고 있는 경우는 제외하며, 사업연도 종료일 현재 회수되지 아니한 채권의 금액에서 1,000원을 공제한 금액을 손금에 산입한다.

③ 회수기일이 6개월 이상 지나간 채권 중 채권가액이 30만원 이하(채무자별 채권가액의 합계액을 기준으로 한다)의 소액채권

④ 중소기업 외상매출금으로 회수기일로부터 2년이 지나간 외상매출금 및 미수금 다만, 특수관계인과의 거래로 인하여 발생한 외상매출금 및 미수금은 제외한다.

⑤ 금융회사 등의 채권 중 다음에 해당하는 채권
- 금융감독원장이 기획재정부장관과 협의하여 정한 대손처리의 기준에 따라 금융회사 등이 금융감독원장으로부터 대손금으로 승인받은 것
- 금융감독원장이 대손처리의 기준에 해당한다고 인정하여 대손처리를 요구한 채권으로써 금융회사 등이 대손금으로 계상한 것

⑥ 중소기업창업투자회사의 창업자에 대한 채권으로서 중소기업청장이 기획재정부장관과 협의하여 정한 기준에 해당한다고 인정한 것

(4) 대손금의 회수에 대한 처리

손금에 산입한 대손금 중 회수한 금액은 그 회수한 날이 속하는 사업연도의 소득금액 계산에 있어서 익금산입한다.

3. 충당금의 설정에 대한 시부인

(1) 설정한도

> 대손충당금 손금산입한도 = 세법상 대손충당금 설정대상 채권 × 설정비율

1) 설정대상채권의 범위

대손충당금을 설정할 수 있는 채권의 범위는 다음과 같다.

① 외상매출금

- 상품·제품 등의 판매가액의 미수액과 가공료·용역 등의 제공에 의한 사업수입금액의 미수금

② 대여금

- 금전소비대차 계약 등에 의하여 타인에게 대여한 금액. 다만, 특수관계인에게 법인의 업무와 관련 없이 지급한 가지급금 등은 이를 제외한다.

③ 기타 이에 따르는 채권

- 어음상의 채권·미수금 기타 기업회계에 의한 대손충당금 설정대상이 되는 채권. 다만, 고가매입에 따라 부당행위계산부인의 적용을 받는 시가초과액은 제외한다.

④ 다음에 해당하는 채무보증

- 독점규제및공정거래에관한법률 제10조의2에 해당하는 채무보증
- 금융기관 등과 간접투자자산운용업법에 따른 자산운용회사가 행한 채무보증
- 법률에 따라 신용보증사업을 영위하는 법인이 행한 채무보증
- 중소기업의사업영역보호및기업간협력증진에관한법률에 따른 위탁기업체가 수탁기업체협의회의 구성원인 수탁기업체에 대하여 행한 채무보증

2) 설정대상채권의 요건

① 외상매출금 등 채권은 기업회계에 의거 장부에 계상된 채권이어야 한다. 다만, 외상매출의 계상 누락 등 단순히 장부상 계상이 누락된 부분은 이를 설정대상채권에 포함한다.
② 세무조정에 의하여 발생한 법인세법상의 채권은 설정대상채권에 포함한다. 따라서 해

당 사업연도 종료일 현재 대손금 부인액의 잔액은 설정대상채권에 포함한다.

> **참고** 세무조정에 의하여 발생한 법인세법상의 채권

> | 해당 채권과 관련한 유보금액을 설정대상채권에 가감한 금액 |
> | --- |

3) 동일인에 대하여 매출채권과 매입채무가 함께 있는 경우

① 원 칙

- 해당 매입채무를 상계하지 아니한 매출채권 등의 총액을 설정대상채권으로 보아 대손충당금을 계상할 수 있다.

② 상계하기로 약정한 경우

- 당사자 간의 약정에 따라 채권과 채무를 상계하기로 한 경우에는 이를 상계한 잔액에 대하여 대손충당금을 계상하여야 한다.

4) 설정비율

1%와 해당 사업연도의 대손실적률 중 큰 비율

> **참고** 해당 사업연도의 대손실적률
>
> 대손실적률 = 해당 사업연도의 대손금 ÷ 직전 사업연도 종료일 현재 채권 잔액
> ① 해당 사업연도의 대손금 : 해당 사업연도에 대손요건을 충족한 대손금
> ② 직전 사업연도 종료일 현재 채권 잔액 : 전기말 현재의 대손충당금 설정대상채권의 잔액

(2) 계상액

대손충당금의 계상액이란 해당 사업연도 종료일 현재의 재무상태표 상 대손충당금의 잔액을 말한다. 이는 대손충당금이 다음 사업연도에 전액 환입하여야 하는 충당금이므로 기업회계의 보충법에 따라 회계처리를 한 경우에도 법인세법상으로는 당연히 총액법을 전제로 세무조정을 하여야 한다.

(3) 시부인

① 한도초과액 : 손금불산입(유보)

② 한도미달액 : 소멸

4. 환입 시부인

(1) 환입 한도

- 한도 = 기초잔액 – 기중 환입액 – 부인 누계액 – 대손금의 상계액 – 당기설정 보충액
- 기중 환입액 – 부인 누계액 = 부인액 한도
- 당기설정 보충액 = 기말잔액 – 설정액

(2) 계상액

손익계산서상 판매비와 관리비 또는 영업외수익으로 계상한 환입액

(3) 세무조정

대손충당금에 대한 과다 환입액은 익금불산입(△유보)으로 처리하며, 이 경우 발생하는 과다 환입액은 직전 사업연도의 한도초과액에 상당하는 금액과 항상 일치한다.

5. 기 타

(1) 상계 및 환입

대손충당금을 손금으로 계상한 후 대손금이 발생한 경우에는 그 대손금을 대손충당금과 먼저 상계하여야 하며, 상계 후 잔액은 다음 사업연도에 이를 전액 익금에 산입한다.

(2) 약정에 의거 포기한 채권

약정에 따라 사업상의 채권인 외상매출금 등의 전부 또는 일부를 포기하는 경우에는 이를 대손금으로 보지 아니하고 기업업무추진비로 본다. 이 경우에는 별도의 세무조정 없이 포기한 매출채권의 금액을 기업업무추진비의 계상액으로 보아 기업업무추진비에 대해 세무조정을 하면 된다.

(3) 기업회계에 의한 채권의 재조정

기업회계에 의한 채권의 재조정에 따라 채권의 장부금액과 현재가치와의 차액을 대손금으로 계상한 경우에는 이를 손금에 산입하며, 그 금액은 기업회계의 환입방법에 따라 이를 익금에 산입한다.

(4) 법인이 합병 또는 분할한 경우

대손충당금을 손금에 산입한 내국법인이 합병 또는 분할한 경우 그 법인의 합병등기일 또는 분할등기일 현재의 해당 대손충당금 중 합병법인 등에 인계한 금액은 이에 대응하는 채권이 동시에 인계되는 때에만 그 합병법인 등이 합병등기일 또는 분할등기일에 가지고 있는 대손충당금으로 본다.

예제) 대손금과 대손충당금

다음은 ㈜경인의 제20기 사업연도 대손금 및 대손충당금 관련 자료이다.

1. 대손충당금 기초잔액은 15,000,000원(전기부인액 8,000,000원 포함)이다.

2. 대손충당금 설정대상채권과 관련하여 전기부인액 40,000,000원 중 20,000,000원은 당기에 소멸시효가 완성되었으며, 3,000,000원은 기업이 당기에 회수하여 기업회계에 따라 회계처리를 하였다.

3. 기업의 대손실적률은 0.7%이며, 기업의 당기 대손충당금 기말잔액은 60,000,000원이다.

4. 재무상태표 상 채권 잔액은 다음과 같다.

과 목	금 액
외 상 매 출 금	4,000,000,000원
받 을 어 음	800,000,000원
부 가 가 치 세 미 수 금	40,000,000원
계	4,840,000,000원

5. 외상매출금 중 30,000,000원은 채무보증으로 인하여 발생한 구상채권이며, 받을어음 중 50,000,000원은 특수관계인에게 고가양도와 관련하여 계상된 시가초과액에 상당하는 금액이다.

㈜경인의 제20기 사업연도 대손금 및 대손충당금과 관련된 세무조정을 하라.

---

1. 대손금에 대한 세무조정

〈손금산입〉 전기 대손금부인액 손금추인(소멸시효완성) 20,000,000(△유보)

〈손금산입〉 전기 대손금부인액 손금추인(추심)   3,000,000(△유보) [1]

　주1) ㈜경인이 대손 처리한 채권을 회수하였을 때 회계처리를 추정하면 다음과 같다.

　　(차) 현　　　　금　3,000,000　　　　(대) 대손충당금　3,000,000

　　그런데 위의 회계처리는 수익으로 계상한 효과를 가져왔으므로 차감조정을 하여야 하며, 소득처분은 당초 ㈜경인이 채권의 대손처리 때 부인되어 자본금과적립금조정명세서(을)에 유보로 존재하므로 이를 제거하기 위하여 △유보로 처분한다.

2. 대손충당금에 대한 세무조정

　① 환입에 대한 세무조정

　　〈손금산입〉 전기 대손충당금 부인액 손금추인   8,000,000(△유보)

　② 설정에 대한 세무조정

　　㉠ 회사설정액 : 60,000,000원

　　㉡ 한도액 : (4,840,000,000원 − 80,000,000원[2] + 17,000,000원[3]) × 1% = 47,770,000원

　　　주2) 30,000,000원(구상채권) + 50,000,000원(특수관계인에 대한 시가초과채권액)
　　　　　= 80,000,000원

　　　주3) 유보잔액 : 40,0000,000원 − 20,000,000원 − 3,000,000원 = 17,000,000원

　③ 한도초과액 : 12,230,000원(= 60,000,000원 − 47,770,000원)

　④ 〈손금불산입〉 대손충당금 한도초과   12,230,000(유보)

6. 대손충당금조정명세서 작성사례

다음은 ㈜경인의 제21기(2024.1.1.~2024.12.31.) 사업연도 대손금 및 대손충당금 관련 자료이며, ㈜경인은 일반법인이다.

1. 매출채권 등 내역

　■ 받을어음 :　　41,000,000

　■ 외상매출금 : 154,000,000

　　　계　　 : 195,000,000

　① 받을어음에는 채무보증함에 따라 상대방으로부터 받은 약속어음 20,000,000원 포함되어 있다.

　② 외상매출금에는 부가가치세 14,000,000원 포함되어 있다.

2. 대손충당금 계정내역
- 장부상 기초충당금 2,300,000원(전기부인액 300,000원 포함)
- ㈜경인 당기 대손금상계액(12/31) : 외상매출금(시효소멸) 400,000원(미확정 대손금 100,000원 포함)
- 당기 손금계상액 50,000원(전기이월 대손충당금잔액 1,900,000원을 당기 손금산입할 금액에 충당하고 잔액만 손금계상함)

3. 대손실적률 : 0.9%

1. 대손금에 대한 세무조정
   〈손금불산입〉 외상매출금 100,000원   유보

2. 대손충당금에 대한 세무조정
   ① 환입에 대한 세무조정
      〈손금산입〉 전기 대손충당금 부인액 손금추인   300,000원   △유보
   ② 설정에 대한 세무조정
      ㉠ 회사설정액 : 1,950,000원
      ㉡ 한도액 : 1,751,000원
         = (41,000,000원 − 20,000,000원[1] + 154,000,000원 + 100,000원[2]) × 1%
      주1) 대손금을 손금에 산입할 수 없는 채권 중 채무보증으로 인하여 발생한 구상채권
      주2) 대손충당금 상계한 금액 중 미확정 대손금
   ③ 한도초과액 : 199,000원(= 1,950,000원 − 1,751,000원)
   ④ 〈손금불산입〉 대손충당금 한도초과   199,000원   유보

회계처리		세무조정
(1) 대손처리		
① 대손충당금과 상계	비용으로 계상한	① 대손요건 충족 : 조정 없음
② 대손상각비로 계상	것으로 본다.	② 대손요건 불충족 : 손금불산입(유보)
(2) 대손처리한 금액의 회수		
① 대손상각비와 상계	수익으로 계상한	① 손금인정 받은 금액 : 조정 없음
② 대손충당금으로 계상	것으로 본다.	② 손금불산입된 금액 : 익금불산입(△유보)

사 업 연 도	2024.01.01 ~ 2024.12.31	대손충당금 및 대손금조정명세서		법 인 명	㈜경인
				사 업 자 등 록 번 호	

1. 대손충당금조정

손금 산입액 조정	①채권잔액 (㉑의 금액)	②설정률			③ 한도액 (①×②)	회사계상액			⑦한도초과액 (⑥-③)
						④당기계상액	⑤보충액	⑥계	
	175,100,000	(ㄱ) $\frac{1}{100}$ (√)	(ㄴ) 실적률 ( )	(ㄷ) 적립 기준 ( )	1,751,000	50,000	1,900,000	1,950,000	199,000

익금 산입액 조정	⑧장부상 충당금 기초잔액	⑨기중 충당금 환입액	⑩충당금 부 인 누계액	⑪당기대손금 상 계 액 (㉗의 금액)	⑫당기 설정충당금 보 충 액	⑬환입할 금 액 (⑧-⑨-⑩ -⑪-⑫)	⑭회사 환입액	⑮과소환입· 과다환입(△) (⑬-⑭)
	2,300,000	0	300,000	400,000	1,900,000	△300,000	0	△300,000

채 권 잔 액	⑯계정과목	⑰채권잔액의 장부가액	⑱기말현재 대손금부인 누계	⑲합계 (⑰+⑱)	⑳충당금 설정제외 채 권	㉑채권잔액 (⑲-⑳)	비 고
	받을어음	41,000,000		41,000,000	20,000,000	21,000,000	
	외상매출금	154,000,000	100,000	154,100,000		154,100,000	
	계	195,000,000	100,000	195,100,000	20,000,000	175,100,000	

2. 대손금조정

㉒ 일자	㉓ 계정 과목	㉔ 채권 내역	㉕ 대손 사유	㉖ 금액	대손충당금상계액			당기손금계상액			비 고
					㉗ 계	㉘ 시인액	㉙ 부인액	㉚ 계	㉛ 시인액	㉜ 부인액	
12.31	외상 매출금	㈜경인	시효소멸	400,000	400,000	300,000	100,000				시효 미완성
	계			400,000	400,000	300,000	100,000				

3. 국제회계기준 등 적용 내국법인에 대한 대손충당금 환입액의 익금불산입액의 조정

㉝대손충당금 환입액의 익금불산입 금액	익금에 산입할 금액			㉟상계후 대손충당금 환입액의 익금불산입 금액(㉝-㊱)	비 고
	㉞「법인세법」제34조 제1항에 따라 손금에 산입하여야 할 금액 Min(③,⑥)	㉟「법인세법」제34조 제4항에 따라 익금에 산입하여야 할 금액 (⑧-⑩-⑪)	㊱차액 Max(0,㉞-㉟)		

1. 퇴직연금제도의 종류

퇴직연금제도에는 확정급여형 퇴직연금제도와 확정기여형 퇴직연금제도가 있는데, 사용자가 퇴직연금제도의 종류를 선택하거나 선택한 퇴직연금제도를 다른 퇴직연금제도로 변경하고자 할 때는 해당 기업에 고용된 근로자의 과반수로 조직된 노동조합이 있는 경우에는 그 노동조합, 없는 경우에는 근로자의 과반수의 동의를 얻어야 한다.

(1) 확정급여형(Defined Benefit) 퇴직연금제도

이 제도는 근로자가 받을 퇴직급여의 수준이 사전에 결정된 퇴직연금을 말한다. 따라서 이 제도는 기업주가 퇴직급여와 관련된 적립금의 운용을 책임지는 형태이므로 기업은 적립금의 운용실적에 따라 기업이 부담해야 하는 기여금이 변동하게 되는 부담을 지게 되지만, 근로자는 퇴직 당시 확정된 퇴직급여를 퇴직 후 정기적으로 받을 수 있어서 안정적인 측면이 있다.

(2) 확정기여형(Defined Contribution) 퇴직연금제도

이 제도는 퇴직급여의 지급을 위하여 사용자가 부담하여야 할 부담금의 수준이 사전에 결정된 퇴직연금을 말한다. 따라서 이 제도는 근로자가 적립금의 운용에 대한 책임을 부담하므로 근로자는 퇴직연금규약에서 금융기관이 제시하는 운용방법 가운데서 선택하여 운용할 수 있는 반면에 적립금이 사용자와 독립되어 근로자 개인의 명의인 개인퇴직계좌(IRA : Individual Retirement Account)로 적립되므로 근로자로서는 기업이 도산해도 퇴직급여에 대한 수급권에는 영향을 받지 않는다. 또한, 기업은 퇴직급여에 대한 부담금이 일정하게 정해져 있으므로 효율적인 재정관리가 가능하고 적립금 운용실적에 대하여도 책임을 지지 않는다.

구 분	퇴직금제도	퇴직연금제도	
		확정기여형(DC)	확정급여형(DB)
개 념	계속근로기간 1년에 대하여 30일분 평균임금을 퇴직하는 근로자에게 지급하는 제도	급여의 지급을 위하여 사용자가 부담하여야 할 부담금 수준이 사전에 결정된 제도	근로자가 받을 급여 수준이 사전에 결정된 제도
사용자 부담금	사내적립(장부상으로만 확정급여채무 인식)	연간 임금의 $\frac{1}{12}$ 이상의 부담금을 금융회사의 근로자 개인별 계좌에 사회적립 (확정) * 근로자는 사용자의 부담금 외에 추가로 부담금을 납부 가능 * 근로자가 운용결과에 대한 책임을 짐.	일정 수준의 부담금을 금융회사의 근로자 전체의 계좌에 사외적립 * 적립금 운용결과에 따라 변동 * 사용자가 운용결과에 대한 책임을 짐.
급 여 종 류	일시금 * 계속근속연수 1년당 30일분 평균임금 이상 지급	연금 또는 일시금 * 적립금 운용결과에 따라 변동	연금 또는 일시금(확정) * 계속근속연수 1년당 30일분 평균임금 이상 지급

2. 손금산입방법

법인이 지급하는 퇴직연금에 대하여는 결산조정 및 신고조정이 모두 가능하다. 따라서 결산서에 퇴직연금 부담금을 비용으로 계상한 후 법인세법상 한도액에 미달하는 금액에 대하여는 추가로 신고조정에 의한 손금산입도 가능한 것이다.

3. 퇴직연금부담금의 시부인

퇴직연금에 대하여는 그 계산의 과정상 반드시 퇴직급여충당금에 대한 시부인을 한 이후에 한도액의 계산이 가능하다.

(1) 퇴직연금부담금 한도

임원 또는 사용인의 퇴직을 퇴직급여의 지급을 사유로 하고 임원 또는 사용인을 피보험자 또는 수급자로 하는 퇴직연금으로서 퇴직연금의 부담금으로 지출하는 금액 중 확정기여형 퇴직연금과 개인퇴직계좌의 부담금을 제외한 퇴직연금 등의 손금산입 한도액은 다음의 ①과 ②의 금액 중 적은 금액으로 한다.

① 퇴직급여추계액 기준

> (㉠ 기말퇴직급여추계액 – ㉡ 기말 법인세법상 퇴직급여충당금 잔액 –
> ㉢ 이미 손금에 산입한 연금부담금 등)

㉠ 기말퇴직급여추계액
 Max(일시퇴직기준의 추계액, 근로자퇴직급여보장법상 보험수리적기준의 추계액)

㉡ 기말 법인세법상 퇴직급여충당금 잔액
 2015년 이전 사업연도에 손금산입을 위해서 설정한 퇴직급여충당금 중 퇴직급여 지급액과 상계되고, 남았으면 그 미상계 잔액을 말한다.

㉢ 이미 손금에 산입한 연금부담금 등
 기초퇴직연금부담금 잔액 및 전기말 신고조정으로 손금산입한 부담금 등
  - 퇴직연금충당금 손금부인 누계액 – 기중 퇴직금 수령 및 해약액
  - 확정기여형퇴직연금 등으로 전환된 금액

② 퇴직연금적립액 기준

> (㉣ 기말퇴직연금적립액 잔액 – ㉢ 이미 손금에 산입한 연금부담금 등)

㉣ 기말퇴직연금적립액 잔액
 기초퇴직연금적립액 잔액 – 기중 퇴직연금 수령 및 해약액 + 당기 퇴직연금적립액 등 납입액

한편, 근로자퇴직급여보장법 제13조의 규정에 따른 확정기여형 퇴직연금과 같은 법 제26조의 규정에 따른 개인퇴직계좌의 부담금은 전액 손금에 산입한다. 다만, 임원에 대한 부담금은 법인이 퇴직 시까지 부담한 부담금의 합계액을 퇴직급여로 보아 법령 제44조 제4항을 적용하되, 손금산입한도 초과금액이 있는 경우에는 퇴직일이 속하는 사업연도 부담금 중 손금산입 한도 초과금액 상당액을 손금에 산입하지 아니하고, 손금산입 한도 초과금액이 퇴직일이 속하는 사업연도의 부담금을 초과하는 경우 그 초과금액은 퇴직일이 속하는 사업연도의 익금에 산입한다.

(2) 회사계상액 등

① 결산조정을 하는 경우

   손익계산서상에 부담금 등으로 계상한 금액

② 신고조정을 하는 경우

   손익계산서상에 부담금 등으로 계상한 금액이 없으므로 한도액 상당액을 전액 손금산입하고 △유보로 처분한다.

(3) 시부인 : 이는 결산조정을 하는 경우에만 적용되는 것이다.

① 한도초과의 경우 : 손금불산입(유보)
② 한도미달의 경우 : 손금산입(△유보)

4. 사후관리

퇴직연금부담금을 손금에 산입한 법인이 임원 등의 퇴직으로 퇴직연금적립액이 감소하는 경우에는 다음과 같이 처리하여야 한다. 한편, 2011년 이후 납입하는 퇴직보험·신탁보험료 등은 손금산입이 허용되지 않지만 이미 납입한 보험료 등과 적립금 운용수익에 한하여 손금산입을 허용한다.

① 결산조정을 한 경우에는 퇴직연금충당금과 상계하여야 하며,
② 신고조정을 한 경우에는 동 금액을 익금산입하고 유보로 처분한다.

5. 확정급여형 퇴직연금제도의 회계처리 및 세무조정

확정급여형 퇴직연금부담금의 손금산입은 신고조정사항이다. 따라서 퇴직연금부담금을 납부한 법인이 손익계산서상에 비용으로 계상한 경우에는 이를 법인세법에 따른 손금산입 범위액을 한도로 하여 손금으로 인정하게 되며, 법인이 퇴직연금부담금을 손익계산서상에 비용으로 계상하지 않을 때도 법인세법에 따른 손금산입액은 신고조정으로 손금산입할 수 있는 것이다. 다음은 퇴직연금부담금의 손금산입액이 손금산입범위액과 일치하는 경우를 가정하여 회계처리하고 세무조정한 것이다.

구 분	결산조정하는 경우[주1]		신고조정하는 경우	
부담금을 납부할 때	퇴직연금운용자산[주2] 보통예금	xxx xxx	퇴직연금운용자산[주2] 보통예금	xxx xxx
부담금을 손금산입할 때	퇴직연금부담금(비용항목)[주2] 퇴직연금충당부채	xxx xxx	없음 (세무조정:xxx 손금산입 △유보)	
퇴직할 때 (퇴직일시금을 선택한 경우)	퇴직연금충당부채 퇴직급여충당부채 퇴직급여 퇴직연금운용자산 현 금	xxx xxx xxx xxx xxx	퇴직급여충당부채 퇴직급여 퇴직연금운용자산 현 금 (세무조정:xxx 손금불산입 유보)	xxx xxx xxx xxx
퇴직할 때 (퇴직연금을 선택한 경우)	퇴직연금충당부채 퇴직급여충당부채 퇴직급여 퇴직연금미지급금[주3]	xxx xxx xxx xxx	퇴직급여충당부채 퇴직급여 퇴직연금미지급금 (세무조정:xxx 손금불산입 유보)	xxx xxx xxx

주1) 일반기업회계기준서에서는 보고기간말 현재 종업원이 퇴직할 경우 지급하여야 할 퇴직일시금에 상당하는 금액을 측정하여 퇴직급여충당부채로 인식하므로 기업회계에서는 이러한 결산조정은 허용하지 않는다.

주2) 퇴직연금운용자산은 퇴직급여와 관련된 부채(퇴직급여충당부채와 퇴직연금미지급금)에서 차감하는 형식으로 재무상태표로 표시한다. 그러나 실무에서는 퇴직연금운용자산을 투자자산으로 분류하기도 한다.

주3) 예상퇴직연금합계액의 현재가치를 측정하여 계상하여야 한다.

6. 퇴직연금부담금 조정명세서 작성사례

자 료

① 해당 사업연도(2024.1.1.~2024.12.31.) 종료일 현재 전사용인 일시 퇴직할 때 지급하여야 할 퇴직급여추계액 : 200,000,000원(확정기여형 퇴직연금가입자 제외)

② 퇴직급여충당금 전기이월액 : 30,000,000원

(확정기여형 퇴직연금자 부분 10,000,000원 포함되어 있으나 한도초과액은 없음)

③ 직전 사업연도 말 현재 손금에 산입한 부담금 : 125,000,000원

④ 직전 사업연도 종료일까지 불입한 부담금 : 135,000,000원

→ 이중 해당 사업연도에 퇴직자에게 지급한 부담금은 15,000,000원임

⑤ 당기 회사불입액 : 80,000,000원

⑥ 당기 회사가 손금으로 산입한 부담금 : 90,000,000원

세무조정 계산

① 퇴직급여추계액 : 200,000,000원

② 당기말 퇴직급여충당금 : 20,000,000원(= 30,000,000원 - 10,000,000원)

③ 퇴직연금부담금 손금산입 누적한도액(① - ②) : 180,000,000원

④ 이미 손금에 산입한 부담금 : 110,000,000원(= 125,000,000원 - 15,000,000원)

⑤ 손금산입 한도액(③ - ④) : 70,000,000원

⑥ 기말현재 퇴직연금부담금 : 200,000,000원(= 135,000,000 - 15,000,000 + 80,000,000)

⑦ 손금산입대상 부담금 : 90,000,000원(⑥ - ④)

⑧ 한도액 : 70,000,000원 (⑤와 ⑦ 중 적은 금액)

⑨ 한도초과액 : 20,000,000원(90,000,000원 - 70,000,000원)

참고 퇴직급여 지급할 때 회계처리(상계 순서)

- 퇴직연금운용자산(금융기관에 적립된 금액)
- 퇴직급여충당부채(기업 내부 장부상 적립된 금액)
- 퇴직급여(손익계산서 또는 제조원가명세서에 처리되는 금액)

사 업 연 도	2024.01.01. ~ 2024.12.31.	퇴직연금부담금 조정명세서	법인명	㈜경인
			사업자등록번호	

1. 퇴직연금 등의 부담금 조정

①퇴직급여추계액	당기말 현재 퇴직급여충당금				⑥퇴직부담금등 손금산입 누적 한도액 (①-⑤)
	②장부상 기말잔액	③확정기여형 퇴직연금자의 퇴직급여충당금	④당기말 부인 누계액	⑤차감액 (②-③-④)	
200,000,000	30,000,000	10,000,000	0	20,000,000	180,000,000

⑦이미 손금 산입한 부담금 등(⑰)	⑧손금산입한도액 (⑥-⑦)	⑨손금산입대상 부담금 등(⑱)	⑩손금산입범위액 (⑧과 ⑨ 중 적은 금액)	⑪회사손금 계상액	⑫조정금액 (⑩-⑪)
110,000,000	70,000,000	90,000,000	70,000,000	90,000,000	△20,000,000

2. 이미 손금산입한 부담금 등의 계산

가. 손금산입대상 부담금 등 계산

⑬퇴직연금 예치금등 계(㉒)	⑭기초퇴직연금 충당금등 및 전기말신고조정에 의한 손금산입액	⑮퇴직연금충당금 등 손금부인 누계액	⑯기중퇴직연금등 수령 및 해약액	⑰이미 손금산입한 부담금등 (⑭-⑮-⑯)	⑱손금산입대상 부담금 등 (⑬-⑰)
200,000,000	125,000,000	0	15,000,000	110,000,000	90,000,000

나. 기말 퇴직연금 예치금 등의 계산

⑲기초퇴직연금예치금 등	⑳기중 퇴직연금예치금 등 수령 및 해약액	㉑당기 퇴직연금예치금 등의 납입액	㉒퇴직연금예치금 등 계 (⑲-⑳+㉑)
135,000,000	15,000,000	80,000,000	200,000,000

작 성 방 법

1. ①퇴직급여추계액란은 「법인세법 시행령」 제44조의2제4항1호의 금액 ["퇴직급여충당금조정명세서(별지 제32호서식)"의 ⑳기말현재 임원 및 사용인 전원의 퇴직시 퇴직급여 추계액란 중 계란의 금액] 을 적습니다.
   ※ 2011.1.1 이후 개시하는 사업연도 분부터는 위의 일시퇴직기준의 퇴직급여 추계금액과 「법인세법 시행령」 제44조의2제4항1호의 금액(「근로자퇴직급여 보장법」 제12조제5호가목에 따라 매 사업연도 말일 현재 급여에 소요되는 비용예상액의 현재가치와 부담금 수입예상액의 현재가치를 추정하여 산정된 금액) 중 큰 금액을 적습니다.
2. ③확정기여형 퇴직연금자의 퇴직급여충당금란에는 「법인세법 시행규칙」제31조제2항에 따라 계산한 "확정기여형 퇴직연금 등 설정자의 설정전 기 계상된 퇴직급여충당금"을 적습니다.
3. ④당기말부인누계액란에는 ②장부상 기말잔액 중에 세무상 부인액이 포함되어 있는 경우에 그 부인액(확정기여형 퇴직연금 등 설정자의 설정전 기 계상된 퇴직급여충당금과 관련된 부인액은 제외합니다)을 적습니다.
4. ⑪회사손금계상액란에는 당기의 퇴직연금충당금 등 전입액을 적습니다.
5. ⑫조정금액란이 양수(+)인 경우에는 손금에 더하고, 음수(-)인 경우에는 익금에 더합니다.
6. ⑭기초퇴직연금충당금 및 전기말 신고조정에 의한 손금산입액란에는 재무상태표상 기초퇴직연금충당금 등 잔액과 직전 사업연도 세무조정계산서상 퇴직부담금 등의 손금산입누계액을 적습니다.
7. ⑯기중퇴직부담금등 수령 및 해약액란에는 확정기여형 퇴직연금등으로 전환된 금액을 포함하여 적습니다.
8. ⑳기중 퇴직연금예치금 등 수령 및 해약액란에는 확정기여형 퇴직연금등으로 전환된 금액을 포함하여 적습니다.

1. 법인세법상 비영리법인의 고유목적사업준비금

고유목적사업준비금은 해당 사업연도 소득에서 장래 고유목적사업을 위한 지출을 위한 재원을 과세되지 않고 확보하기 위해서 미리 준비금을 설정하고 다음에 과세되도록 하는 비영리법인을 위한 조세지원제도이다. 고유목적사업준비금은 손금산입 여부가 법인의 임의에 따르므로 원칙적으로 결산조정사항이나 외부회계감사를 받는 비영리내국법인은 이를 잉여금으로 처분하고 신고조정사항으로도 할 수 있다.

(1) 설정대상법인

고유목적사업준비금을 설정할 수 있는 법인은 다음과 같다.

① 비영리법인
② 다음에 해당하는 법인으로 보는 단체
   - 사회복지법인 등 일반기부금 대상에 해당하는 단체
   - 법령에 따라 설치된 기금

(2) 준비금의 설정한도

고유목적사업준비금을 설정한도는 다음과 같이 계산된다.

설정한도 = [① + ② + ③ + (④ × 50%)]

① 이자소득금액
② 배당소득금액
③ 복지사업으로서 회원 등에게 대출한 융자금에서 발생한 이자소득
④ 수익사업소득금액 중 다음의 항목을 차감한 금액
   ㉠ 경정으로 증가한 소득금액 중 해당 법인의 특수관계인에게 상여 및 기타소득으로 처분된 소득금액
   ㉡ 이월결손금(이월결손금 공제한도를 적용받는 법인의 경우에는 공제한도 적용으로 공제받지 못하고 이월된 금액을 차감한 금액)

ⓒ 특례기부금

공익법인의 설립·운영에 관한 법률에 따라 설립된 법인으로서 고유목적사업 등에 대한 지출액 중 80% 이상(**50% 이상**)의 금액을 장학금으로 지출하는 법인의 경우에는 수익사업에서 발생한 소득금액에 대하여 100%(**80%**)을 설정할 수 있다.

(3) 사용 및 상계

① 손금으로 계상한 고유목적사업준비금을 고유목적사업 또는 일반기부금에 지출하는 경우에는 먼저 계상한 고유목적사업준비금으로부터 차례로 상계하여야 한다(강제 상계).

- 고유목적사업의 범위
  고유목적사업이란 법령 등에 규정된 설립목적을 직접 수행하는 사업으로서 수익사업 외의 사업을 말한다.
- 고유목적사업에 지출 또는 사용한 금액의 범위
  다음의 금액은 고유목적사업에 지출 또는 사용한 금액으로 본다.
  ㉠ 비영리법인이 해당 고유목적사업의 수행에 직접 소요되는 인건비 등 필요경비로 사용하는 금액
  ㉡ 특별법에 따라 설립된 법인(해당 법인에 설치되어 운영되는 기금 중 국세기본법 제13조의 규정에 따라 법인으로 보는 단체를 포함)으로서 건강보험·연금관리·공제사업 및 예금보호제도를 운영하는 사업을 영위하는 비영리내국법인이 손금으로 계상한 고유목적사업준비금을 법령에 따라 기금 또는 준비금으로 적립한 금액
  ㉢ 의료법인이 의료기기 등 고정자산을 취득하기 위하여 지출하는 금액
  ㉣ 농업협동조합중앙회가 고유목적사업준비금을 회원에게 무상으로 대여하는 금액
  ㉤ 농업협동조합중앙회·수산업협동조합중앙회·신용협동조합중앙회·새마을금고연합회 및 산림조합중앙회가 고유목적사업준비금을 상호금융예금자보호기금에 출연하는 금액

② 직전 사업연도 종료일 현재의 고유목적사업준비금 잔액을 초과하여 지출한 금액이 있는 경우 그 금액은 해당 사업연도에 계상할 고유목적사업준비금에서 지출한 것으로 간주한다. 따라서 사용의무가 종결된 것으로 보는 것이다.

(4) 환 입

손금에 산입한 고유목적사업준비금의 잔액이 있는 비영리내국법인에 다음의 사유가 발생한 때에는 해당 사유가 발생한 사업연도의 소득금액 계산에 있어서 고유목적사업준비금의 잔액을 전액 익금에 산입한다.

① 해산한 경우
② 고유목적사업을 전부 폐지한 경우
③ 법인으로 보는 단체가 승인 취소되거나 거주자로 변경된 경우
④ 고유목적사업준비금을 손금으로 계상한 사업연도의 종료일 이후 5년이 되는 날까지 고유목적사업 등에 사용하지 아니한 경우(5년 이내에 사용하지 아니한 잔액으로 한정함)
⑤ 고유목적사업준비금을 고유목적사업 등이 아닌 용도에 사용한 경우

손금에 산입한 고유목적사업준비금의 잔액이 있는 비영리내국법인은 고유목적사업준비금을 손금에 산입한 사업연도의 종료일 이후 5년 이내에 고유목적사업준비금의 잔액 중 일부를 감소시켜 익금에 산입할 수 있다. 이 경우 먼저 손금에 산입한 사업연도의 잔액부터 차례로 감소시킨 것으로 본다.

(5) 이자상당액의 가산

고유목적사업준비금을 손금에 산입한 사업연도의 종료일 이후 5년 이내에 사용하지 아니하고 이를 익금에 산입한 금액에 대하여는 다음의 계산식에 의하여 계산한 이자상당액을 해당 사업연도의 법인세액에 가산하여 납부하여야 한다.

$$\text{이자상당액} = \text{법인세액의 차액} \times \text{이자율} \times \text{이자계산기간의 일수}$$

① 법인세액의 차액 : 해당 고유목적사업준비금의 잔액을 손금에 산입한 사업연도에 그 잔액을 손금에 산입함에 따라 발생한 법인세액의 차액
② 이자율 : 1일 22/100,000의 이율
③ 이자계산기간의 일수 : 이자계산기간의 일수란 해당 준비금을 손금에 산입한 사업연도의 다음 사업연도의 개시일부터 납부 사유가 발생함으로써 해당 준비금을 익금에 산입한 사업연도의 종료일까지의 일수를 말한다.

(6) 의료법인의 특례

고유목적사업준비금을 손금에 산입하고자 하는 의료법인은 손금으로 계상한 고유목적
사업준비금 상당액을 고유목적사업준비금의 적립 및 지출에 관하여 다른 회계와 구분하
여 독립적으로 경리하는 의료발전회계로 구분하여 경리하여야 한다.

(7) 고유목적사업준비금의 회계처리 및 세무처리

구 분	결산조정 처리할 때	신고조정 처리할 때
준비금 설정 때	(차) 고유목적사업준비금전입액 500 　　　(손익계산서 비용) 　　　(대) 고유목적사업준비금　　　500 　　　　　(재무상태표 부채) (세무조정)손금산입한도범위내 조정 없음	(차) 미처분이익잉여금　　　　500 　　　(대) 고유목적사업준비금　　500 　　　　　(재무상태표 자본) (세무조정)손금산입　500(△유보)
준비금 지출 때	(차) 고유목적사업준비금　　　200 　　　(대) 현　　　　　금　　　200 (세무조정)손금산입한도범위 조정 없음	(차) 사업비용　　　　　　　200 　　　(손익계산서 비용) 　　　(대) 현　　　　　금　　　200 (세무조정)익금산입　200(유보)
미사용액 환입 때	(차) 고유목적사업준비금　　　300 　　　(대) 고유목적사업준비금환입 300 　　　　　(손익계산서 수익) (세무조정)손금산입한도범위내 조정 없음 다만, 환입액 300에 대한 이자상당액은 추가 납부해야 함.	(차) 고유목적사업준비금　　　300 　　　(재무상태표 자본) 　　　(대) 미처분이익잉여금　　　300 (세무조정)익금산입 300(유보) 다만, 환입액 300에 대한 이자상당액은 추가 납부해야 함.

2. 법인세법상 보험사업을 경영하는 법인의 책임준비금

(1) 설정한도

책임준비금의 손금산입 한도는 다음의 금액을 합산한 금액으로 한다.

① 해약환급액

금융위원장(농업협동조합법에 따른 공제사업의 경우에는 농림부장관, 수산업협동조합
법에 따른 공제사업의 경우에는 해양수산부장관, 수출보험법에 따른 수출보험사업의
경우에는 산업통산자원부장관, 새마을금고법에 따른 공제사업은 행정안전부장관, 건
설산업기본법에 따른 공제사업의 경우에는 국토교통부장관, 중소기업협동조합법에 따

른 공제사업의 경우에는 중소기업청장을 말함)이 인가한 보험규정에 따라 해당 사업연도 종료일 현재 모든 보험계약이 해약된 경우 계약자 또는 수익자에게 지급하여야 할 환급액(해약공제액을 포함)

② 추정보험금 상당액

해당 사업연도 종료일 현재 보험사고가 발생하였으나 아직 지급하여야 할 보험금이 확정되지 아니한 경우 그 손해액을 고려하여 추정한 보험금상당액. 다만, 인보험에서는 보험 계약상의 보험금으로 한다.

③ 배당적립금

금융감독원장 등이 기획재정부장관과 협의하여 정한 손금산입기준에 따라 적립한 배당적립금

(2) 준비금의 사용 및 상계

책임준비금에 대한 사용의무 및 상계 등에 대하여는 명문의 규정이 없다.

(3) 환 입

손금에 산입한 책임준비금은 다음 사업연도 또는 손금에 산입한 날이 속하는 사업연도의 종료일 이후 3년이 되는 날(3년이 되기 전에 해산 등 대통령령으로 정하는 사유가 발생할 때는 해당 사유가 발생한 날)이 속하는 사업연도의 소득금액을 계산할 때 익금에 산입한다. 다만, 책임준비금을 손금에 산입한 날이 속하는 사업연도의 종료일 이후 3년이 되는 날이 속하는 사업연도의 소득금액을 계산할 때 책임준비금을 익금에 산입하는 경우 대통령령으로 정하는 바에 따라 계산한 이자상당액을 해당 사업연도의 법인세에 가산하여 납부하여야 한다.

> 이자상당액 = 법인세 차액[1] × 이자율[2] × 이자계산기간의 일수[3]

[1] 법인세 차액 : 해당 책임준비금을 손금에 산입한 사업연도에 그 책임준비금을 손금에 산입함에 따라 발생한 법인세의 차액
[2] 이자율 : 1일 10만분의 22의 율
[3] 이자계산기간의 일수 : 해당 책임준비금을 손금에 산입한 사업연도 종료일의 다음 날부터 해당 책임준비금을 익금에 산입한 사업연도 종료일까지의 일수

3. 법인세법상 보험사업을 경영하는 법인의 비상위험준비금

(1) 설정한도

비상위험준비금은 누적적 준비금으로서 손금산입 한도는 다음과 같이 일반한도와 누적한도로 구분되어 진다.

① 일반한도

일반한도는 해당 사업연도의 단기손해보험(인보험의 경우에는 해약환급금이나 만기지급금이 없는 사망보험 및 질병보험에 한함)에 의한 보유보험료의 합계액에 금융감독원이 정하는 보험종목별 적립기준율을 곱하여 계산한 금액으로 한다. 다만, 국제회계기준을 적용하는 보험사는 일반한도의 금액의 100분의 90을 신고조정으로 손금산입할 수 있다.

② 누적한도

비상위험준비금의 누적액은 해당 사업연도의 단기손해보험에 의한 경과보험료의 합계액의 100분의 50(자동차보험은 100분의 40)을 한도로 한다.

(2) 사용 및 상계

비상위험준비금의 처리 및 경과보험료의 계산방법은 보험업법 시행규칙의 규정에 따라 금융감독원이 정하는 바에 의한다.

(3) 환 입

비상위험준비금은 누적적 준비금에 해당하므로 환입에 대하여는 별도의 규정은 대통령령에 따라 정한다.

4. 법인세법상 보험회사를 경영하는 법인의 해약환급금준비금

(1) 설정한도

보험업법에 따른 보험회사가 해약환급금준비금(보험회사가 보험계약의 해약 등에 대비하여 적립하는 금액으로서 대통령령으로 정하는 바에 따라 계산한 금액을 말한다. 이하이 조에서 같다)을 세무조정계산서에 계상하고 그 금액 상당액을 해당 사업연도의 이익처분을 할 때 해약환급금준비금으로 적립한 경우에는 그 금액을 해당 사업연도의 소득금액을 계산할 때 손금에 산입한다.

(2) 준비금의 손금산입방법

해약환급금준비금을 손금에 산입하고자 하는 보험회사는 해약환급금준비금에 관한 명세서를 납세지 관할 세무서장에게 제출하여야 한다.

(3) 환 입

해약환급금준비금은 누적적 준비금에 해당하므로 환입에 대하여는 별도의 규정은 대통령령에 따라 정한다.

5. 조세특례제한법상 고유목적사업준비금

(1) 수익사업 소득의 100%를 고유목적사업준비금으로 손금산입하는 대상법인

① 사립학교법에 따른 학교법인 및 평생교육법에 따른 원격대학형태의 평생교육시설을 운영하는 민법 제32조에 의한 비영리법인
② 사회복지사업법에 따른 사회복지법인
③ 국립대학교병원설치법에 따른 국립대학교병원, 서울대학교병원설치법에 따른 서울대학교병원 및 국립암센터법에 따른 국립암센터
④ 도서관및독서진흥법에 따라 등록한 도서관을 운영하는 법인
⑤ 박물관및미술관진흥법에 따라 등록한 박물관 또는 미술관을 운영하는 법인
⑥ 정부로부터 허가 또는 인가를 받은 문화예술단체로써 기획재정부장관이 문화체육관광부장관과 협의하여 고시하는 법인 또는 단체
⑦ 국립대학법인 서울대학교·인천대학교 및 발전기금
⑧ 국립대학 치과병원, 국립중앙의료원
⑨ 공익법인으로서 고유목적지출액 중 80% 이상을 장학금으로 지출하는 법인
⑩ 대학병원이 없는 인구 30만명 이하 시·군지역의 의료업을 영위하는 비영리 내국법인
⑪ 공무원연금공단, 사립학교교직원연금공단
⑫ 국제행사 조직위원회(단, 국제행사가 종료된 조직위원회는 일몰 적용)

(2) 준비금의 손금산입

조세특례제한법상 준비금은 결산조정에 의하여 손금산입하는 것을 원칙으로 하되, 기업회계와의 마찰을 해소하기 위하여 잉여금 처분에 의한 신고조정을 할 수 있도록 규정하고 있다.

제13장 부당행위계산부인

부당행위계산부인의 적용

1. 부당행위계산부인의 의의

부당행위계산의 부인이란 특수관계인과의 거래에 있어서 경제적 합리성이 결여됨으로써 조세의 부담을 부당하게 감소시킨 경우에 과세관청은 합리적인 방법에 따라 과세소득을 계산하는 제도로서 실질과세원칙에 그 근거를 두고 있으며, 조세회피를 방지함과 동시에 조세부담의 공평을 실현하기 위한 취지로 규정하고 있다.

2. 적용요건

(1) 적용대상 법인

모든 법인을 대상으로 한다. 따라서 내국법인·영리법인은 물론 외국법인과 비영리법인 및 청산중인 법인 등이 모두 부당행위계산부인의 대상이 된다. 이 경우 시가와 거래가액의 차액이 3억원 이상이거나 시가의 5%에 상당하는 금액 이상인 경우에만 부당행위계산의 부인규정을 적용한다.

(2) 행위계산의 부당성

법인의 행위 또는 계산이 부당하여야 한다. 이 경우 부당 여부의 판단은 행위 당시를 기준으로 판정하는 것으로서 부당한 행위 또는 계산을 예시하면 다음과 같다. 다만, 불균등 합병의 규정을 적용하면서 특수관계인인 법인의 판정은 합병등기일이 속하는 사업연도의 직전 사업연도의 개시일(그 개시일이 서로 다른 법인이 합병한 경우에는 먼저 개시한 날)부터 합병등기일까지의 기간에 의한다.

① 자산을 시가보다 높은 가액으로 매입 또는 현물출자 받았거나 그 자산을 과대 상각한 경우

② 특수관계인에 해당하는 법인 간 합병·분할에 있어서 불공정한 비율로 합병·분할하여 합병·분할에 따른 양도손익을 감소시킨 경우

③ 자산을 무상 또는 시가보다 낮은 가액으로 양도 또는 현물출자한 경우

④ 불량자산을 차환하거나 불량채권을 양수한 경우

⑤ 출연금을 대신 부담한 경우

⑥ 금전 기타자산 또는 용역을 무상 또는 낮은 이율·요율이나 임대료로 빌려주거나 제공한 경우. 다만, 주주 등이나 출연자가 아닌 임원(소액주주 등 임원을 포함) 및 사용인에게 사택(임차사택도 포함)을 제공하는 경우를 제외한다.

⑦ 금전 기타자산 또는 용역을 시가보다 높은 이율·요율이나 임차료로 빌리거나 받은 경우

⑧ 다음에 해당하는 자본거래로 인하여 주주 등인 법인이 특수관계인인 다른 주주 등에게 이익을 나누어 준 경우

■ 특수관계인인 법인 간의 합병(분할합병을 포함함)에 있어서 주식 등을 시가보다 높거나 낮게 평가하여 불공정한 비율로 합병한 경우

■ 법인의 증자에 있어서 신주를 배정받을 수 있는 권리의 전부 또는 일부를 포기(그 포기한 신주가 증권거래법 제2조 제3항의 규정에 따른 모집방법으로 배정되는 경우를 제외)하거나 신주를 시가보다 높은 가액으로 인수하는 경우

■ 법인의 감자에 있어서 주주 등의 소유주식 등의 비율에 의하지 아니하고 일부 주주 등의 주식 등을 소각하는 경우

⑨ 기타 위에 따르는 행위 또는 계산 및 그 외에 법인의 이익을 나누어 주었다고 인정되는 경우

(3) 부당행위의 판단기준

부당행위계산은 판단은 정상이율·요율·적정임대료 및 시가 등을 기준으로 하는 것이며, 부당행위계산 여부에 대한 입증의 책임은 과세관청이 부담하여야 한다.

1) 원칙 : 시가

시가란 해당 거래와 유사한 상황에서 특수관계인 외의 불특정다수인과 계속 거래한 가격 또는 특수관계인이 아닌 제3자간에 일반적으로 거래된 가격을 말한다.

2) 시가가 불분명한 경우 : 다음의 내용을 차례로 적용

① 부동산가격공시 및 감정평가에 관한 법률에 따른 감정평가법인이 감정한 가액이 있는 경우 그 가액(감정한 가액이 2 이상이면 그 감정한 가액의 평균액). 다만, 주식, 가상자산 등은 이를 적용하지 아니한다.
② 상속세및증여세법의 보충적 평가액

3) 기타 거래형태별 판단기준

① 금전의 대여 또는 차용의 경우
- 기획재정부령으로 정하는 바에 따라 계산한 가중평균차입이자율을 적용하되, 적용할 수 없는 경우로서 기획재정부령으로 정하는 당좌대출이자율을 적용한다. 여기서 당좌대출이자율은 금융기관의 당좌대출이자율을 고려하여 기획재정부령이 정하는 이자율을 말한다. 한편, 가중평균차입이자율은 대여시점 현재 각각의 차입금잔액에 차입 당시의 각각 이자율을 곱한 금액의 합계액을 해당 차입금잔액의 총액으로 나눈 이자율을 말한다.
- 해당 법인이 신고와 함께 당좌대출이자율을 시가로 선택하는 경우 선택한 사업연도와 이후 2개 사업연도는 당좌대출이자율을 시가로 적용해야 한다.

참고 가중평균차입이자율

> 가중평균차입이자율이란 법인이 대여시점 현재 각각의 차입금 잔액(특수관계인으로부터의 차입금은 제외)에 차입 당시의 각각의 이자율을 곱한 금액의 합계액을 해당 차입금 잔액의 총액으로 나눈 이자율을 말한다. 이 경우 법인이 변동금리로 차입한 경우에는 차입 당시의 이자율로 차입금을 상환하고 변동된 이자율로 동 금액을 다시 차입한 것으로 본다. 또한, 차입금의 채권자가 불분명한 사채 또는 매입자가 불분명한 채권·증권의 발행으로 조달된 차입금에 해당하는 때에는 해당 차입금의 잔액은 가중평균차입이자율 계산을 위한 잔액에 포함되지 아니한다.

② 금전을 제외한 자산 또는 용역의 제공

■ 유형 또는 무형의 자산을 제공하거나 받는 경우

$$시가 = \{(해당\ 자산의\ 시가 \times 50\%) - 전세금\ 또는\ 보증금\} \times (해당일수 \div 365) \times 정기예금이자율$$

■ 건설 기타 용역을 제공하거나 받는 경우

$$시가 = 용역제공의\ 원가 \times (\ 1\ +\ 특수관계인\ 외의\ 자에게\ 제공한\ 유사거래\ 또는\ 특수관계\ 없는$$
$$제3자\ 간의\ 거래에서의\ 수익률)$$

$$※\ 특수관계인\ 외의\ 자에게\ 제공한\ 유사거래\ 또는 \quad : \quad \frac{기업회계의\ 매출액 - 매출원가}{매출원가}$$
$$특수관계\ 없는\ 제3자\ 간의\ 거래에서의\ 수익률$$

(4) 특수관계인과 거래

다음에 해당하는 특수관계인과의 거래에 대하여만 부당행위계산부인 규정을 적용한다. 여기서 특수관계인 여부는 쌍방관계를 기준으로 판단한다.

① 임원의 임면권 행사, 사업방침의 결정 등 해당 법인의 경영에 대하여 사실상 영향력을 행사하고 있다고 인정되는 자(상법 제401조의 2 제1항의 규정에 따라 이사로 보는 자를 포함)와 그 친족

② 주주 등(소액주주 등을 제외함)과 그 친족

③ 법인의 임원·사용인 또는 주주 등의 사용인(주주 등이 영리법인이면 그 임원을, 비영리법인이면 그 이사 또는 설립자를 말함)이나 사용인 외의 자로서 법인 또는 주주 등의 금전 기타자산에 의하여 생계를 유지하는 자와 이들과 생계를 함께 하는 친족

④ 해당 법인이 직접 또는 그와 ①부터 ③까지에 해당하는 자를 통하여 경영에 지배적인 영향력을 행사하고 있는 법인

⑤ 해당 법인이 직접 또는 그와 ①부터 ④까지에 해당하는 자를 통하여 경영에 지배적인 영향력을 행사하고 있는 법인

⑥ 해당 법인에 30% 이상을 출자하고 있는 법인에 30% 이상을 출자하고 있는 법인이나 개인

⑦ 해당 법인이 「독점규제 및 공정거래에 관한 법률」에 의한 기업집단에 속하는 법인이면 그 기업집단에 소속된 다른 계열회사 또는 그 계열회사의 임원

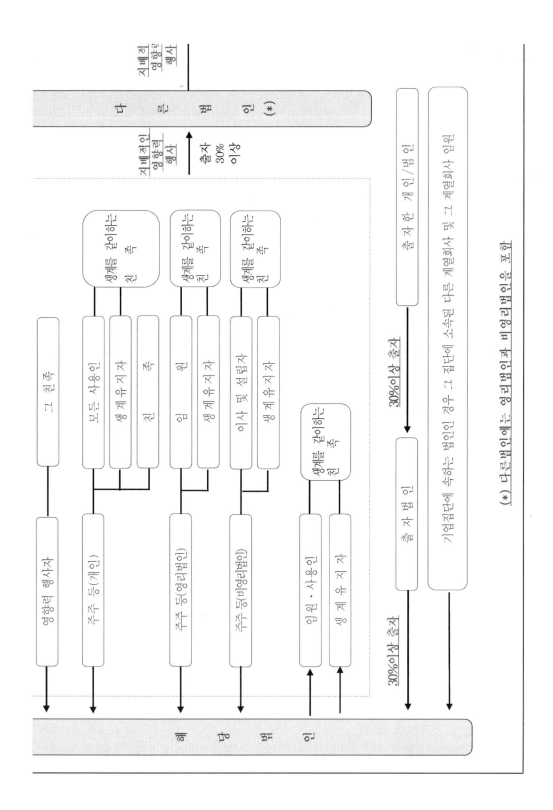

지배적 영향력 행사

다 른 법 인 (*)

지배적인 영향력 행사
출자 30% 이상

그 친족	생계를 같이하는 족
모든 사용인	생계를 같이하는 친족
	친족
임 원	생계를 같이하는 친족
	생계 유지 자
이사 및 설립자	생계를 같이하는 친족
	생계 유지 자

영향력 행사자

주주 등(개인)

주주 등(영리법인)

주주 등(비영리법인)

임원 · 사용인 ← 생계를 같이하는 친족

생계유지자 ← 생계를 같이하는 친족

해 당 법 인

출자한 개인/법인

30%이상 출자

출자 법 인

기업집단에 속하는 법인인 경우 그 집단에 소속된 다른 계열회사 및 그 계열회사 임원

30%이상 출자

(*) 다른법인에는 영리법인과 비영리법인을 포함

소액주주의 범위(법인세법시행령 50②)

발행주식총수 또는 출자총액의 100분의 1에 미달하는 주식 또는 출자지분을 소유한 주주 등을 말한다. 해당 법인의 지배주주 등(국가 또는 지방자치단체인 지배주주 등을 제외함)과 특수관계인은 소액주주 등으로 보지 아니한다.

지배주주의 범위(법인세법시행령 43⑦)

법인의 발행주식총수 또는 출자총액의 100분의 1 이상의 주식 또는 출자지분을 소유한 주주 등으로서 그의 특수관계인과의 소유주식 또는 출자지분의 합계가 해당 법인의 주주 등 중 가장 많은 경우의 해당 주주 등을 말한다.

지배주주를 판정하면서 특수관계인의 범위(법인세법시행령 43⑧)

1. 해당 주주 등이 개인이면 다음 각 목의 어느 하나에 해당하는 관계에 있는 자
   가. 친족
   나. 임원의 임면권 행사, 사업방침의 결정 등 해당 법인의 경영에 대하여 사실상의 영향력이 있다고 인정되는 경우의 해당 법인
   다. 해당 주주 등과 가목 및 나목에 해당하는 자가 발행주식총수 또는 출자총액의 100분의 30 이상을 출자하고 있는 법인
   라. 해당 주주 등과 그 친족이 이사의 과반수를 차지하거나 출연금(설립을 위한 출연금에 한함)의 100분의 50 이상을 출연하고 그중 1인이 설립자로 되어 있는 비영리법인
   마. 다목 및 라목에 해당하는 법인이 발행주식총수 또는 출자총액의 100분의 50 이상을 출자하고 있는 법인
2. 해당 주주 등이 법인이면 부당행위계산부인에서 특수관계와 해당하는 관계에 있는 자

지배적인 영향력

1. 영리법인의 경우
   가. 법인의 발행주식총수 또는 출자총액의 30% 이상을 출자한 경우
   나. 임원의 임면권 행사, 사업방침의 결정 등 법인의 경영에 대하여 사실상 영향력을 행사하고 있다고 인정되는 경우
2. 비영리법인의 경우
   가. 법인의 이사 과반수를 차지하는 경우
   나. 법인의 출연재산(설립을 위한 출연재산만 해당)의 30% 이상을 출연하고 그중 1인이 설립자인 경우

(5) 조세부담의 감소

부당행위계산의 결과 조세부담의 감소라는 사실이 발생하여야 한다. 따라서 부당행위계산과 조세부담의 감소와의 사이에 상당한 인과관계가 있어야 한다.

예제) 자산을 고가 취득한 경우

㈜경인의 제18기 사업연도(1.1.~12.31.) 비품에 관한 자료이며, 사업연도별로 적정하게 회계처리 및 세무조정을 하였다고 가정한다.

제18기 1월 12일 대주주 甲으로부터 시가 30,000,000원인 비품을 50,000,000원에 취득하고, 대금을 전액 현금 지급하였다. 단, 비품의 신고내용연수는 5년이며, 상각방법은 정액법을 적용하여 손익계산서에 반영하였다.

제20기 6월 30일 ㈜인천에 해당 비품을 20,000,000원 처분하고, 대금을 전액 현금 수취하였다. 단, ㈜경인과 ㈜인천은 특수관계가 없는 것으로 가정한다.

→ **요구사항**

제18기, 제19기 및 제20기의 회계처리와 세무조정을 하라.

1. 부당행위계산부인에 해당하는지 여부 판단

$$\frac{취득금액 - 시가}{시가} = \frac{50,000,000 - 30,000,000}{30,000,000} = 66.7\% \geq 5\%$$

2. 회계처리와 세무조정

구 분	㈜경인의 회계처리		법인세법상 회계처리	
제18기 1월 취득	비 품	50,000,000	비 품	30,000,000
	현 금	50,000,000	이익잉여금	20,000,000
			현 금	50,000,000

(세무조정) 손금산입(△유보) 20,000,000원, 손금불산입(배당) 20,000,000원

제18기 결산	감가상각비	10,000,000	감가상각비	6,000,000
	감가상각누계액	10,000,000	감가상각누계액	6,000,000

(세무조정) 손금불산입(유보) 4,000,000원

제19기 결산	감가상각비	10,000,000	감가상각비	6,000,000
	감가상각누계액	10,000,000	감가상각누계액	6,000,000
(세무조정) 손금불산입(유보) 4,000,000원				
제20기 6월 처분	현　　금	20,000,000	현　　금	20,000,000
	감가상각누계액	20,000,000	감가상각누계액	12,000,000
	유형자산처분손	10,000,000	유형자산처분익	2,000,000
	비　　품	50,000,000	비　　품	30,000,000
(세무조정) 손금불산입(유보) 10,000,000원, 익금산입(유보) 2,000,000원				
〈별해〉 제20기 상각 후 6월 처분	감가상각비	5,000,000	감가상각비	3,000,000
	감가상각누계액	5,000,000	감가상각누계액	3,000,000
	현　　금	20,000,000	현　　금	20,000,000
	감가상각누계액	25,000,000	감가상각누계액	15,000,000
	유형자산처분손	5,000,000	유형자산처분익	5,000,000
	비　　품	50,000,000	비　　품	30,000,000
(세무조정) 손금불산입(유보) 2,000,000원, 손금불산입(유보) 5,000,000원 익금산입(유보) 5,000,000원				

3. 부당행위계산부인의 효과

(1) 과세소득의 증가

부당행위계산에 대하여 익금산입 또는 손금불산입함에 따라 과세소득금액이 증가하게 되며, 이 경우 소득처분은 특수관계인에 대한 사외유출로 처분한다.

(2) 당사자 간의 법률효과에 영향 없음

법률상 적법하고 유효한 행위에 대하여 경제적 효과인 과세소득을 계산함에 부당행위 계산을 부인하는 것이므로 당사자 간의 법률행위에 영향을 미치지 아니한다.

(3) 조세범처벌법상 특례

부당행위계산을 부인한 금액에 대하여는 기업회계와 세무회계의 차이에 해당하는 조세 포탈의 예외로 인정함으로써 조세범으로 처벌되지 아니한다.

제2절 가지급금 인정이자의 계산

1. 적용대상

명칭 여하에 불구하고 특수관계인에게 업무와 관련 없이 금전을 대여한 경우에 시가와 실제로 받은 이자의 이자율과의 차이에 해당하는 금액에 대하여 인정이자의 규정이 적용된다. 실무에서는 주로 업무무관 가지급금과 비현실 퇴직자에 대한 퇴직금의 지급 등에게 적용된다.

2. 적용배제

다음의 금액에 대하여는 인정이자를 계산하지 아니하는바, 이는 지급이자의 부인대상에서 제외되는 가지급금과 같다.

① 소득세법의 규정에 따라 지급한 것으로 보는 미지급소득에 대한 소득세(지방소득세와 중간예납세액상당액을 포함)를 법인이 납부하고, 이를 가지급금 등으로 계상한 금액. 이 경우 다음 계산식에 의한 금액을 한도로 한다.

$$\text{미지급소득에 대한 소득세액} = \text{종합소득 총결정세액} \times \frac{\text{미지급소득}}{\text{종합소득금액}}$$

② 정부의 허가를 받아 국외에 자본을 투자한 내국법인이 해당 국외투자법인에 종사하거나 종사할 자의 여비·급료 기타 비용을 대신하여 부담하고 이를 가지급금 등으로 계상한 금액(그 금액을 실지로 환급받을 때까지의 기간에 상당하는 금액에 한함)

③ 법인이 근로자복지기본법 제2조 제4호의 규정에 따른 우리사주조합 또는 그 조합원에게 해당 법인의 주식취득(조합원 간에 주식을 매매하는 경우와 조합원이 취득한 주식을 교환하거나 현물출자함으로써 독점규제 및 공정거래에 관한 법률에 따른 지주회사 또는 금융지주회사법에 따른 금융지주회사의 주식을 취득하는 경우를 포함)에 소요되는 자금을 대여한 금액(상환할 때까지의 기간에 상당하는 금액에 한함)

④ 국민연금법에 따라 근로자가 받은 것으로 보는 퇴직금전환금(해당 근로자가 퇴직할 때까지의 기간에 상당하는 금액에 한함)

⑤ 법인세법 시행령 제106조 제1항 제1호 단서의 규정에 따라 대표자에게 상여로 처분한 금액에 대한 소득세를 법인이 납부하고 이를 가지급금으로 계상한 금액(특수관계가 소멸할 때까지의 기간에 상당하는 금액에 한함)
⑥ 사용인에 대한 월정급여액의 범위 안에서의 일시적인 급료 가불금
⑦ 사용인에 대한 경조사비 또는 학자금(자녀에 대한 학자금 포함)의 대여금액
⑧ 한국자산관리공사가 출자총액의 전액을 출자하여 설립한 법인에 대여한 금액

3. 동일인에 대한 가수금이 있는 경우

동일인에 대한 가지급금과 가수금이 함께 있는 경우에는 이를 상계한 잔액을 기준으로 인정이자를 계산한다. 다만, 동일인에 대한 가지급금 등과 가수금의 발생하는 경우 각각 상환기간 및 이자율 등에 관한 약정이 있어 이를 상계할 수 없는 경우에는 이를 상계하지 아니한다. 또한, 가지급금 등과 가수금이 사실상 동일인의 것이라고 볼 수 없는 경우에도 이를 상계하지 아니한다.

4. 인정이자의 계산

가. 인정이자의 계산

$$\text{인정이자} = \text{가지급금 등의 적수} \times \text{인정이자율} \times \frac{1}{365}\left(\text{윤년}\ \frac{1}{366}\right)$$

나. 적수의 계산

인정이자는 특수관계인 각각에 대해 계산하여야 하므로 적수의 계산도 특수관계인 각각 계산하여야 한다.

다. 인정이자율

① 일반적인 경우

- 기획재정부령으로 정하는 바에 따라 계산한 가중평균차입이자율을 적용한다. 여기서 가중평균차입이자율이란 대여시점 현재 각각의 차입금잔액에 차입 당시 각각의 이자율을 곱한 금액의 합계액을 해당 차입금잔액의 총액으로 나눈 이자율을 말한다.

$$\text{가중평균 차입이자율} = \frac{(\text{자금대여시점 각각의 차입금잔액}\times\text{차입 당시 각각의 이자율})\text{의 합계액}}{\text{자금대여시점 차입금잔액의 총액}}$$

- 한편, 가중평균차입이자율 적용이 불가능한 경우 등 기획재정부령으로 정하는 경우는 해당 사업연도만 당좌대출이자율을 적용할 수 있다. 여기서 당좌대출이자율은 금융기관의 당좌대출이자율을 고려하여 국세청장이 정하는 이자율을 말한다.

구 분	내 용
해당 사업연도만 적용	• 특수관계인이 아닌 자로부터 차입한 금액이 없는 경우 • 차입금 전액이 채권자가 불분명한 사채 또는 매입자가 불분명한 채권·증권의 발행으로 조달된 경우 • 대여자의 가중평균차입이자율과 대출이자율이 차입자의 가중평균차입이자율보다 큰 경우
해당 대여금(차입금)만 적용	• 대여한 날(계약을 갱신한 경우에는 그 갱신일)부터 해당 사업연도 종료일(해당 사업연도에 상환하는 경우는 상환일)까지의 기간이 5년을 초과하는 대여금(차입금)이 있는 경우
선택 사업연도와 이후 2개 사업연도에 적용	• 당좌대출이자율을 시가로 선택하여 신고한 경우 (3년 의무적용기간 경과 후 다시 당좌대출이자율 적용을 선택하여 신고하는 경우 다시 3년간 의무 적용)

② 특 례

- 법인 또는 사업을 영위하는 개인에게 대여한 경우로서 상환기간을 정하여 당좌대출이자율로 이자를 수수하기로 약정한 경우의 그 대여금은 약정에 의한 해당 이자율을 적용한다.
- 무주택사용인에게 국민주택규모 이하의 주택의 구매 또는 임차에 드는 금액을 대여한 경우로서 상환기간을 정하여 당좌대출이자율로 이자를 수수하기로 약정한 경우의 그 대여금은 약정한 해당 이자율을 적용한다.

■ 금융지주회사법에 따른 지주회사가 당좌대출이자율보다 낮은 이자율로 차입한 금액의 범위 내에서 자회사에 가중평균차입이자율 이상으로 대여한 경우에는 해당 이자율을 적용한다. 다만, 대여금의 이자율이 당좌대출이자율보다 높은 경우에는 그 이자율을 적용하여야 한다.

5. 인정이자에 대한 세무조정

1) 사전약정이 있는 경우

① 처분의 원칙

특수관계인과의 자금거래에서 발생한 가지급금 등과 동 이자상당액이 다음에 해당하는 경우에는 이를 법인세법에 따라 소득처분한 것으로 본다. 다만, 회수하지 아니한 정당한 사유가 있거나, 회수할 것임이 객관적으로 입증되는 경우에는 그러하지 아니한다.

■ 특수관계가 소멸할 때까지 회수되지 않은 가지급금 등과 미수이자
■ 특수관계가 계속되는 경우 이자발생일이 속하는 사업연도 종료일로부터 1년이 되는 날까지 회수하지 아니한 미수이자

② 처분의 시기

①의 규정에 따른 가지급금 등은 다음에 해당하는 날이 속하는 사업연도에 이를 처분한 것으로 본다.

■ 가지급금 등 : 특수관계가 소멸하는 날
■ 미수이자 : 발생일이 속하는 사업연도 종료일로부터 1년이 되는 날. 다만, 1년 이내에 특수관계가 소멸하는 경우에는 그 특수관계가 소멸하는 날에 처분한 것으로 본다.

③ 처분 후에 회수한 금액의 처리

①의 규정에 따라 처분한 것으로 보는 미수이자를 그 후에 영수하는 때에는 이를 이월익금으로 보아 영수하는 사업연도의 소득금액 계산상 이를 익금에 산입하지 아니한다.

④ 상대방의 미지급이자 등에 대한 처리

①의 규정에 따라 처분한 것으로 보는 미수이자에 상당하는 다른 상대방의 미지급이자는 이를 실제로 지급할 때까지는 채무로 보지 아니한다. 따라서 동 미지급이자는 그

발생일이 속하는 사업연도 종료일부터 1년이 되는 날이 속하는 사업연도의 소득금액계산상 익금에 산입하고, 동 미지급이자를 실제로 지급하는 사업연도의 소득금액계산상 손금에 산입한다.

2) 사전약정이 없는 경우

① 인정이자로서 익금에 산입한 금액은 금전을 대여 받은 자의 구분에 따라 다음과 같이 처분한다.

- 출자자(출자임원 제외) ·· 배당
- 사용인(임원 포함) ··· 상여
- 법인 또는 사업을 영위하는 개인 ····························· 기타사외유출
- 전 각호 이외의 개인 ··· 기타소득

② 법인이 특수관계인 간의 금전거래에 있어서 상환기간 및 이자율 등에 대한 약정이 없는 대여금 및 가지급금 등에 대하여 결산상 미수이자를 계상한 때도 동 미수이자는 익금불산입하고 법인세법 시행령 제89조 제3항 및 제5항의 규정에 따라 계산한 인정이자상당액을 익금에 산입하고 소득처분한다.

6. 가지급금 인정이자 조정명세서 작성사례

(주)동양의 제18기 2024년 1월 1일부터 2024년 12월 31일까지 가지급금(가수금)에 관한 자료이다. (주)동양의 제18기 사업연도에 필요한 세무조정 및 조정명세서를 작성하라.

① 각인의 가지급금 및 가수금계정

㉮ 김계양(대표이사)의 가지급금계정

월 일	적 요	차 변	대 변	잔 액	비 고
2024. 1. 1	전기이월	10,000,000		10,000,000	전액 일시가불임
3. 9	가불일부회수		5,000,000	5,000,000	
5.31	종합소득세가불	7,000,000		12,000,000	전액 해당 사업연도 말까지 미지급된 배당소득에 대한 해당 세액임
8.16	일시가불	3,000,000		15,000,000	
12.31	차기이월		15,000,000		

㉯ 김계양의 가수금계정

월 일	적 요	차 변	대 변	잔 액	비 고
2024.4.1	일시가수		3,000,000	3,000,000	
5.31	전부반제	3,000,000		0	

㉰ 기타 특수관계인에 대한 가지급금 및 가수금 내역

- 각인에 대한 인정이자 조정명세서(을)는 생략함.

성 명	가지급금적수	가 수 금 적 수
이만수(전무이사)	1,919,438,000	185,238,000
종로산업(주)	3,482,459,000	0

② 지급이자내역

이 자 율	지 급 이 자	비 고
10%	500,000	차입금 적수는 이자율과 지급이자에 의하여 계산함.
9%	2,700,000	
8%	1,920,000	
계	5,120,000	

③ 당좌대출이자율 : 4.6%(단, 가중평균차입이자율을 적용이 불가능하다고 인정되는 사유에 해당한다고 가정한다.)

④ 가지급금과 가수금 관련 이자는 없는 것으로 가정함.

① 먼저 가지급금 등의 인정이자조정명세서(을) (적수계산서)을 작성함.

    ㉮ 해당자가 여러 사람일 경우는 별지로 작성하여 첨부함.

    ㉯ 가지급금과 가수금의 적수계산 결과 가수금적수가 가지급금적수를 초과하는 때도 작성하여야 함.

② 김계양 가지급금 적수계산

가지급금잔액	기　간	일수	적　수	비　　　고
10,000,000	1. 1 ~ 3. 8	68	680,000,000	(5/31) 7,000,000원은 미지급 배당
5,000,000	3. 9 ~ 8.15	160	800,000,000	소득에 대한 종합소득세해당액이므로
8,000,000	8.16 ~ 12.31	138	1,104,000,000	인정이자를 계산하지 않음.
계		366	2,584,000,000	

* 일수계산시 초일은 산입하고 회수일은 제외

- 김계양 가수금 적수계산

가수금잔액	기　간	일수	적　수	비　　　고
3,000,000	4.1 ~5.30	60	180,000,000	
계		60	180,000,000	

③ 가지급금 및 가수금적수를 조정명세서(갑)에 이기하여 차감적수를 계산하여, 적용할 인정이자율(가중평균차입금이자율 또는 당좌대출이자율)을 기재한 후 사람별로 인정이자를 각각 계산한다. 그다음, 회사에서 계상한 이자가 있는지를 확인한 후 인정이자에서 차감한다. 그리고 그 차액이 3억원 이상이거나 시가의 5% 이상 차이가 발생할 때는 해당 금액을 익금산입한다.

④ 세무조정

    ㉮ 김계양에 대한 인정이자　　　302,142원(익금산입, 상여)

       302,142 = (2,584,000,000 − 180,000,000) × 4.6% × 1/366

    ㉯ 이만수에 대한 인정이자　　　217,959원(익금산입, 상여)

       217,959 = (1,919,438,000 − 185,238,000) × 4.6% × 1/366

    ㉰ 종로산업(주)에 대한 인정이자　　437,686원(익금산입, 기타사외유출)

       437,686 = 3,482,459,000 × 4.6% × 1/366

사 업 연 도	2024.01.01. ~ 2024.12.31	가지급금 등의 인정이자 조정명세서(을)		법 인 명	(주)동양
				사업자등록번호	

직책(대표이사) 성명 (김계양)

1. 가중평균차입이자율에 따른 가지급금 등의 적수, 인정이자 계산

대여기간		③ 연월일	④ 적 요	⑤ 차 변	⑥ 대 변	⑦잔 액 (⑤-⑥)	⑧ 일수	⑨가지급금 적수 (⑦×⑧)	⑩ 가수금 적수	⑪차감 적수 (⑨-⑩)	⑫ 이자율	⑬인정 이자 (⑪×⑫)
①발생 연월일	②회수 연월일											
		계										

2. 당좌대출이자율에 따른 가지급금 등의 적수 계산

⑭연월일	⑮적 요	⑯차 변	⑰대 변	⑱잔 액	⑲ 일수	⑳가지급금 적수(⑱×⑲)	㉑ 가수금적수	㉒차감적수 (⑳-㉑)
2023. 1. 1	전 기 이 월	10,000,000		10,000,000	68	680,000,000	180,000,000	500,000,000
3. 9	일 부 회 수		5,000,000	5,000,000	160	800,000,000		800,000,000
8.16	일 시 가 불	3,000,000		8,000,000	138	1,104,000,000		1,104,000,000
12.31	차 기 이 월			8,000,000	-			
계		13,000,000	5,000,000	8,000,000	365	2,584,000,000	180,000,000	2,404,000,000

3. 가수금 등의 적수 계산

㉓연월일	㉔적 요	㉕차 변	㉖대 변	㉗잔 액	㉘일수	㉙가수금적수 (㉗×㉘)
2023. 4. 1	일 시 가 수		3,000,000	3,000,000	60	180,000,000
5.31	전 부 반 제	3,000,000		0	-	
계		3,000,000	3,000,000	0	60	180,000,000

사 업 연 도	2024.01.01. ~ 2024.12.31.	가지급금 등의 인정이자 조정명세서(갑)		법 인 명	(주)동양
				사업자등록번호	

1. 적용 이자율 선택 (√표시)

□ 「법인세법 시행령」제89조제3항제1호에 따른 당좌대출이자율

□ 「법인세법 시행령」제89조제3항제2호에 따른 가중평균차입이자율

■ 가중평균차입이자율을 선택하였으나 해당 사업연도의 경우 가중평균차입이자율 적용이 곤란하여 당좌대출이자율을 적용하는 경우

2. 가중평균차입이자율에 따른 가지급금 등의 인정이자 조정

① 성명	②가지급금 적수	③가수금 적수	④차감적수 (②-③)	⑤ 인정이자	⑥회사 계상액	시가인정범위		⑨조정액(=⑦) ⑦≧3억이거나 ⑧≧5%인 경우
						⑦차액 (⑤-⑥)	⑧비율(%) (⑦/⑤)×100	
계								

3. 당좌대출이자율에 따른 가지급금 등의 인정이자 조정

⑩ 성명	⑪가지급금 적수	⑫가수금 적수	⑬차감적수 (⑪-⑫)	⑭ 이자율	⑮ 인정이자 (⑬×⑭)	⑯회사 계상액	시가인정범위		⑲조정액(=⑰) ⑰≧3억이거나 ⑱≧5%인경우
							⑰차액 (⑮-⑯)	⑱비율(%) (⑰/⑮)×100	
김계양	2,584,000,000	180,000,000	2,404,000,000	4.6%	302,142	0	302,142	100%	302,142
이만수	1,919,438,000	185,238,000	1,734,200,000	4.6%	217,959	0	217,959	100%	217,959
종로산업	3,482,459,000	0	3,482,459,000	4.6%	437,686	0	437,686	100%	437,686
계	7,975,897,000	365,238,000	7,610,659,000		959,150	0			959,150

1. 불균등 합병의 경우

(1) 적용형태

1) 주가가 과소평가된 합병당사법인의 주주 – 손실이 발생한 주주

[법인주주]

법인주주의 경우에는 부당행위계산부인의 규정을 적용

[개인주주]

개인주주의 경우에는 과세문제가 발생하지 아니함

2) 주가가 과대평가된 합병당사법인의 주주 – 이익이 발생한 주주

[법인주주]

① 특수관계가 있는 법인으로부터 분여 받은 현저한 이익에 대하여 법인세 과세

② 합병에 따른 의제배당에 대하여 법인세 과세

[개인주주]

① 대주주

현저한 이익만 증여의제로서 증여세 과세. 이 경우 특수관계가 있는지에 관계없이 증여의제가 적용되는 것이다.

참고 현저한 이익과 대주주의 범위

- 현저한 이익 : 평가차액이 30% 이상인 경우
- 대주주의 범위 : 발행주식총수의 1% 이상 소유하고 있거나 소유주식의 액면가액이 3억원 이상인 주주

② 소액주주

법인으로부터 분여 받은 이익에 대하여 소득세 과세. 이는 법인에 부당행위계산부인을 적용하여 익금에 산입함에 따라 인정상여·인정배당 및 기타소득이 발생하게 되어 소득세가 과세되는 것이다.

③ 합병에 따른 의제배당에 대한 소득세 과세

(2) 적용요건
① 특수관계에 있는 법인 간의 합병
② 불공정한 비율로 합병

참고 불공정한 비율

주식 등을 시가보다 높거나 낮게 평가함으로써 1주당 평가차액이 합병법인의 합병 후 1주당 평가가액의 30% 이상 차이가 발생하는 경우

(3) 부당행위계산부인액의 계산 - 현저한 이익의 계산
① 1주당 평가차액

$$= \text{합병법인의 합병 후 1주당 평가가액} - \frac{\text{주가가 과대평가된 합병당사법인의}}{\text{합병비율 참작 후의 1주당 평가가액}}$$

② 합병법인의 합병 후 1주당 평가가액

$$= \frac{\text{합병 직전 합병법인 주식의 총평가액} + \text{합병 직전 피합병법인 주식의 총평가액}}{\text{합병법인의 합병 후 총발행주식수}}$$

③ 주가가 과대평가된 합병당사법인의 합병비율 참작 후 1주당 평가가액

$$= \text{합병 직전 피합병법인 주식 총평가액} \div \text{합병 교부주식수}$$

(4) 합병에 있어서 의제배당액과 분여 받은 이익의 중복과세 조정

의제배당을 적용하면서 적용할 시가는 본래의 시가를 원칙으로 하되, 불공정 자본거래로 인하여 특수관계인으로부터 분여 받은 이익이 있는 경우에는 본래의 시가에서 분여 받은 이익을 차감한 금액을 시가로 한다. 이는 신주식의 시가와 구주식의 취득가액의 차액이 의제배당에 해당함과 동시에 신주식의 시가와 구주식의 평가액의 차액이 부당행위계산부인의 적용대상이 되어 결국 분여 받은 이익에 상당하는 금액만큼 중복 과세하는 문제가 발생하기 때문이다. 다만, 합병 등 자본거래가 부당행위계산에 해당하여 그로 인한 이익분여에 대해 과세하는 경우 해당 자본거래로 취득한 유가증권 취득가액은 그 취득에 실지 소요된 금액에 해당 분여이익 상당액을 가산하여 계산한다.

2. 불공정 증자의 경우

증자에 있어서 신주를 인수할 권리를 포기하거나 신주를 높은 가격으로 인수하는 경우에 적용된다.

(1) 적용형태

1) 저가발행의 경우

[실권주를 재배정하는 경우]

① 실권주주

특수관계인에게 나누어 준 이익에 대하여 부당행위계산부인을 적용

② 실권주를 배정받은 주주

　㉠ 법인주주인 경우

　　특수관계인으로부터 분여 받은 이익을 익금에 산입하여 법인세 과세

　㉡ 개인주주인 경우

　　불공정 증자에 따른 증여의제로서 증여세 과세

[실권주를 재배정하지 아니하는 경우]

① 실권주주

다음의 요건에 해당하는 금액에 대하여 부당행위계산부인을 적용

(요 건) ▪ 특수관계인에게 나누어 준 이익으로서

▪ 그 이익이 현저한 경우

② 신주인수 참여자

다음의 요건에 해당하는 금액만 적용

㉠ 법인주주인 경우

특수관계인으로부터 나누어 받은 이익을 익금에 산입하여 법인세 과세

㉡ 개인주주의 경우

불공정 증자에 따른 증여의제로서 증여세 과세

(요 건) ▪ 특수관계인으로부터 분여 받은 이익으로서

▪ 그 이익이 현저한 경우

2) 고가발행의 경우

[실권주를 재배정하는 경우]

① 실권주를 배정받은 주주

특수관계인에게 나누어 준 이익 전액에 대하여 부당행위계산부인을 적용

② 실권주주

㉠ 법인주주인 경우

특수관계인으로부터 나누어 받은 이익 전액을 익금에 산입

㉡ 개인주주인 경우

불공정 증자에 따른 증여의제로서 증여세 과세

[실권주를 재배정하지 아니하는 경우]

① 신주인수 참여자

다음의 요건에 해당하는 금액에 한하여 부당행위계산부인을 적용

(요 건) ▪ 특수관계인에게 나누어 준 이익으로서

▪ 그 이익이 현저한 경우

② 실권주주

다음의 요건에 해당하는 금액만 적용

㉠ 법인주주인 경우

특수관계인으로부터 나누어 받은 이익 전액을 익금에 산입

㉡ 개인주주의 경우

불공정 증자에 따른 증여의제로서 증여세 과세

(요 건) ■ 특수관계인으로부터 나누어 받은 이익으로서

■ 그 이익이 현저한 경우

(2) 부당행위계산부인액의 계산

1) 저가발행

[실권주를 재배정하는 경우]

① 부당행위계산부인액

$$= \{(\text{증자 후 1주당 평가가액} - \text{신주 1주당 인수가액}) \times \text{배정받은 주식 수}\}$$
$$\times \frac{\text{특수관계인의 실권주식 수}}{\text{총 실권주식 수}}$$

② 증자 후 1주당 평가액

$$= \frac{(\text{증자 전 1주당 평가액} \times \text{증자 전 총발행주식수}) + (\text{신주 1주당 인수가액} \times \text{증자주식수})}{\text{증자 전 총발행주식수} + \text{증자로 증가한 주식 수}}$$

[실권주를 재배정하지 아니하는 경우]

① 부당행위계산부인액 : 현저한 이익만 적용

$$= \{(\text{증자 후 1주당 평가가액} - \text{신주 1주당 인수가액}) \times \text{해당 법인의 총실권주 수})$$
$$\times \text{특수관계인의 증자 후 지분비율}$$

■ 현저한 이익 범위 : 평가차액이 30% 이상인 경우

(증자 후 1주당 가액 − 신주 1주당 인수가액) ≧ 증자 후 1주당 가액 × 30%

② 특수관계인의 실권주에 대한 증자 후의 지분비율

$$= 증자 \ 후 \ 신주인수자의 \ 지분비율 \ \times \ \frac{신주인수자와 \ 특수관계에 \ 있는 \ 자의 \ 실권주 \ 수}{실권주 \ 총수}$$

2) 고가발행

[실권주를 재배정하는 경우]

■ 부당행위계산부인액

$$= \{(신주 \ 1주당 \ 인수가액 - 증자 \ 후 \ 1주당 \ 평가액) \ \times \ 신주인수를 \ 포기한 \ 주주의 \ 실권주 \ 수\}$$
$$\times \ \frac{신주인수를 \ 포기한 \ 주주와 \ 특수관계에 \ 있는 \ 자가 \ 인수한 \ 실권주주}{실권주 \ 총수}$$

[실권주를 재배정하지 아니하는 경우]

① 현저한 이익만 적용

$$현저한 \ 이익 \ = \ (신주 \ 1주당 \ 인수가액 \ - \ 증자 \ 후 \ 1주당 \ 가액) \ \geq \ 증자 \ 후 \ 1주당 \ 가액 \ \times \ 30\%$$

② 부당행위계산부인액

$$= \{(신주 \ 1주당 \ 인수가액 \ - \ 증자 \ 후 \ 1주당 \ 평가액) \ \times \ 신주인수를 \ 포기한 \ 주주의 \ 실권주 \ 수\}$$
$$\times \ \frac{신주인수를 \ 포기한 \ 주주와 \ 특수관계에 \ 있는 \ 자가 \ 인수한 \ 신주 \ 수}{증자 \ 전의 \ 지분비율대로 \ 균등하게 \ 증자하는 \ 경위의 \ 증자주식 \ 총수}$$

3. 불공정 감자의 경우

(1) 적용형태

1) 감자된 주주

다음의 요건에 해당하는 금액에 대하여 부당행위계산부인을 적용

(요 건) ■ 특수관계인에게 나누어 준 이익으로서

■ 그 이익이 현저한 경우

2) 감자되지 아니한 주주

① 법인주주인 경우

다음의 요건에 해당하는 금액을 특수관계인으로부터 분여 받은 이익으로 익금에 산입하여 법인세 과세

(요 건) ■ 특수관계인으로부터 분여받은 이익으로서

■ 그 이익이 현저한 경우

② 개인주주인 경우

㉠ 대주주인 경우

다음의 요건에 해당하는 금액에 대하여 불균등 감자에 따른 증여의제 적용

(요 건) ■ 대주주로서

■ 감자된 주주와 특수관계에 있고

■ 그 이익이 현저한 경우

㉡ 소액주주인 경우

법인으로부터 분여 받은 이익에 대하여 소득세 과세(법인의 부당행위계산부인액을 익금에 산입함에 따라 인정상여·인정배당 및 기타소득이 발생)

(2) 부당행위계산부인액 계산

1) 부당행위계산부인액

$$= \text{(감자한 주식 1주당 평가액} - \text{1주당 감자 대가)} \times \text{감자 주식 주} \times \text{대주주의 감자 후의 지분비율}$$
$$\times \frac{\text{대주주와 특수관계에 있는 자의 감자 주식 수}}{\text{총 감자 주식 수}}$$

2) 현저한 이익

■ 현저한 이익의 범위 : 평가차액이 30% 이상일 때

감자한 주식 1주당 평가액 − 1주당 감자대가 $\geq$ 감자한 주식 1주당 평가액 × 30%

1. 의 의

이전가격이란 국외에 있는 특수관계인과 국제거래에 대한 소득금액을 계산하면서 기준이 되는 거래가격을 말하는 바 이를 정상가격이라고 한다. 이는 국제거래에 대한 부당행위계산의 부인을 위하여 규정한 제도이다.

2. 정상가격의 유형

국제거래에 있어서 소득금액계산의 기준이 되는 정상가격의 유형은 다음과 같다.

① 비교가능 제3자 가격법

> 정상가격 = 독립된 사업자 간의 정상적인 거래가격

② 재판매가격법

거주자와 국외에 있는 특수관계인이 자산을 거래한 후 일방 당사자인 구매자가 특수관계가 없는 자에게 그 자산을 다시 판매하는 경우 그 판매가격에서 통상이윤상당액을 차감한 금액을 정상가격으로 한다.

> 정상가격 = 특수관계 없는 자에 대한 정상적인 판매가격 − 통상이윤상당액

③ 원가가산법

자산의 제조 또는 판매나 용역의 제공과정에서 발생한 원가에 자산을 판매하는 자 또는 용역의 제공하는 자의 통상이윤을 가산한 금액을 정상가격으로 한다.

> 정상가격 = 제조·판매 및 용역제공의 원가 등 + 통상이윤 상당액

④ 이익분할방법

> 정상가격 = 거래순이익의 합계액을 공헌도에 따라 배부하여 산출한 거래가격

⑤ 거래순이익률 방법

> 정상가격 = 특수관계 없는 자와의 거래에서 실현된 거래이익을 기초로 산출한 거래가격

3. 적용순서

① 일반적일 때

비교가능 제3자 가격법, 재판매가격법 및 원가가산법 중 합리적인 방법을 선택하여 적용한다.

② 일반적인 방법을 적용할 수 없는 경우

비교가능 제3자 가격법, 재판매가격법 및 원가가산법을 적용할 수 없는 경우에는 이익분할방법, 거래순이익률 방법 및 기타 합리적인 방법을 적용한다.

4. 세무조정에 대한 소득처분

① 해당 내국법인에 투자한 외국주주인 경우
    배당으로 처분

② 해당 내국법인이 투자한 외국법인인 경우
    출자의 증가로 간주하여 유보로 처분

③ 기타의 경우
    대여금으로 간주하여 유보로 처분하며, 이에 대한 인정이자를 계산(국제금융시장의 실제이자율 적용)하여 익금에 산입하고 기타소득으로 처분

제14장 과세표준의 계산

14장 과세표준의 계산

제1절 과세표준의 계산구조

1. 과세표준의 계산절차

① 계산절차

각 사업연도 소득 − { ① 이월결손금 ② 비과세소득 ③ 소득공제 } = 과세표준	
※ (이월결손금 − 비과세소득 − 소득공제) : 각 사업연도 소득금액 범위 내에서 차례로 공제	

② 순차 공제에 따라 익금불산입과 비과세소득 및 소득공제의 차이점 발생

※ 익금불산입 : 소득금액에 산입되지 아니하므로 완전한 과세 배제
※ 비과세소득 및 소득공제 : 소득금액의 범위 내에서 조건부로 과세 배제

2. 법인세 과세표준 및 세액의 계산절차

법인의 과세표준 및 세액의 계산절차를 요약하면 다음과 같다.

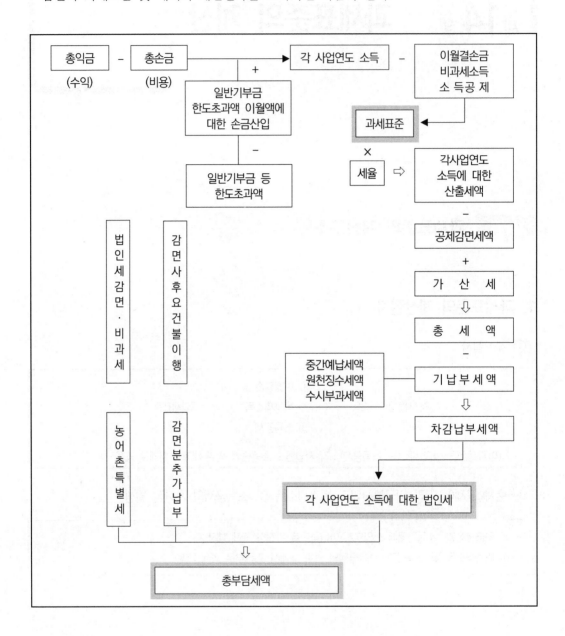

결손금과 이월결손금

1. 결 손 금

해당 사업연도에 속하는 손금의 총액이 해당 사업연도에 속하는 익금의 총액을 초과하는 금액을 각 사업연도의 결손금이라 한다. 이러한 것을 법인세법상 결손금이라고 말하며, 기업회계상 결손금(수익에서 비용을 차감하였을 경우 △에 해당하는 금액)과는 다른 것이다.

2. 이월결손금

(1) 의 의

법인세의 과세표준을 계산하면서 각 사업연도 소득금액에서 공제하는 이월결손금은 해당 사업연도 개시일 전 15년 이내에 개시한 사업연도에서 발생한 법인세법상 결손금으로서 그 후 사업연도의 과세표준을 계산할 때 공제되지 아니한 금액을 말한다.

(2) 결손금 공제의 근거

현행 법인세법은 과세의 편의상 인위적으로 구분한 과세단위인 사업연도를 기준으로 법인세를 과세하고 있다. 따라서 결손이 발생한 사업연도의 결손금을 이익이 발생한 사업연도의 소득금액에서 보전하여 주지 아니할 때는 법인의 총소득금액과 과세소득금액과의 차이가 발생하게 될 뿐만 아니라 자본보전을 위해서도 결손금의 보전이 필요한 것이다.

(3) 공제방법

법인세법은 결손금의 공제에 대하여 소급 공제하는 방법과 이월 공제하는 방법을 모두 규정하고 있다.

3. 결손금의 이월공제

(1) 공제의 요건

① 법인세법상 결손금

각 사업연도 소득금액에서 공제하는 결손금은 법인세법상 결손금을 말하며, 과세이연 요건을 충족한 합병의 경우 승계 받은 결손금을 포함한다.

② 15년 이내 개시한 사업연도에서 발생한 결손금

각 사업연도 개시일 전 15년 이내에 개시한 사업연도에서 발생한 결손금을 말하며, 2개 이상의 사업연도에서 결손금이 발생한 경우에는 먼저 발생한 사업연도의 결손금부터 차례로 공제한다.

③ 그 후 사업연도의 과세표준계산상 공제되지 아니한 결손금

소급공제를 받은 결손금과 자산수증이익 또는 채무면제이익으로 충당된 이월결손금은 각 사업연도의 과세표준 계산에 있어서 공제된 것으로 보아 이를 재차 공제할 수 없는 것이며, 법인세 과세표준을 추계결정 또는 경정함에 따라 공제되지 아니한 이월결손금은 공제대상에 포함되는 결손금으로 본다.

④ 각 사업연도 소득금액 한도 내에서 공제

이월결손금은 각 사업연도의 소득금액을 한도로 공제가 가능한 것이다.

(2) 공제순위

이월결손금은 먼저 발생한 사업연도의 결손금부터 차례로 공제하는 것이며, 공제의 순위를 임의로 선택할 수 없다.

(3) 비영리법인의 이월결손금 공제

비영리법인의 법인세 과세표준을 계산하면서 이월결손금의 공제는 수익사업에서 발생한 이월결손금만을 그 공제대상으로 한다.

(4) 외국법인의 이월결손금 공제

외국법인에 대한 이월결손금은 국내원천소득을 종합하여 과세하는 경우 국내에서 발생한 결손금만 그 공제대상으로 한다.

(5) 소득금액을 추계로 결정하는 법인의 이월결손금

① 원 칙

소득금액을 추계로 결정하는 경우에는 이월결손금을 공제할 수 없다. 이 경우 공제받지 못한 이월결손금은 그 후 사업연도의 소득금액에서 공제할 수 있다.

② 예 외

천재 · 지변 등의 사유로 인하여 소득금액을 추계로 결정하는 경우에는 이월결손금의 공제가 가능하다.

(6) 이월결손금 연간 공제한도

① 일반기업, 연결법인, 합병분할법인, 외국법인 : 각 사업연도 소득의 80%
② 중소기업 : 각 사업연도 소득의 100%

4. 자산수증이익 등으로 충당된 이월결손금

① 자산수증이익 또는 채무면제이익 : 익금불산입(기타)
② 이월결손금 : 이월결손금의 공제시한이 없이 법인세법상 결손금과 충당할 수 있는 것이며, 충당 후에는 법인세 과세표준계산상 공제된 것으로 보아 소멸한 것이므로 자본금과 적립금 조정명세서(갑) 서식에서 차감하여야 한다.

5. 기부금 한도액 계산에서의 이월결손금

기부금 한도액을 계산하면서 소득금액에서 차감하는 이월결손금은 법인세법 제13조 제1호의 공제대상 이월결손금을 말한다.

6. 결손금 소급공제에 의한 환급

(1) 적용요건

① 중소기업에 해당할 것. 단, 업종의 제한은 없다.
② 직전 사업연도의 소득에 대하여 과세된 법인세액이 있을 것
③ 결손금이 발생한 사업연도와 직전 사업연도에 대한 법인세의 과세표준 및 세액을 신고기한 내에 신고한 경우
④ 법인세 신고기한 내 납세지 관할 세무서장에게 환급신청을 할 것

(2) 환급세액의 계산

결손금의 소급공제에 따른 법인세 환급세액은 다음의 금액 중 적은 금액으로 한다.

① 환급대상금액

> 환급대상금액 = 직전 사업연도 법인세 산출세액 − {(직전 사업연도 과세표준 − 소급공제할 결손금액)
> × 직전 사업연도 법인세율}

- 직전 사업연도의 법인세 산출세액 : 토지 등 양도소득에 대한 법인세를 제외한 금액
- 소급공제할 결손금액 : 직전 사업연도의 과세표준을 한도로 공제

② 한도액의 계산

> 한도 = (직전 사업연도 법인세 산출세액) − (직전 사업연도 공제 · 감면세액)

(3) 환급 시기 및 절차

납세지 관할 세무서장이 환급의 신청을 받은 때에는 바로 환급세액을 결정하여 국세기본법 제51조 및 제52조의 규정에 따라 환급하여야 한다.

(4) 결손금의 소급공제 후 결손금 또는 전기의 과세표준이 증감된 경우

① 결손금이 감소한 경우

법인세를 환급한 후 결손금이 발생한 사업연도에 대한 법인세의 과세표준과 세액을 경정함으로써 결손금이 감소한 경우에는 환급세액 중 그 감소한 결손금에 상당하는 세

액에 이자상당액을 가산한 금액을 해당 결손금이 발생한 사업연도의 법인세로서 징수한다.

■ 추징세액의 계산

$$추징세액 = 당초\ 환급세액 \times \frac{감소된\ 결손금\ -\ 소급공제\ 받지\ 아니한\ 결손금}{소급공제\ 결손금액}$$

- 일부의 결손금만 소급공제를 받았으면 소급공제를 받지 아니한 결손금이 먼저 감소한 것으로 간주하여 추징세액을 계산하는 것이다.

■ 이자상당가산액의 계산

> 이자상당가산액 = 법인세 추징세액 × 이자계산기간 × 이자율
> - 이자계산기간 : 환급세액 통지일의 익일~추징하는 법인세액의 고지일
> - 이자율 : 1일 22/100,000의 이율
>   (단, 납세자가 법인세액을 과다하게 환급받는데 정당한 사유가 있을 때는 국세환급금 가산금 지급할 때 적용되는 이자율을 적용함)

② 직전 사업연도의 법인세액 또는 과세표준이 증감된 경우

■ 당초 환급세액을 결정한 후 해당 환급세액 계산의 기초가 된 직전 사업연도 법인세액 또는 과세표준금액이 달라진 경우에는 즉시 당초 환급세액을 재결정하여 추가로 환급하거나 과다하게 환급한 세액상당액을 징수하여야 한다. 이 경우 과다하게 환급한 세액상당액을 징수함에서는 이자상당가산액을 적용한다.

■ 당초 환급세액을 재결정하면서 소급공제 결손금액이 과세표준금액을 초과하는 경우 그 초과하는 결손금액은 소급공제 결손금액으로 보지 아니하는 것이므로 이후 사업연도의 과세표준을 계산하면서 이월하여 공제할 수 있다.

(5) 소급공제 받은 결손금의 처리

소급공제 받은 결손금에 대하여는 이후 사업연도의 과세표준 계산에 있어서 공제받은 결손금에 해당하므로 소멸시킨다.

7. 청산소득금액 계산에 있어서 이월결손금

① 청산소득금액 계산에서 자기자본의 계산

> 자기자본 = 자본금 + 잉여금 ± 유보 – 법인세법상 이월결손금 잔액

② 이월결손금 차감 한도

> 법인세법상 이월결손금의 차감 한도 = 잉여금 ± 유보

8. 기 타

① 주식발행액면초과액 등과 보전된 이월결손금

기업회계상 결손금의 보전에 해당하므로 결손보전 후에도 법인세법상으로는 공제대상 결손금에 해당한다.

② 이익잉여금 등 이미 과세된 잉여금과 보전된 이월결손금

이 경우에도 기업회계상 결손금의 보전에 해당하므로 결손보전 후에도 법인세법상으로는 공제대상 결손금에 해당한다.

1. 비과세소득

(1) 법인세법상 비과세소득

- 공익신탁의 신탁재산에서 생기는 소득

(2) 조세특례제한법상 비과세소득

① 중소기업창업투자회사 등이 직접 또는 중소기업창업투자조합을 통하여 창업자 또는 벤처기업·코넥스상장기업에 2025.12.31.까지 출자함으로써 취득한 주식을 양도함으로써 발생하는 양도차익

② 중소기업창업투자회사 등이 위 ①에 따른 출자로 인하여 창업자 또는 벤처기업·코넥스상장기업으로부터 2025.12.31.까지 받는 배당소득

(3) 공제한도 계산

공제한도 = 각 사업연도 소득금액 − 이월결손금

과세표준을 계산하면서 법인세법 제13조 제2호의 비과세소득과 같은 법 제3호의 소득공제액의 합계액이 각 사업연도 소득에서 이월결손금을 공제한 잔액을 초과하는 경우 그 초과금액은 없는 것으로 계산한다.

2. 소득공제

소득공제란 특정산업의 육성 등 조세정책적인 목적으로 특정소득에 대하여 법정금액을 과세표준에서 공제하는 제도를 말한다. 소득공제액은 각 사업연도 소득금액에서 이월결손금 및 비과세소득을 차감한 금액의 범위 안에서 공제되는 것이며, 이를 초과한 금액은 이월되지 않는다. 한편, 소득공제를 적용받고자 하는 법인은 법인세 과세표준 신고와 함께 소득공제를 신청해야 한다.

(1) 법인세법에 따른 유동화전문회사 등에 대한 소득공제

① 적용대상
- 자산유동화에관한법률에 따른 유동화전문회사
- 자본시장과 금융투자업에관한법률에 따른 투자회사, 투자목적회사, 투자유한회사, 투자합작회사(사모투자전문회사는 제외) 및 투자유한책임회사
- 기업구조조정투자회사법에 따른 기업구조조정투자회사
- 부동산투자회사법에 따른 기업구조조정부동산투자회사 및 위탁관리부동산투자회사
- 선박투자회사법에 따른 선박투자회사
- 임대주택법상 임대사업을 목적으로 하는 SPC
- 문화산업진흥기본법에 따른 문화산업전문회사
- 해외자원개발사업법에 따른 해외자원개발투자회사 및 해외자원개발투자전문회사
- 유동화전문회사 등과 유사한 투자회사로서 다음 각목의 요건을 갖춘 법인일 것
  - ㉠ 회사의 자산을 설비투자, 사회간접자본시설투자, 자원개발 그밖에 상당한 기간과 자금이 소요되는 특정사업에 운용하고 그 수익을 주주에게 배분하는 회사일 것
  - ㉡ 본점 외의 영업소를 설치하지 아니하고 직원과 상근인 임원을 두지 아니할 것
  - ㉢ 한시적으로 설립된 회사로서 존립기간이 2년 이상일 것
  - ㉣ 상법 그 밖의 법률 규정에 따른 주식회사로서 발기설립의 방법으로 설립할 것
  - ㉤ 발기인이 기업구조조정투자회사법 제4조 제2항 각호의 1에 해당하지 아니하고 대통령령이 정하는 요건을 충족할 것
  - ㉥ 이사가 기업구조조정투자회사법 제12조 각호의 1에 해당하지 아니할 것
  - ㉦ 감사는 기업구조조정투자회사법 제17조의 규정에 적합할 것
  - ㉧ 자본금 규모, 자산관리업무와 자금관리업무의 위탁 및 설립신고 등에 관하여 대통령령이 정하는 요건을 충족할 것

② 적용요건

각 사업연도의 배당가능이익의 90% 이상을 배당(현금배당과 주식배당을 합한 금액)하는 경우, 그 배당금액을 소득금액 범위 내에서 공제한다.

> 배당가능이익 = 당기순이익※ + 이월이익잉여금 − 이월결손금 − 이익준비금

※ 당기순이익에는 유가증권평가손익은 제외된다. 다만, 간접투자자산운영업법에 따른 투자회사의 경우에는 유가증권평가손익을 포함한다.

③ 공제한도

> 공제한도 = 각 사업연도 소득금액 – 이월결손금 – 비과세소득

④ 소득공제 배제대상
㉮ 법인세법 또는 조세특례제한법에 따라 소득세 또는 법인세가 비과세되는 배당
㉯ 배당금을 지급하는 법인이 사실상 개인 1인 회사로 운영되는 명목회사 등

⑤ 이월공제
㉮ 배당금액이 해당 사업연도의 소득금액을 초과하는 경우 그 초과하는 금액은 해당 사업연도의 다음 사업연도 개시일부터 5년 이내에 끝나는 각 사업연도로 이월하여 그 이월된 사업연도의 소득금액에서 공제할 수 있다. 다만, 내국법인이 이월된 사업연도에 배당가능이익의 100분의 90 이상을 배당하지 아니할 때는 그 초과배당금액을 공제하지 아니한다.
㉯ 이월된 초과배당금액을 해당 사업연도의 소득금액에서 공제하는 경우에는 다음 각 호의 방법에 따라 공제한다.
　㉠ 이월된 초과배당금액을 해당 사업연도의 배당금액보다 먼저 공제할 것
　㉡ 이월된 초과배당금액이 둘 이상이면 먼저 발생한 초과배당금액부터 공제할 것

(2) 조세특례제한법에 따른 소득공제

① 고용유지중소기업에 대한 소득공제
㉠ 공제요건
중소기업이 다음의 요건을 모두 충족하는 경우에 소득공제한다.
• 해당 과세연도의 상시근로자 1인당 시간당 임금이 직전 과세연도보다 감소하지 않은 경우
• 해당 과세연도의 상시근로자 수가 직전 과세연도의 상시근로자 수와 비교하여 0% 이상 감소하지 않은 경우
• 해당 과세연도의 상시근로자 1인당 연간 임금총액이 직전 과세연도보다 감소한 경우
㉡ 소득공제액(2024.12.31이 속하는 과세연도까지 각 사업연도의 소득에서 소득공제)
(직전 과세연도 상시근로자 1인당 연간 임금총액 – 해당 과세연도 상시근로자 1인당 연간 임금총액) × 해당 과세연도 상시근로자 수 × 50%

② 자기관리부동산투자회사 등에 소득공제

㉠ 공제요건

다음 중 어느 하나에 해당하는 주택을 신축하거나 취득 당시 입주가 이루어진 사실이 없는 다음 중 어느 하나에 해당하는 주택을 매입하여 임대업을 경영하는 경우에 소득공제한다.

- 기업형임대주택 또는 준공공임대주택으로서 주택의 전체면적(공동주택의 경우 전용면적)이 85㎡ 이하인 주택
- 위 주택에 해당하지 않은 주택으로서 주택의 전체면적(공동주택의 경우 전용면적)이 149㎡ 이하인 주택

㉡ 소득공제액(2021.12.31 이전에 신축·취득하는 분에 한함)

주택임대소득금액 × 100%

제15장 세액의 계산

제1절 세액계산과 세율

1. 세액의 계산구조

산출세액은 다음과 같이 계산하되, 토지 등 양도소득에 대한 법인세, 미환류소득에 대한 법인세가 있으면 이를 합한 금액으로 한다.

사 업 연 도	산 출 세 액
1년인 경우	과세표준 × 세율
1년 미만인 경우	과세표준 × $\dfrac{12}{\text{사업연도월수}}$ × 세율 × $\dfrac{\text{사업연도월수}}{12}$

① 산출세액 = 과세표준 × 세율

② 차감세액 = 산출세액 – 최저한세 적용대상 공제·감면세액

③ 총부담세액 = 차감세액 – 최저한세 적용 제외 공제·감면세액 + 가산세액 + 감면분 추가
　　　　　　　 납부세액

④ 차감 납부할 세액 = 총부담세액 – 기납부세액

2. 세 율

과 세 표 준	세 율	누진공제
~ 2억원	과세표준의 9%	-
2억원 ~ 200억원	1천8백만원 + (2억원을 초과하는 금액의 19%)	2천만원
200억원 ~ 3,000억원	37억8천만원+(200억원을 초과하는 금액의 21%)	4억2천만원
3,000억원 ~	625억8천만원+(3,000억원을 초과하는 금액의 24%)	94억2천만원

※ 조합법인(신협, 새마을금고, 농협, 수협, 산림조합 등) 등에 대한 법인세 과세특례(2023년 12월 31일 일몰) : 당기순이익을 과세표준(당기순이익 산정을 위한 최소한의 요건인 복식부기 기장을 의무화하고, 기업업무추진비·기부금·과다 인건비 등을 제외한 세무조정 생략)으로 9% 특례세율로 과세(단, 과세표준이 20억원을 초과하면 20억원 초과분에 대해서는 12% 특례세율로 과세)

예제) 법인세 산출세액 계산

다음의 자료를 이용하여 ㈜경인의 해당 사업연도의 산출세액을 계산하라.

1. 설립등기일 2023년 5월 2일(정관상 사업연도는 매년 1월 1일부터 12월 31일까지이다)
2. 2023년 사업연도 소득금액 : 190,000,000원
3. 2023년 비과세소득 : 5,000,000원
4. 2023년 소득공제 : 2,000,000원
5. 더 이상의 다른 자료는 없다고 가정한다.

2023년 과세표준 = 각 사업연도 소득 − 이월결손금 − 비과세소득 − 소득공제

$\qquad$ = 190,000,000 − 5,000,000 − 2,000,000 = 183,000,000

2023년 과세표준(의제) = $183,000,000 \times \dfrac{12}{8}$ = 274,500,000

2023년 산출세액 = $(200,000,000 \times 9\% + 74,500,000 \times 19\%) \times \dfrac{8}{12}$

$\qquad$ = $32,155,000 \times \dfrac{8}{12}$ = 21,436,666

1. 세액감면의 계산

세액감면이란 특정한 소득에 대해 사후적으로 세금을 완전히 면제해 주거나 일정한 비율만큼 경감해 주는 것을 말한다.

(1) 일반적일 때

면제 또는 감면세액 = 법인세산출세액 × $\dfrac{\text{감면·면제소득}}{\text{과세표준}}$ × 감면율(100%, 50%, 30%)

(2) 비과세소득·이월결손금 또는 소득공제액이 있는 경우

감면 또는 면제소득을 계산하면서 이월결손금·비과세소득 및 소득공제액이 있는 경우에는 다음의 금액을 공제하여 감면 또는 면제소득을 계산한다.

① 공제액 등이 감면 또는 면제소득에서 발생한 경우에는 공제액 전액
② 공제액 등이 감면 또는 면제소득에서 발생한 여부가 불분명한 경우에는 소득금액에 비례하여 안분계산한 금액

(3) 구분경리

법인세가 면제되는 사업과 기타의 사업을 겸영하는 경우에는 구분경리 하여야 한다.

2. 조세특례제한법에 따른 세액감면

(1) 기간감면

감면대상사업에서 최초로 소득이 발생한 과세연도와 그다음 과세연도의 개시일부터 4년 이내에 끝나는 과세연도에 법인세를 감면하는 것으로 여기에 해당하는 것은 다음과 같은 것들이 있다.

① 창업중소기업 등에 대한 세액감면(제6조)
② 연구개발특구에 입주하는 첨단기술기업 등에 대한 세액감면(제12조의2)
③ 사업전환 무역조정지원기업에 대한 세액감면(제33조)

④ 수도권 밖으로 공장을 이전하는 기업에 대한 세액감면(제63조)

⑤ 수도권 밖으로 본사를 이전하는 법인에 대한 세액감면(제63조의2)

⑥ 농공단지 입주기업 등에 대한 세액감면(제64조)

⑦ 농업회사법인에 대한 세액감면(제68조①)

⑧ 해외진출기업의 국내복귀에 대한 세액감면(제104조의24)

⑨ 제주첨단과학기술단지 입주기업에 대한 세액감면(제121조의8)

⑩ 제주투자진흥지구·제주자유무역지역 입주기업에 대한 세액감면(제121조의9)

⑪ 기업도시개발구역 등의 창업기업 등에 대한 법인세 등의 감면(제121조의17)

⑫ 아시아문화중심도시 입주기업에 대한 세액감면(제121조의20)

⑬ 금융중심지 창업기업 등에 대한 법인세 등의 감면(제121조의21)

⑭ 첨단의료복합단지 등의 입주기업에 대한 법인세 등의 감면(제121조의22)

(2) 일반감면

감면대상소득이 발생하면 시기의 제한 없이 감면하는 것으로 여기에 해당하는 것은 다음과 같은 것들이 있다.

① 중소기업에 대한 특별세액감면(제7조)

② 기술이전 및 기술취득 등에 대한 과세특례(제12조)

③ 공공차관 도입에 따른 과세특례(제20조)

④ 국제금융거래에 따른 이자소득 등에 대한 면제(제21조)

⑤ 영농조합법인 등에 대한 세액면제(제66조)

⑥ 영어조합법인 등에 대한 세액면제(제67조)

⑦ 농업회사법인에 대한 세액면제(제68조)

⑧ 산림개발소득에 대한 세액감면(제102조)

> **참고** 소기업의 범위 : 상시 사용하는 종업원 수를 기준으로 소기업 여부를 판정

- 제조업의 경우 : 100명 미만일 것
- 광업·건설업·물류산업 및 운수업 중 여객운송업의 경우 : 50명 미만일 것
- 기타 사업의 경우 : 10명 미만일 것

세액공제

1. 법인세법상 세액공제

(1) 외국납부세액공제

1) 적용 취지

법인의 국외원천소득에 대하여는 원천지국에서 법인세를 과세함은 물론 국적지국에서도 법인세를 과세하게 된다. 따라서 국가를 달리하여 이중과세가 되고 있는바, 이중과세를 조정하기 위하여 외국납부세액에 대한 세액공제를 적용한다.

2) 적용대상

내국법인의 각 사업연도 소득에 대한 과세표준에 국외원천소득이 포함된 경우 그 국외원천소득에 대하여 외국법인세액을 납부하였거나 납부할 것이 있는 때에는 세액공제를 적용받을 수 있다.

3) 외국법인세액의 범위

① 직접 납부한 외국법인세액

외국법인세액이란 외국정부 및 지방자치단체에 의하여 과세된 다음의 세액을 말한다. 다만, 국제조세조정에관한법률 제10조 제1항의 규정에 따라 내국법인의 소득이 감액 조정된 금액 중 국외 특수관계인에게 반환되지 아니하고 내국법인에 유보되는 금액에 대하여 외국 정부가 과세한 금액을 제외한다.

- 초과이윤세 및 기타 법인의 소득 등을 과세표준으로 하여 과세된 세액
- 법인의 소득 등을 과세표준으로 하여 과세된 세의 부가세액
- 법인의 소득 등을 과세표준으로 하여 과세된 세와 같은 세목에 해당하는 것으로서 소득 외의 수익금액 기타 이에 따르는 것을 과세표준으로 하여 과세된 세액

② 의제 외국법인세액

- 국외원천소득이 있는 내국법인이 조세조약의 상대국에서 해당 국외원천소득에 대하여 법인세를 감면받은 세액상당액은 해당 조세조약이 정하는 범위 안에서 세액공제 대상이 되는 외국법인세액으로 본다.
- 각 사업연도의 소득금액에 외국자회사로부터 받는 수입배당금액이 포함된 경우 그

외국자회사의 소득에 부과된 외국법인세액 중 해당 수입배당금액에 대응하는 것으로서 익금에 산입한 다음의 금액은 조세조약이 정하는 범위 안에서 외국법인세액 공제를 한다.

㉠ 외국손회사의 수입배당금액이 포함되어 있지 않은 경우

$$\text{외국자회사의 해당 사업연도 법인세액} \times \frac{\text{수입배당금액}}{\text{외국자회사의 해당 사업연도 소득금액} - \text{외국자회사의 해당 사업연도 법인세액}}$$

㉡ 외국손회사의 수입배당금액이 포함된 경우

$$\left(\text{외국자회사의 해당 사업연도 법인세액} + \text{외국자회사의 수입배당금에 대응하는 외국손회사 외국납부세액} \times 50\%\right) \times \frac{\text{수입배당금액}}{\text{외국자회사의 해당 사업연도 소득금액} - \text{외국자회사의 해당 사업연도 법인세액}}$$

> **참고** 　외국자회사의 요건
>
> 내국법인이 의결권이 있는 발생주식총수 또는 출자총액의 10% 이상(해외자원개발사업에 출자하는 경우는 5% 이상)을 해당 외국자회사의 배당확정일 현재 6개월 이상 계속하여 보유하고 있는 법인을 말한다.

③ 간접 외국법인세액 (조세특례제한법상 의제 외국법인세액)

- 우리나라가 체약상대국과 체결한 조세조약에서 간접외국납부세액공제 제도를 채택하고 있지 아니하거나 조세조약을 체결하지 아니한 국가 또는 지역으로부터 받은 수입배당금액이 각 사업연도 소득금액에 포함된 경우 다음의 금액을 외국법인세액 공제를 한다.

$$\text{외국자회사의 해당 사업연도 법인세액} \times \frac{\text{수입배당금액}}{\text{외국자회사의 해당 사업연도 소득금액} - \text{외국자회사의 해당 사업연도 법인세액}} \times 50\%$$

④ 적용환율

외국납부세액의 원화 환산은 외국세액을 납부한 때의 기준환율 또는 재정환율에 의한다. 다만, 해당 사업연도 중에 확정된 외국납부세액이 분납 또는 납기 기한이 도래하지 않아 미납된 경우 동 미납세액에 대한 원화 환산은 그 사업연도 종료일 현재의 기준환율 또는 재정환율에 의하며, 사업연도 종료일 이후에 확정된 외국납부세액을 납부하는

경우 미납된 분납세액에 대하여는 확정일 이후 최초로 납부하는 날의 기준환율 또는 재정환율에 의하여 환산할 수 있다.

4) 외국납부세액공제

① 공제한도

■ 일반적일 때의 한도

$$외국납부세액\ 공제한도액 = 법인세\ 산출세액 \times \frac{국외원천소득}{과세표준금액}$$

> **참고** 국외원천소득금액
>
> 법인세법 시행령 96① 규정을 준용하여 계산한 금액에서 국외원천소득과 관련된 이월결손금 · 비과세소득 및 소득공제를 차감하여 계산

■ 조세특례제한법에 따른 감면을 적용받는 경우의 한도

$$공제한도액 = 법인세\ 산출세액 \times \frac{국외원천소득 - (국외원천소득 \times 감면율)}{과세표준금액}$$

■ 국외사업장이 2 이상의 국가에 있는 경우
국외사업장이 2 이상의 국가에 있는 경우에는 국가별로 구분하여 이를 계산하는 방법과 국가별로 구분하지 아니하고 일괄하여 계산하는 방법 중 법인이 선택하여 적용할 수 있다.

② 외국납부세액의 공제 시기

외국납부세액은 해당 국외원천소득이 법인세 과세표준금액에 산입되어 있는 사업연도의 법인세액에서 공제한다. 다만, 법인세 과세표준 신고 후에 공제받게 되는 외국납부세액은 법인세법 제57조의 규정에 따른 한도액의 범위 내에서 국세기본법 제51조에 규정하는 환급금으로 보아 그 후 사업연도에 납부할 법인세 등에 충당할 수 있다.

③ 적용배제

법인세의 과세표준과 세액을 추계하는 경우에는 외국납부세액공제의 규정을 적용하지 아니한다. 다만, 천재 · 지변 등으로 장부 기타 증빙서류가 없어지어 추계하는 경우에는 그러하지 아니하다.

④ 이월공제

외국법인세액이 해당 사업연도의 공제한도 금액을 초과하는 경우 그 초과하는 금액은 해당 사업연도의 다음 사업연도의 개시일부터 15년 이내에 끝나는 각 사업연도로 이월하여 그 이월된 사업연도의 공제한도 금액 내에서 공제받을 수 있다. 다만, 공제기간 내 미공제 외국납부세액 이월액은 공제기간 종료 다음 과세연도에 손금산입한다.

⑤ 절 차

외국납부세액공제를 적용받고자 하는 내국법인은 법인세 과세표준의 신고와 함께 외국납부세액공제세액계산서를 납세지 관할 세무서장에게 제출하여야 한다. 이 경우 외국정부의 국외원천소득에 대한 법인세의 결정·통지의 지연, 과세기간의 상이 등의 사유로 법인세 과세표준 신고와 함께 제출할 수 없는 경우에는 외국정부의 국외원천소득에 대한 법인세 결정통지를 받은 날부터 45일 이내에 외국납부세액공제세액계산서에 증빙서류를 첨부하여 제출할 수 있으며, 외국정부가 국외원천소득에 대하여 결정한 법인세액을 경정함으로써 외국납부세액에 변동이 생긴 경우도 이를 준용한다.

(2) 재해손실 세액공제

1) 공제대상

각 사업연도 중 천재·지변 기타 재해로 인하여 자산총액의 20% 이상을 상실하여 납세가 곤란하다고 인정되는 경우에 재해손실세액공제를 적용받을 수 있다.

2) 세액공제액의 계산

재해손실세액공제액 = 법인세액 × 재해상실비율

세액공제액 한도 = 상실된 자산의 가액

① 법인세액의 범위

세액공제의 기초가 되는 법인세액이란 다음에 해당하는 것으로서 다른 법률에 따른 공제·감면세액을 차감한 금액으로 하되, 법인세법 제76조 제1항 제1호 또는 제3호의 규정에 따른 가산세액은 이를 법인세액에 포함한다.

- 재해발생일 현재 부과되지 아니한 법인세와 부과된 법인세로서 미납된 법인세에 가산금을 포함한다.
- 재해발생일이 속하는 사업연도의 소득에 대한 무기장·무신고·과소신고 및 납부지 연가산세를 포함한다. 단, 적격증명서류 불성실가산세는 제외한다.

② 재해상실비율의 계산

$$\text{재해상실비율} = \frac{\text{재해로 상실된 자산의 가액}}{\text{상실 전 사업용 총자산의 가액(토지가액 제외)}}$$

- 자산가액의 계산

  자산가액이란 토지를 제외한 사업용자산과 타인 소유의 자산으로서 그 상실로 인한 변상책임이 해당 법인에 있는 자산의 합계액을 말한다. 이 경우 자산가액은 재해발생일 현재 그 법인의 장부금액에 의하여 계산하되, 장부가 소실 또는 분실되어 장부금액을 알 수 없는 경우에는 납세지 관할 세무서장이 조사하여 확인한 재해발생일 현재의 가액에 의하여 이를 계산한다. 한편, 보험금을 받은 경우에도 보험금은 자산가액에서 차감하지 아니한다.
- 2회 이상 재해를 입었을 때 재해상실비율의 계산

$$\text{재해상실비율} = \frac{\text{재해로 인하여 상실된 자산가액의 합계액}}{\text{최초 재해발생 전 자산총액 + 최종 재해발생 전까지의 증가한 자산총액}}$$

3) 세액공제의 신청 등

① 신청기한

재해손실세액공제를 받고자 하는 내국법인은 다음의 기한 내에 재해손실세액공제신청서를 납세지 관할 세무서장에게 제출하여야 한다.

- 과세표준 신고기한이 지나지 아니한 법인세의 경우에는 그 신고기한. 다만, 재해발생일부터 신고기한까지의 기간이 3월 미만이면 재해발생일부터 3월로 한다.
- 재해발생일 현재 미납된 법인세와 납부하여야 할 법인세의 경우에는 재해발생일부터 3월

② 징수유예

납세지 관할 세무서장은 법인이 공제받을 법인세에 대하여 해당 세액공제가 확인될 때까지 국세징수법에 따라 그 법인세의 징수를 유예할 수 있다.

(3) 사실과 다른 회계처리에 기인한 경정에 따른 세액공제

1) 적용대상

내국법인이 증권거래법의 규정에 따른 사업보고서 및 주식회사의 외부감사에 관한 법률의 규정에 따른 감사보고서를 제출하면서 수익 또는 자산을 과다계상하거나 손비 또는 부채를 과소 계상하는 등 사실과 다른 회계처리를 하여 해당 내국법인·그 감사인 또는 그에 소속된 공인회계사가 다음에 해당하는 경고·주의 등의 조치를 받은 경우로서 과세표준 및 세액을 과다하게 계상하여 국세기본법의 규정에 따라 경정을 청구함으로써 발생한 환급세액을 세액공제의 대상으로 한다.

① 증권거래법 제20조·제186조의 5 및 같은 법 시행령 제9조의 3의 규정에 따른 임원해임권고, 일정기간 유가증권의 발행제한, 증권거래법 위반으로 인하여 조치를 받은 사실의 공표, 각서 요구, 고발 또는 수사기관에의 통보, 경고 또는 주의

② 증권거래법 제206조의 11 제4항의 규정에 따른 과징금의 부과

③ 증권거래법 제507조의 3 제2호 및 제211조 제2호의 규정에 따른 징역 또는 벌금형의 선고

④ 주식회사의 외부감사에 관한 법률 제16조 제1항의 규정에 따른 감사인 또는 그에 소속된 공인회계사의 등록취소 및 업무·직무의 정지건의, 특정 회사에 대한 감사업무의 제한

⑤ 주식회사의 외부감사에 관한 법률 제16조 제2항의 규정에 따른 주주총회에 대한 임원의 해임권고 또는 유가증권의 발행제한

⑥ 주식회사의 외부감사에 관한 법률 제20조의 규정에 따른 징역 또는 벌금형의 선고

2) 세액공제액의 계산

같은 사업연도에 위 「가」에 열거한 경정청구의 사유 외에 다른 경정청구의 사유가 있는 경우에는 다음 계산식에 의하여 계산한 금액을 그 공제세액으로 한다.

$$\text{공제세액} = \text{과다납부한 세액} \times \frac{\text{사실과 다른 회계처리로 인하여 과다계상한 과세표준}}{\text{과다계상한 과세표준의 합계액}}$$

3) 세액공제의 방법

내국법인이 「가」에 규정한 사유로 법인세의 경정을 받은 때에는 해당 경정일이 속하는 사업연도의 개시일부터 5년 이내에 종료하는 각 사업연도의 법인세액에서 과다 납부한 세액을 순차적으로 공제한다. 이 경우 내국법인이 해당 사실과 다른 회계처리와 관련

하여 그 경정일이 속하는 사업연도 이전의 사업연도에 국세기본법의 규정에 따른 수정 신고를 하여 납부할 세액이 있는 경우에는 그 납부할 세액에서 과다 납부한 세액을 먼저 공제하여야 한다.

4) 환급세액의 처리

① 환급세액의 계산

사실과 다른 회계처리에 기인한 경정에 따른 환급금은 과다 납부한 법인세액을 순차적으로 세액공제하고 최종적으로 남은 잔액으로 한다.

② 환급가산금의 계산

사실과 다른 회계처리에 기인한 경정에 따른 환급금에 대한 환급가산금은 다음의 방법에 따라 계산한 금액으로 한다.

- 법인세의 경정일이 속하는 사업연도의 개시일부터 5년이 지나간 사업연도에 환급금이 남아 있는 경우에는 과다 납부한 법인세액을 순차적으로 세액공제한 각 사업연도의 세액공제금액 및 사실과 다른 회계처리에 기인한 경정에 따른 환급금에 각각 국세기본법의 규정을 적용하여 계산한 금액의 합계액
- 법인세의 경정일이 속하는 사업연도의 개시일부터 5년 이내의 사업연도에 과다 납부한 세액을 전액 공제한 경우에는 과다 납부한 법인세액을 순차적으로 세액공제한 금액에 각각 국세기본법의 규정을 적용하여 계산한 금액의 합계액

2. 조세특례제한법에 따른 세액공제

(1) 연구 · 인력개발비에 대한 세액공제(제10조)
(2) 상생결제 지급금액에 대한 세액공제(제7조의4)
(3) 상생협력을 위한 기금 출연 등에 대한 세액공제(제8조의3)
(4) 기술이전 및 기술취득 등에 대한 세액공제(제12조)
(5) 통합투자세액공제(제24조)
(6) 고용창출투자세액공제(제26조)
(7) 산업수요맞춤형 고등학교 등 졸업자를 병역 이행 후 복직시킨 기업에 대한 세액공제(제29조의2)
(8) 경력단절 여성 고용기업에 대한 세액공제(제29조의3)

⑼ 근로소득을 증대시킨 기업에 대한 세액공제(제29조의4)

⑽ 청년고용을 증대시킨 기업에 대한 세액공제(제29조의5)

⑾ 중소기업 사회보험료 세액공제(제30조의4)

⑿ 전자신고에 대한 세액공제(제104조의8)

⒀ 제3자물류비용에 대한 세액공제(제104조의14)

⒁ 기업의 운동경기부 등 설치·운영에 대한 세액공제(제104조의22)

참고 연구개발 및 인력개발의 범위

〈연구개발〉

① 과학적·기술적 진전을 이루기 위한 활동으로 규정

② 다음은 연구개발의 범위에서 제외
- 일반적인 관리 및 지원업무
- 시장조사, 판촉활동(조사〈survey〉, 일상적 품질테스트 등)
- 특허권 보호 등 법률·행정업무
- 광물 등 자원 매장량 확인, 위치 확인 등을 조사·탐사 활동
- 수탁 받아서 하는 연구 활동

〈인력개발〉

내국인이 고용하고 있는 임원 또는 사용인을 교육·훈련하는 활동으로 규정

3. 감면·세액공제의 순서

법인세 및 다른 법률의 적용에 있어서 법인세의 감면에 관한 규정과 세액공제에 관한 규정이 동시에 적용되는 경우 그 적용순위는 별도의 규정이 있는 경우를 제외하고는 다음의 순서에 의한다. 이 경우 ① 및 ②의 금액을 합한 금액이 법인이 납부할 법인세액(토지등 양도소득에 대한 법인세 및 가산세를 제외)을 초과하면 그 초과하는 금액은 이를 없는 것으로 본다.

① 각 사업연도의 소득에 대한 세액감면(면제를 포함)

② 이월공제가 인정되지 아니하는 세액공제

③ 이월공제가 인정되는 세액공제. 이 경우 해당 사업연도 중에 발생한 세액공제액과 이월된 미공제액이 함께 있는 때에는 이월된 미공제액을 먼저 공제한다.

④ 사실과 다른 회계처리로 인한 경정에 따른 세액공제, 이 경우 해당 세액공제액과 이월된 미공제액이 함께 있는 때에는 이월된 미공제액을 먼저 공제한다.

정책목적상 조세특례제도를 이용하여 세금을 감면하여 줄 때도 조세부담의 형평성·세제의 중립성·국민개납·재정확보 측면에서 소득이 있으며 누구나 최소한의 세금을 내도록 하기 위한 것이 최저한세제도이다. 즉, 최저한세(Alternative Minimum Tax)란 기업이 조세감면을 적용받음으로 인하여 최저한 세액에 미달하는 조세부담이 초래하는 경우 그 미달하는 세액에 상당하는 부분에 대하여 조세감면을 배제하는 제도이다. 따라서 여러 가지 조세정책상 혜택을 일괄하여 과다한 조세감면을 배제함으로써 최소한 일정 수준 이상의 조세를 부담시키도록 하는 것이다.

1. 적용대상 법인

조세특례제한법 제72조 제1항의 규정을 적용받는 조합법인(당기순이익 과세법인) 등을 제외한 내국법인과 국내원천소득을 종합하여 과세하는 외국법인만 최저한세가 적용된다.

2. 적용의 범위

최저한세는 내국법인의 각 사업연도 소득에 대한 법인세와 외국법인의 국내원천소득에 대한 법인세에 대하여만 이를 적용하는 것이므로, 토지 등 양도차익에 대한 법인세와 가산세·각종 준비금의 익금산입 또는 감면세액을 추징하는 경우에 적용하는 이자상당가산액 및 감면세액의 추징세액에 대하여는 이를 적용하지 아니한다.

3. 최저한세의 계산

(1) 최저한세의 계산구조

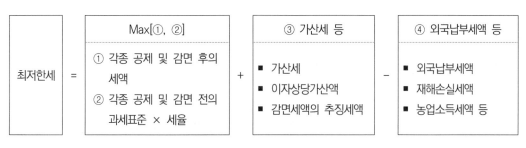

구　분		최저한세율
중소기업 · 사회적기업		7%
일반기업	100억원 이하	10%
	100억원 초과 1,000억원 이하	12%
	1,000억원 초과	17%

* 사회적기업의 영위 업종이 조세특례제한법상 중소기업 업종에 해당하지 않을 때도 중소기업 최저한세율 7%를 적용한다.

* 중소기업 졸업에 따른 최저한세율을 다음의 그림과 같이 단계적으로 인상하도록 하였는데, 이런 조처한 이유는 중소기업 졸업 후 9년간 조세부담증가분을 완화하여 줌으로써 중소기업에서 중견기업으로의 성장할 수 있도록 지원하기 위함이다. 또한, 최초 중소기업 졸업하는 시점부터 유예기간 4년 동안에는 유예기간 적용 횟수에 대한 제한을 폐지하였는데, 중소기업 졸업 후 중소기업으로 복귀한 기업이 다시 졸업하는 경우 졸업 유예를 적용받지 못하게 되는 문제점을 해소하고 중소기업 졸업에 따른 조세부담증가분을 완화해주기 위함이다. 다만, 중소기업 규모 · 졸업기준을 판단할 경우 관계회사간 해당 과세연도의 매월 평균 상시근로자수 및 과세연도 종료일의 자산총액 · 자기자본 · 매출액을 합산하여 계산하도록 하였다.

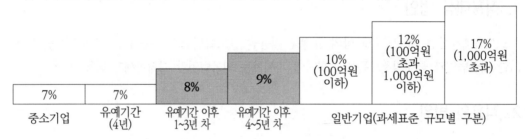

(2) 각종 공제 및 감면 후의 세액

각종 공제 및 감면 후의 세액이란 최저한세의 적용대상인 다음의 특별비용(조세특례제한법에 따른 준비금 및 특별감가상각), 소득공제, 익금불산입, 비과세, 세액공제, 법인세의 면제 및 감면 등의 조세특례를 적용받은 후의 세액을 말한다.

① 특별비용(해당 사업연도에 손금으로 계상한 준비금과 특별감가상각비)
② 소득공제 · 익금불산입 및 비과세금액
③ 세액공제금액
④ 법인세의 면제 및 감면

(3) 각종 공제 및 감면 전의 과세표준

가. 각종 공제 및 감면 전의 과세표준

각종 공제 및 감면 전의 과세표준이란 최저한세 적용대상 조세특례 중 준비금과 특별감가상각비를 손금에 산입하거나 소득공제 · 익금불산입금액 및 비과세금액을 과세표준

계산에 있어서 공제하기 전의 과세표준을 말한다.

나. 최저한세의 계산

최저한세 = 감면 전의 과세표준 × 최저한세율

① 감면 전의 과세표준＝차가감소득금액－소득공제＋최저한세 적용대상 소득공제

② 차가감소득금액＝각 사업연도 소득금액－이월결손금－비과세금액＋최저한세 적용대상 비과세금액＋최저한세 적용대상 익금불산입금액

③ 각 사업연도 소득금액＝특별비용 손금산입 전 소득금액＋특례·일반기부금 한도초과액－법정·일반기부금 한도초과 이월액의 손금산입

④ 특별비용 손금산입 전 소득금액＝결산상 당기순이익＋익금산입－손금산입＋최저한세 적용대상 특별비용

※ 최저한세 적용대상 준비금, 소득공제·비과세금액은 조세특례제한법 제132조 제1항 제1호 또는 제2호의 것에 한한다.

※ 각종 감면 후의 과세표준에는 조세특례제한법상의 준비금을 관계 규정에 따라 익금에 산입한 금액을 포함한다.

---

4. 가산세 등의 범위

다음의 가산세 등은 최저한세 계산 후 금액에 추가하여 납부하여야 한다.

(1) 가산세(법인세법 및 국세기본법에 따른 가산세)

(2) 이자상당 가산액

조세특례제한법에 따라 각종 준비금을 익금산입하는 경우의 이자상당가산액과 감면세액을 추징하는 경우(법인세에 가산하여 징수 또는 납부하는 경우 포함)에 있어서의 이자상당 가산액을 말한다.

(3) 감면세액의 추징세액

조세특례제한법 또는 법인세법에 따라 법인세 감면세액을 추징하는 경우 법인세에 가산하여 자진납부하거나 부과 징수하는 세액을 말한다.

5. 최저한세 적용대상이 아닌 세액공제, 세액감면 등의 범위

법인세감면 중 최저한세 적용대상이 아닌 세액공제, 세액감면 등은 최저한세 계산 후 공제한다.

⑴ 외국납부세액(법§57)
⑵ 재해손실세액(법§58)
⑶ 연구·인력개발비에 대한 세액공제(조특법§10)
⑷ 해외자원개발투자 배당소득에 대한 법인세의 면제(조특법§22)
⑸ 수도권 밖으로 공장을 이전하는 기업에 대한 세액감면(조특법§63)
⑹ 수도권 밖으로 본사를 이전하는 경우 법인에 대한 세액감면(조특법§63의2)
⑺ 영농(영어)조합법인 등에 대한 법인세의 면제(조특법§66·§67)
⑻ 외국인투자에 대한 조세감면(조특법§121의2)
⑼ 증자의 조세감면(조특법§121의4)
⑽ 제주첨단과학기술단지 입주기업에 대한 법인세 등의 감면(조특법§121의8)
⑾ 제주투자진흥지구 또는 제주자유무역지역 입주기업에 대한 법인세 등의 감면 (조특법§121의9)

6. 각종 감면규정의 적용배제 순서

(1) 납세의무자가 신고(수정신고 및 경정청구 포함)하는 경우

각종 감면 후의 산출세액이 각종 감면 전의 과세표준에 세율을 곱하여 계산한 세액(최저한세)에 미달하면 납세의무자의 임의선택에 따라 최저한세 적용대상 특별비용(준비금 및 특별상각), 소득공제, 비과세, 세액공제, 법인세의 면제 및 감면 중에서 그 미달하는 세액만큼 적용 배제한다.

(2) 정부가 경정하는 경우

납세의무자가 신고(수정신고 및 경정청구 포함)한 법인세액이 조세특례제한법 제132조의 규정에 따라 계산한 세액에 미달하여 법인세를 경정하는 경우에는 다음의 순서에 따라 차례로 다음의 감면을 적용 배제하여 추징세액을 계산한다.

① 각종 준비금의 손금산입
② 손금산입 및 익금불산입

③ 세액공제

　　이 경우 동일 조문에 의한 감면세액 중 이월된 공제세액이 있는 경우에는 나중에 발
　생한 것부터 적용 배제한다.

④ 세액감면

⑤ 소득공제 및 비과세

7. 최저한세 조정계산 사례

> **자　료**

- A법인 : 농공단지입주 중소기업(조세특례제한법 64)
- 입주일 : 2021.5.1.
- 감면비율 : 50%
- 사업연도 : 2024.1.1.~2024.12.31.
- 결산서상 당기순이익 : 150,000,000원(특별감가상각비 30,000,000원 포함)
  - 과세 사업 관련 소득 : 30,000,000원
  - 감면 사업 관련 소득 : 120,000,000원
- 익금산입 · 손금불산입 : 5,000,000원(전액 과세 사업 관련 소득임)
- 차가감소득 : 155,000,000원(과세소득 35,000,000원, 감면소득 120,000,000원)
- 연구 · 인력개발비세액공제 : 1,000,000원(최저한세 적용제외 대상)

> **세무조정 계산**

　가. 각종 감면 후 세액 ⇨ 8,550,000원

- 과세표준 : 155,000,000원
- 산출세액 : 13,950,000원(155,000,000 × 세율 9%)
- 감면세액 : 5,400,000원(농공단지입주기업)
- 납부할세액 : 8,550,000 = (13,950,000 - 5,400,000) 〈최저한세 적용제외 대상인
  연구 및 인력개발비 세액공제액 1,000,000원 차감되지 않은 금액임〉

※ 감면세액의 계산(법법59)

$$감면세액 = 산출세액 \times \frac{감면소득}{과세표준} \times 감면율(50\%)$$

$$5,400,000 = 13,950,000 \times \frac{120,000,000}{155,000,000} \times \frac{50}{100}$$

나. 최저한세(감면 전 과세표준의 7%) ⇨ 12,950,000원

감면 전 과세표준		최저한세율	최저한세
차 가 감 소 득	155,000,000		
특 별 감 가 상 각 비	30,000,000	× 7%	= 12,950,000
계	185,000,000		

※ '가와 나' 중 많은 금액 12,950,000원에서 최저한세 적용배제 대상 세액공제액 1,000,000원을 차감한 11,950,000원을 납부하여야 한다.

법인세에 대한 농어촌특별세

1. 농어촌특별세의 납부

조세특례제한법에 따라 법인세의 감면을 받은 법인은 해당 감면세액(농어촌특별세 과세표준)의 100분의 20을 농어촌특별세로 납부하여야 한다. 이렇게 조성된 농어촌특별세는 농어업의 경쟁력 강화와 농어촌 산업기반 시설의 확충 및 농어촌지역 개발사업을 위하여 필요한 재원으로 사용되며, 2024년 6월 30일까지 한시적으로 과세하는 목적세이다.

2. 농어촌특별세의 과세체계

법인세에 대한 농어촌특별세의 과세체계는 다음과 같다.

① 세액공제 · 면제 및 감면을 받는 경우

농어촌특별세 = 세액공제 · 면제 또는 감면을 받은 세액 × 세율(20%)

② 비과세 또는 소득공제를 받는 경우

농어촌특별세 = [{(법인세 과세표준＋비과세 및 소득공제 금액) × 법인세율}
  － (법인세 과세표준 × 법인세율)] ×세율(20%)

3. 농어촌특별세의 적용대상인 감면의 범위

조세특례제한법에 따라 법인세가 부과되지 아니하거나 경감되는 경우로서 다음에 해당하는 것을 말한다.

① 세액공제, 세액면제 또는 감면
② 비과세 · 소득공제
③ 조합법인에 대한 법인세 특례세율 적용

4. 농어촌특별세의 비과세대상

(1) 중소기업에 대한 감면

① 창업중소기업 등에 대한 세액감면(조세특례제한법§6)
② 중소기업에 대한 특별세액감면(조세특례제한법§7)

(2) 기술 및 인력개발, 저소득자의 재산형성, 공익사업 등 국가경쟁력의 확보 또는 국민경제의 효율적 운영을 위한 감면

① 연구·인력개발비에 대한 세액공제(조세특례제한법§10)
② 기술이전 및 기술취득 등에 대한 과세특례(조세특례제한법§12)
③ 중소기업창업투자회사 등의 주식양도차익 비과세(조세특례제한법§13)
④ 창업투자회사 등에의 출자에 대한 과세특례(조세특례제한법§14)
⑤ 사업전환 무역조정지원기업에 대한 과세특례(조세특례제한법§33)
⑥ 내국법인의 금융채무상환을 위한 자산매각에 대한 과세특례(조세특례제한법§34)

(3) 지방이전 감면

① 수도권 밖으로 공장을 이전하는 기업에 대한 세액감면(조세특례제한법§63)
② 수도권 밖으로 본사를 이전하는 법인에 대한 세액감면(조세특례제한법§63의2)
③ 농공단지 입주기업 등에 대한 감면(조세특례제한법§64)

(4) 이자소득 등에 대한 감면 중 비거주자, 외국법인 감면

외화표시채권의 이자, 외국금융기관에 대한 상환이자 등 국제금융거래에 따른 이자소득 등에 대한 법인세 등의 면제(조세특례제한법§21)

(5) 농어민 및 농어민 관련 단체에 대한 감면

① 영농조합법인 등에 대한 법인세 면제 등(조세특례제한법§66)
② 영어조합법인 등에 대한 법인세 면제 등(조세특례제한법§67)
③ 농업회사법인에 대한 법인세의 면제 등(조세특례제한법§68)
④ 조합법인 등에 대한 법인세 과세특례(조세특례제한법§72)
⑤ 산림개발소득에 대한 세액감면(조세특례제한법§102)

⑥ 어업협정에 따른 어업인에 대한 법인세 비과세(조세특례제한법§104의2)

(6) 기타

① 전자신고 세액공제(법§104의 8)
② 공공차관 도입에 따른 과세특례(조세특례제한법§20)

(7) 경과규정 또는 특례

농어촌특별세 비과세대상으로 규정된 조세특례제한법의 해당 규정과 같은 취지의 감면을 규정한 법률 제4666호 조세감면규제법개정법률의 해당 규정에 대하여 같은 법 부칙 제13조 또는 제19조의 규정에 따른 경과조치 또는 특례가 적용되는 경우에 동 경과조치 또는 특례에 대하여도 농어촌특별세를 부과하지 아니한다(농어촌특별세법시행령§4⑦).

5. 과세표준과 세율

조세감면액에 부과되는 농어촌특별세의 과세표준은 조세특례제한법상 법인세의 감면세액을 말하며, 세율은 20%이다.

(1) 세액공제, 세액면제 또는 감면분에 대한 과세표준금액

해당 사업연도에 공제받은 세액으로서 최저한세 조정 후 공제세액을 말한다.

(2) 비과세소득 및 소득공제액에 대한 과세표준금액

$$\left(\begin{matrix} \text{비과세소득 및 소득공제액을} \\ \text{과세표준에 가산한 금액} \end{matrix} \times \begin{matrix} \text{법인} \\ \text{세율} \end{matrix} \right) - \left(\begin{matrix} \text{비과세소득 · 소득공제액을} \\ \text{과세표준에서 차감한 금액} \end{matrix} \times \begin{matrix} \text{법인} \\ \text{세율} \end{matrix} \right)$$

(3) 특례세율이 적용되는 조합법인에 대한 과세표준금액

$$\left(\begin{matrix} \text{각 사업연도} \\ \text{과세표준 금액} \end{matrix} \times \begin{matrix} \text{법인세법} \\ \text{§55 ①의 세율} \end{matrix} \right) - \left(\begin{matrix} \text{각 사업연도} \\ \text{과세표준 금액} \end{matrix} \times 9\% \right)$$

예제) 2024년 사업연도 과세표준금액이 7억원인 새마을금고(12월말 법인)의 경우

감면세액(과세표준) = [(2억×9%)+(5억×19%)] − [(7억×9%)]

= [113,000,000] − [63,000,000] = 50,000,000

6. 농어촌특별세의 납부절차 등

(1) 신고 납부

법인세 감면세액에 부과되는 농어촌특별세는 법인세법의 규정에 따라 법인세를 신고·납부하는 때에 함께 신고·납부하여야 한다. 다만, 중간예납하는 법인세분에 대하여는 농어촌특별세를 납부하지 아니한다.

이자소득에 대한 법인세가 원천징수방법으로 과세하는 비영리법인이 구 조세감면규제법§82(국·공채 이자에 대한 법인세감면)를 적용받을 때는 감면신청을 하여 받는 환급금에서 농어촌특별세를 징수한다.

(2) 분 납

법인세를 분납하는 경우에는 그 분납비율에 따라 농어촌특별세도 함께 분납할 수 있다. 또한, 법인세가 1,000만원을 초과하지 아니하여 분납하지 못할 때도 농어촌특별세액이 500만원을 초과하면 분납할 수 있다.
  - 농어촌특별세액이 500만원 초과 1천만원 이하일 때 : 500만원 초과 금액
  - 농어촌특별세액이 1천만원을 초과하는 경우 : 100분의 50이하 금액

(3) 가 산 세

미납(미달)세액 × 경과일수 × 가산세율

(4) 수정신고

농어촌특별세의 수정신고는 해당 본세(법인세)의 수정신고 예에 따라 신고기간, 가산세 경감 등이 적용됩니다.

(5) 농어촌특별세의 회계처리 방법

법인세법에서 손금에 산입하게 되어 있는 세목을 본세로 하는 농어촌특별세는 본세와 같이 손금산입하고, 손금불산입하게 되어 있는 본세에 대한 농어촌특별세는 손금불산입한다.

7. 농어촌특별세 과세표준 및 세액조정계산 사례

예제)

다음의 자료를 이용하여 농어촌특별세 과세표준 및 세액조정계산서를 작성하라.

① 사업연도 : 2024.1.1.~2024.12.31.(일반 영리법인임)

② 법인결산상 당기순이익   450,000,000

③ 익금산입 및 손금불산입 금액   100,000,000

     ㉮ 업무무관 가지급금 관련 지급이자 손금불산입 : 10,000,000

     ㉯ 감가상각비 한도초과액   : 40,000,000

     ㉰ 기업업무추진비 한도초과액   : 50,000,000

④ 손금산입 및 익금불산입금액   50,000,000

     ㉮ 조세특례제한법상 특별감가상각비   : 50,000,000

⑤ 각 사업연도 소득금액   500,000,000

⑥ 과세표준금액   500,000,000

⑦ 산출세액   80,000,000

⑧ 공제감면세액   40,000,000

     ㉮ 해외자원개발투자배당소득에 대한 법인세면제액: 25,000,000

     ㉯ 에너지절약시설투자에 대한 세액공제   : 15,000,000

⑨ 조세특례제한법상 비과세소득·소득공제액은 없으며, 최저한세의 적용으로 인하여 익금산입되거나, 이월공제되는 세액은 없는 것으로 가정함

(1) 조세감면액에 부과되는 농어촌특별세

     가. 세액공제, 세액면제 또는 감면분에 대한 과세표준 : 40,000,000

        15,000,000 + 25,000,000 = 40,000,000

     나. 소득공제금액에 대한 과세표준 : 0

     다. 조세감면액에 대한 농어촌특별세

        40,000,000 × 20% = 8,000,000

(2) 조세특례제한법상 특별감가상각비와 준비금의 손금산입액에 대하여는 농어촌특별세가 과세하지 않음.

농어촌특별세 과세표준 및 세액신고서

1. 신고인 인적사항

① 소 재 지				
② 법 인 명	㈜경인		③ 대 표 자 성 명	
④ 사업자등록번호		⑤ 사 업 연 도	2024.1.1.~2024.12.31.	⑥ 전 화 번 호

2. 농어촌특별세 과세표준 및 세액 조정내역

⑦ 과 세 표 준		40,000,000
⑧ 산 출 세 액		8,000,000
⑨ 가 산 세 액 (미납세액, 미납일수, 세율)		(, , 22/100,000)
⑩ 총 부 담 세 액		8,000,000
⑪ 기 납 부 세 액		0
⑫ 차 감 납 부 할 세 액		8,000,000
⑬ 분 납 할 세 액		3,000,000
⑭ 차 감 납 부 세 액		5,000,000
⑮ 충 당 후 납 부 세 액		5,000,000
⑯ 국 세 환 급 금 충 당 신 청	환 급 법 인 세	
	충당할 농어촌특별세	

신고인은 「농어촌특별세법」 제7조에 따라 위의 내용을 신고하며, 위 내용을 충분히 검토하였고 신고인이 알고 있는 사실 그대로를 정확하게 적었음을 확인합니다.

2025년 3월 30일

신고인(대표자)　　　　　　　　(서명 또는 인)

세무대리인은 조세전문자격자로서 위 신고서를 성실하고 공정하게 작성하였음을 확인합니다.

세무대리인　　　　　　　　(서명 또는 인)

세무서장 귀하

사 업 연 도	2024.01.01 ~ 2024.12.31	농어촌특별세과세표준 및 세액조정계산서		법 인 명	㈜경인
				사업자등록번호	

농어촌특별세 과세표준 및 세액 조정내역

①법 인 유 형	②과 세 표 준		세 율	③세 액
	구 분	금 액		
④일 반 법 인	⑤법 인 세 감 면 세 액	40,000,000	20%	8,000,000
	⑥			
	⑦			
	⑧소 계	40,000,000		8,000,000
⑨조 합 법 인 등	⑩법 인 세 감 면 세 액		20%	
	⑪			
	⑫소 계			

작 성 방 법

1. ②란 중 ⑤법인세감면세액란에는 농어촌특별세과세대상감면세액합계표[별지 제13호서식]상의 ⑩감면세액합계란의 금액을 옮겨 적습니다.

2. ②란 중 ⑩법인세감면세액란에는 농어촌특별세과세대상감면세액합계표[별지 제13호서식] 2. 조합법인 등 감면세액중 ⑦감면세액란의 합계금액을 기입합니다.

사업연도	2024.01.01 ~ 2024.12.31	농어촌특별세 과세대상 감면세액 합계표	법인명	㈜경인
			사업자등록번호	

1. 일반법인의 감면세액

① 구분	② 감면내용	③「조세특례제한법」근거조항	코드	④감면세액(소득금액)	비고
⑤ 비과세	(101)기업구조조정전문회사의 양도차익 비과세	법률 제9272호부칙 제10조 · 제40조	103		별지 제6호서식 ⑩란 해당 금액
	(102)		104	( )	
⑥ 소득공제	(103)국민주택임대소득공제	제55조의2제4항	112		별지 제7호서식 ⑧란 해당 금액
	(104)주택임대소득공제(연면적149㎡ 이하)	제55조의2제5항	115		
	(105)		113	( )	
⑦ 비과세 · 소득공제분 감면세액					(과세표준+소득금액)×세율－산출세액
⑧ 세액감면	(106)국제금융거래이자소득면제	제21조	121		별지 제8호서식(갑)의 ④란 해당금액
	(107)해외자원개발배당감면	제22조	122	25,000,000	
	(108)사업전환 중소기업에 대한 세액감면	제33조의2	12D		
	(109)무역조정지원기업의 사업전환 세액감면	제33조의2	12E		
	(110)기업구조조정전문회사의 주식양도차익 감면	법률 제9272호 부칙 제10조 · 제40조	12F		
	(111)혁신도시 이전 공공기관 세액감면	제62조제4항	13F		
	(112)행정중심복합도시 등 공장이전 조세감면	제85조의2	12G		
	(113)사회적 기업에 대한 감면	제85조의6	12H		
	(114)해외진출기업의 국내복귀에 대한 세액감면(철수방식)	제104조의24제1항제1호	12J		
	(115)해외진출기업의 국내복귀에 대한 세액감면(유지방식)	제104조의24제1항제2호	11H		
	(116)제주첨단과학기술단지입주기업 조세감면	제121조의8	126		
	(117)제주투자진흥지구 등 입주기업 조세감면	제121조의9	127		
	(118)기업도시 등 입주기업 조세감면	제121조의17제1항제1호	128		
	(119)기업도시 등 개발사업시행자감면	제121조의17제1항제2호	129		
	(120)아시아문화중심도시 투자진흥지구 입주기업 감면	제121조의20제1항	12I		
	(121)금융중심지 창업기업에 대한 감면	제121조의21제1항	12K		
	(122)첨단의료복합단지 입주기업에 대한 감면	제121조의22	13H		
	(123)		125		
⑨ 세액공제	(131)중소기업투자세액공제	제5조	131		별지 제8호서식(갑)의 ④, ⑦란 세액공제 해당금액
	(132)기업의어음제도개선을 위한 세액공제	제7조의2	132		
	(133)대중소기업 상생협력을 위한 기금출연 세액공제	제8조의3	13D		
	(134)생산성향상시설투자세액공제	제24조	134		
	(135)안전설비투자세액공제	제25조	135		
	(136)환경보전시설투자세액공제	제25조의3	143		
	(137)에너지절약시설투자세액공제	제25조의2	136	15,000,000	
	(138)의약품 품질관리시설투자 세액공제	제25조의4	144		
	(139)임시투자세액공제	법률 제10406호 부칙 제14조	137		
	(140)고용창출투자세액공제	제26조	13E		
	(141)산업수요맞춤형고등학교등 졸업자 복직 중소기업 세액공제	제29조의2	14S		
	(142)근로자복지증진시설투자세액공제	제94조	138		
	(143)제3자 물류비용 세액공제	제104조의14	145		
	(144)해외자원개발사업지원 세액공제	제104조의15	148		
	(145)대학 맞춤형 교육비용 등 세액공제	제104조의18제1항	149		
	(146)대학등 기부설비에 대한 세액공제	제104조의18제2항	13A		
	(147)산업수요맞춤형 고등학교 등 재학생에 대한 현장훈련수당 등 세액공제	제104조의18제4항	14R		
	(148)기업의 운동경기부 설치운영비용 세액공제	제104조의22	13G		
	(149)석유제품 전자상거래에 대한 세액공제	제104조의25	14P		
	(150)수입금액증가 세액공제	제122조제1항	13B		
	(151)부가가치세 매입자 납부제도 세액공제	제122조제5항	13C		
	(152)		139		
⑩ 감 면 세 액 합 계				40,000,000	

2. 조합법인 등의 감면세액

① 법인세 과세표준	②「조세특례제한법」 제72조 세율	③ 산출세액(①×②)	④ 과세표준 구분	④ 과세표준 금액	⑤「법인세법」 제55조 세율	⑥ 산출세액	⑦ 감면세액 (⑥－③)
			2억 이하				
			200억 이하				
			200억 초과				
합 계			합 계				

가 산 세

1. 무기장기산세

(1) 사유

장부의 비치·기장 의무를 이행하지 아니한 경우에 징수한다.

(2) 가산세액

Max[①, ②]
① 정부결정산출세액(토지 등 양도소득에 대한 법인세액을 제외한 금액) × 20%
② 수입금액 × 0.07%

2. 원천징수납부 등 불성실가산세

(1) 사유

국세를 징수하여 납부할 의무를 지는 자가 징수하여야 할 세액을 세법에 따른 납부기한까지 납부하지 아니하였거나 과소 납부한 경우에 징수한다. 다만 원천징수의무자가 국가·지방자치단체였으면 가산세 적용에서 제외한다.

(2) 가산세액

납부하지 아니하거나 과소 납부한 세액의 10%에 상당하는 금액을 한도로 하여 다음의 금액을 가산세로 부과한다.
① 납부하지 아니하거나 과소 납부한 세액의 3%에 상당하는 금액
② 납부하지 아니하거나 과소 납부한 세액 × 일수 × $\dfrac{22}{100,000}$

여기서 일수는 납부기한의 다음 날부터 자진납부일 또는 납세고지일까지의 기간을 의미한다.

3. 적격증명서류 불성실가산세

(1) 사유

법인이 사업과 관련하여 법인 또는 개인사업자로부터 건당 거래금액(부가가치세 포함) 3만원을 초과하는 재화·용역을 공급받고 법정증빙서류를 수취하지 않았을 때(산출세액이 없는 경우에도 가산세는 징수함)에 징수한다.

(2) 적용배제

다음의 경우에는 지출증빙서류 수취불성실 가산세 및 계산서 불성실가산세를 적용하지 아니한다.

① 국가 및 지방자치단체

② 비영리법인(수익사업과 관련된 부분은 제외함)

③ 공급받은 재화 또는 용역의 건당 거래금액(부가가치세를 포함)이 3만원 이하인 경우 등 법 제116조 제2항 단서에 따라 정규증빙수취의무가 면제되는 거래인 경우

④ 건당 1만원을 초과 기업업무추진비(경조금의 경우 20만원 초과)로써 정규의 지출증빙 미수취로 인하여 손금에 산입하지 아니한 기업업무추진비

(3) 가산세액

적격증명서류 미수취·불분명 금액 중 손금·필요경비로 인정되는 금액 × 2%

4. 기타 법인에게 적용되는 가산세

(1) 국세기본법

구 분	주요내용
무신고가산세	• 부당 무신고 : 산출세액의 40%와 수입금액의 0.14% 중 큰 금액 • 일반 무신고 : 산출세액의 20%와 수입금액의 0.07% 중 큰 금액
과소신고가산세	• 부당 과소신고 : 산출세액의 40%와 수입금액의 0.14% 중 큰 금액 • 일반 과소신고 : 산출세액의 10%
납부지연가산세	• 미납세액 × 경과일수[*] × $\dfrac{22}{100,000}$
환급불성실가산세	• 초과환급세액 × 경과일수 × $\dfrac{22}{100,000}$
원천징수 납부지연가산세	• 미납세액 × 경과일수 × $\dfrac{22}{100,000}$(미달세액의 10% 한도)

* 경과일수는 납부기한의 다음 날부터 자진납부일 또는 납부고지일까지의 기간을 말한다.

(2) 법인세법

구 분	주요내용
무기장가산세	• 산출세액의 20%와 수입금액의 0.07% 중 큰 금액
주주명세서 제출불성실가산세	• 법 제109조에 따라 법인설립신고시 주주명세서를 미제출·누락제출 및 불분명하게 제출한 주식 등의 액면금액 또는 출자가액의 0.5%
지출증빙서류수취 불성실가산세	• 지출증빙 미수취·사실과 다르게 받은 금액의 2%
주식 등 변동상황명세서 제출불성실가산세	• 미제출·누락제출 및 불분명하게 제출한 주식 등의 액면금액 또는 출자가액의 1%
지급명세서제출 불성실가산세	• 제출하지 않거나 불분명하거나 사실과 다르게 기재한 지급금액의 1% (단, 제출기한 경과 후 3개월 이내 제출하면 0.5%)
계산서 등 제출 불성실가산세	• 공급가액의 1%(필요적 기재사항 미기재·부실기재 또는 합계표 미제출·불분명분) 다만 다음의 경우에는 공급가액의 2%를 적용한다. 가. 재화 또는 용역을 공급 후 계산서 등을 미발급 나. 재화 또는 용역을 미공급 계산서 등을 발급 다. 재화 또는 용역을 공급하지 아니하고 계산서 등을 수취

구 분	주요내용
	라. 재화 또는 용역을 공급 후 타인 명의 계산서 등을 발급 마. 재화 또는 용역을 공급받고 타인 명의 계산서 등을 수취
기부금영수증 불성실가산세	• 기부금영수증을 사실과 다르게 발급한 금액의 5% • 기부법인별 발급내역을 작성 · 보관하지 아니한 금액의 0.2%
신용카드 발급 불성실가산세	• 건별 거부금액 · 신용카드매출전표를 사실과 다르게 발급한 금액의 5%(건별로 5천원에 미달하는 경우는 5천원으로 함)
현금영수증 발급 불성실가산세	• 현금영수증가맹점으로 가입하지 아니한 사업연도 수입금액의 1% • 건당 5천원 이상 거래금액에 대하여 현금영수증 발급거부 · 사실과 다르게 발급한 금액의 5%(건별로 5천원에 미달하는 경우는 5천원으로 함)
근로소득 간이지급명세 제출 불성실가산세	• 근로소득 간이지급명세서를 제출하지 않거나 허위 제출하는 경우 지출금액의 0.25%

5. 가산세 적용의 배제

① 법인세가 비과세되거나 전액 면제되는 소득만이 있는 법인 : 무기장가산세를 적용하지 아니한다.

② 법인세를 수시 부과하는 경우에는 가산세를 적용하지 아니한다.

③ 지출증명서류 미수취 가산세와 계산서 불성실 발급 가산세에 대해서는 중복으로 적용하지 아니한다.

6. 가산세의 감면 및 한도

① 다음의 경우에는 해당 가산세액의 50%에 상당하는 금액을 감면한다. 다만, 다음의 경우에는 수정신고 시기별로 감면비율을 차등 적용한다.

구 분	주요내용
법정신고기한이 지난 후 2년 이내에 수정신고를 한 경우	• 과소신고가산세. 다만, 과세표준수정신고서를 제출한 과세표준과 세액을 경정할 것을 미리 알고 제출한 경우는 제외한다. <table><tr><th>수정신고 시기</th><th>감면비율</th></tr><tr><td>6개월 이내</td><td>50%</td></tr><tr><td>6개월 초과 1년 이내</td><td>20%</td></tr><tr><td>1년 초과 2년 이내</td><td>10%</td></tr></table>
법정신고기한이 지난 후 6개월 이내에 기한 후 신고를 한 경우	• 무신고가산세. 다만, 과세표준수정신고서를 제출한 과세표준과 세액을 경정할 것을 미리 알고 제출한 경우는 제외한다. <table><tr><th>기한후신고 시기</th><th>감면비율</th></tr><tr><td>1개월 이내</td><td>50%</td></tr><tr><td>1개월 초과 6개월 이내</td><td>20%</td></tr></table>
과세전적부심사 결정·통지 기간 이내에 그 결과를 통지하지 아니한 경우	• 납부·환급불성실가산세(결정·통지가 지연됨으로써 해당 기간에 부과되는 분)의 50%
제출기한이 지난 후 1개월 이내에 제출하는 경우	• 제출 등의 의무위반에 대한 가산세의 50%

② 다음의 가산세는 그 의무위반의 종류별로 각각 5천만원(非중소기업은 1억원)을 한도로 한다. 다만, 해당 의무를 고의로 위반한 경우에는 그러하지 아니한다.
• 지출증빙서류수취 불성실가산세
• 주식 등 변동상황명세서 제출 불성실가산세
• 지급명세서제출 불성실가산세
• 계산서 불성실가산세
• 기부금영수증 불성실가산세

중소기업은 결손금을 차기 사업연도로 이월하여 공제하는 이월공제 방법 외에도 직전 사업연도의 소득에 대한 법인세액을 한도로 결손금 소급공제에 의한 법인세의 환급을 신청할 수 있다.

1. 적용대상 법인

조세특례제한법시행령 제2조의 규정에 따른 중소기업으로서 결손금이 발생한 사업연도와 그 직전 사업연도의 법인세 과세표준과 세액을 법정 신고기한 내에 각각 신고한 때에만 적용한다.

2. 환급신청 방법

결손금의 소급공제로 법인세를 환급받고자 하는 법인은 소급공제 법인세액 환급신청서(규칙 별지 제68호 서식)에 직전 사업연도 과세표준금액 및 소급공제를 받고자 하는 결손금액 등을 기재하여 납세지 관할 세무서장에게 반드시 신청하여야 한다. 만약 소급공제 신청서를 기한 내에 제출하지 않으면 결손금은 자동으로 이월결손금으로 15년간 공제된다. 또한, 법인세법 제13조 1호의 규정을 적용하면서 소급공제를 적용받은 결손금은 공제받은 금액으로 본다.

3. 환급세액의 결정 및 환급

소급공제신청서를 접수한 납세지 관할 세무서장은 즉시 환급세액을 결정하여 국세기본법 제51조 및 제52조의 규정에 따라 환급하여야 한다.

4. 환급신청 세액의 계산

결손금의 소급공제에 의한 환급신청세액은 다음 계산식에 의하여 계산하되 환급신청일 현재 '직전 사업연도의 소득에 대하여 과세된 법인세'를 한도로 한다. 여기서 '직전 사업연도의 소득에 대하여 과세된 법인세'란 직전 사업연도의 법인세 산출세액(토지 등 양도소득에 대한 법인세 제외)에서 직전 사업연도의 법인세로서 공제 또는 감면된 법인세액을 차감한 금액을 말한다. 따라서 가산세는 환급신청세액 계산 대상에서 제외된다.

환급신청세액 = Min(①, ②)
① 직전 사업연도 법인세 산출세액 - 공제 또는 감면된 법인세액
② 직전 사업연도 법인세 산출세액 - [(직전 사업연도 과세표준 - 소급공제 결손금)
× 직전 사업연도 법인세율]

제16장 법인세 신고와 납부

제1절 과세표준의 신고

1. 법인세신고

(1) 신고기한

납세의무가 있는 내국법인은 각 사업연도의 종료일이 속하는 달의 말일부터 3개월 이내에 해당 사업연도의 소득에 대한 법인세의 과세표준과 세액을 납세지관할세무서장에게 신고하여야 한다. 이 경우 각 사업연도의 소득금액이 없거나 결손금이 있는 법인도 이를 적용한다.

(2) 붙임서류

법인세 과세표준 및 세액을 신고함에서는 그 신고서에 다음의 서류를 첨부하여야 하는바, 다음의 ① 및 ②의 서류를 첨부하지 아니한 경우에는 이를 법인세법에 따른 신고로 보지 아니한다. 다만, 수익사업을 영위하지 아니하는 비영리내국법인은 그러하지 아니하다.

이 경우 재무제표, 기능통화재무제표, 원화재무제표 및 표시통화재무제표의 제출은 국세기본법의 규정에 따라 국세정보통신망을 이용하여 표준재무상태표·표준손익계산서 및 표준손익계산서부속명세서를 제출하는 것으로 갈음할 수 있다. 다만, 국제회계기준을 적용하는 법인은 표준재무제표를 제출하여야 한다.

① 재무상태표·포괄손익계산서 및 이익잉여금처분계산서(또는 결손금처리계산서) 다만, 기능통화로 채택한 경우에는 기업회계기준을 준용하여 작성한 기능통화로 표시된 재무제표(기능통화재무제표)를 의미한다. 이 경우 합병 또는 분할로 인하여 소멸하는 법인의 최종 사업연도의 과세표준과 세액을 신고함에서는 이익잉여금처분(결손금처리)계산서를 제출하지 아니한 경우에도 적법한 신고를 한 것으로 본다.

② 세무조정계산서(법인세 과세표준 및 세액조정계산서)

이 경우 기업회계와 세무회계의 정확한 조정 또는 성실한 납세를 위하여 필요하다고 인정하여 국세청장이 정하는 법인의 경우 세무조정계산서는 세무사가 작성하여야 한다.

③ 현금흐름표

현금흐름표는 외부회계감사의 대상이 되는 법인의 경우에 한하여 제출하여야 한다.

④ 기타 세무조정계산서 부속서류

국세청장이 정하는 법인의 경우에는 그 부속서류 중 국세청장이 정하는 서류를 제출하지 아니할 수 있다.

⑤ 기능통화재무제표에 대해 표시통화를 원화로 환산한 재무제표(표시통화재무제표)

⑥ 원화 외의 통화를 기능통화로 채택하여 재무제표를 작성하는 법인의 경우 기능통화를 선택하지 않고 계속해서 원화로 작성하였을 경우의 재무제표(원화재무제표)

(3) 기 타

납세지관할세무서장 및 관할지방국세청장은 제출된 신고서 기타 서류에 미비 또는 오류가 있는 때에는 이를 바로잡을 것을 요구할 수 있으며, 신고서에 첨부하지 아니한 서류가 신고내용의 분석 등에 필요한 경우 서면으로 그 제출을 요구할 수 있다.

외부세무조정계산서 작성대상법인

1. 직전 사업연도 수입금액 70억원 이상인 법인 및 주식회사의외부회계감사에관한법률 제2조에서 규정하는 외부감사의 대상법인. 다만, 조세특례제한법 제72조에 규정한 당기순이익 과세법인(이하 "당기순이익 과세법인"이라 함)은 제외한다.

2. 직전 사업연도 수입금액 3억원 이상인 법인(당기순이익 과세법인 제외)으로서 다음 각목의 1에 해당하는 법인.

   가. 해당 사업연도 종료일로부터 소급하여 2년 이내 설립한 법인

   나. [별표]에 게기하는 법인세 등의 조세특례를 받은 법인. 다만 조세특례제한법 104조의 8 규정의 전자신고세액공제를 받은 법인은 제외한다.

   다. 해당 사업연도 종료일 현재 법인세법 및 조세특례제한법에 따른 준비금 잔액이 3억원 이상인 법인

3. 직전 사업연도에 대한 법인세의 과세표준과 세액을 추계결정 또는 추계경정 받은 법인

4. 해당 사업연도 종료일로부터 소급하여 3년 이내에 합병 또는 분할을 한 합병법인 및 분할법인·분할신설법인(분할합병의 상대방법인)

5. 국외에 사업장을 가지고 있거나 법인세법 제57조 제5항의 "외국자회사"를 가지고 있는 법인

6. 제1호 또는 제5호에 해당하지 아니하는 법인으로서 정확한 세무조정을 위하여 세무사가 작성한 세무조정계산서를 첨부하고자 하는 법인

【별표】 조세특례의 범위

1. 법인세 등의 과세특례

   ① 조세특례제한법의 규정에 따른 소득공제 또는 세액공제 및 세액공제액의 이월공제

   ② 조세특례제한법의 규정에 따른 법인세의 면제·감면 및 비과세·과세 제외

   ③ 조세특례제한법의 규정에 따른 법인세의 과세이연·이월과세

   ④ 조세특례제한법의 규정에 따른 손금산입 및 익금불산입 등 과세특례를 받은 법인

   ⑤ 법인세법의 규정에 따른 피합병법인의 이월결손금의 승계

   ⑥ 법인세법 및 조세특례제한법에 따른 준비금

2. 조세특례제한법의 규정에 따른 양도자의 양도소득세 감면을 신청하는 법인

2. 준비금 등의 손금계상 특례

(1) 조세특례제한법상 준비금의 신고조정에 의한 손금산입

① 신고조정에 의한 손금산입

내국법인이 조세특례제한법에 따른 준비금을 세무조정계산서에 계상하거나 감사인의 회계감사를 받는 비영리내국법인이 고유목적사업준비금을 세무조정계산서에 계상한 경우로서 그 금액 상당액이 해당 사업연도의 이익처분에 있어서 해당 준비금의 적립금으로 적립된 경우 그 금액은 손금으로 계상한 것으로 본다.

② 적립금의 처리

신고조정에 의하여 손금에 산입한 준비금은 해당 준비금을 익금에 산입할 때 그 적립금을 처분하여야 한다. 이 경우 해당 준비금을 익금에 산입하기 전에 그 적립금을 처분한 경우에는 동항의 규정에 따라 손금으로 계상한 것으로 보지 아니한다. 따라서 준비금을 익금에 산입하기 전에 적립금을 미리 처분하는 경우에는 준비금을 손금산입한 사업연도에 해당 준비금을 손금불산입하여 법인세를 경정하여야 한다.

(2) 일시상각충당금 및 압축기장충당금

내국법인이 법인세법 시행령 또는 조세특례제한법 시행령에 따른 일시상각충당금 또는 압축기장충당금을 세무조정계산서에 계상하고 이를 법인세과세표준 신고에 있어서 손금에 산입한 경우 그 금액은 손금으로 계상한 것으로 본다. 이 경우 자산별로 해당 자산의 일시상각충당금 또는 압축기장충당금과 감가상각비에 관한 명세서를 세무조정계산서에 첨부하여 제출하여야 한다.

3. 비영리 내국법인의 특례

(1) 대 상

원천징수의 대상이 되는 이자소득 및 배당부 투자신탁수익의 분배금이 해당한다. 다만, 비영업대금의 이익은 제외하며, 일부에 대하여만 분리과세를 선택하여 적용받을 수 있다.

(2) 과세방법 : 완납적 원천징수에 의한 납세의무의 종결

분리과세를 선택한 소득금액은 각 사업연도 소득금액에 산입하지 아니하는 것이며, 이 경우 수정신고 또는 경정청구에 따라 그 과세방법을 변경할 수 없다.

중간예납은 조세채권의 일실(逸失)을 미리 방지함과 동시에 세수를 조기에 확보하고 납세자의 조세부담을 시기적으로 분산시키기 위해 마련한 것이다.

1. 중간예납대상 법인

내국법인으로서 각 사업연도의 기간이 6개월을 초과하는 모든 법인은 중간예납의무가 있다. 다만, 다음의 법인에 대하여는 중간예납의무를 부여하지 아니한다.

① 신설법인(합병 또는 분할에 의한 신설법인 제외)의 최초 사업연도
② 사업연도 6개월 이하인 법인
③ 국내사업장이 없는 외국법인 및 청산법인
④ 휴업 중인 법인(중간예납기간에 사업수입금액이 없는 법인)
⑤ 사립학교를 경영하는 학교법인, 서울대학교, 인천대학교 등의 산학협력단
⑥ 직전 사업연도 중소기업으로서 중간예납세액이 50만원 미만인 내국법인

2. 중간예납기간

해당 사업연도의 개시일부터 6개월간을 중간예납기간으로 하여 계산한 중간예납세액을 그 중간예납기간이 지나간 날부터 2개월 이내에 납부하여야 한다.

3. 중간예납세액의 계산

(1) 일반법인의 경우

일반법인의 경우에는 직전 사업연도 실적기준과 해당 사업연도 실적기준 중 선택하여 중간예납세액을 계산할 수 있다.

1) 직전 사업연도 실적 기준

$$중간예납세액 = \left(\begin{array}{c} \text{직전 사업연도의} \\ \text{확정산출세액} \end{array} - \begin{array}{c} \text{직전 사업연도의} \\ \text{중간예납 공제세액} \end{array} \right) \times \frac{6}{\text{직전 사업연도 월수}}$$

① 직전 사업연도

- 신설합병
  피합병법인의 합병등기일이 속하는 사업연도의 직전 사업연도
- 흡수합병
  합병법인의 직전 사업연도와 피합병법인의 합병등기일이 속하는 사업연도의 직전 사업연도

② 확정된 산출세액

확정된 산출세액이라 함은 직전 사업연도의 법인세로서 확정된 산출세액으로서 가산세를 포함하고 토지 등 양도차익에 대한 법인세는 제외한 것을 말하는바, 법인의 신고(수정신고 및 기한 후 신고 포함)에 따라 확정된 세액을 말한다. 다만, 해당 중간예납기간 만료일까지 법인세가 경정된 경우에는 경정으로 인하여 증감된 세액을 가감하여 계산한다.

③ 중간예납 공제세액

- 직전 사업연도의 감면된 법인세액(소득공제액은 제외)
- 직전 사업연도에 법인세로서 납부한 원천징수세액
- 직전 사업연도에 법인세로서 납부한 수시부과세액

2) 해당 사업연도 실적 기준

- 중간예납기간의 과세표준 = 중간예납기간의 소득금액 − 이월결손금 − 비과세소득
- 중간예납세액 = 과세표준 × 세율 − (중간예납 공제세액)

---

① 중간예납기간의 과세표준 계산

㉠ 이월결손금의 공제
중간예납기간 개시일 전 15년 이내에 개시한 사업연도에서 발생한 결손금으로서 그 후의 각 사업연도의 과세표준계산에 있어서 공제되지 아니한 금액을 전액 공제한다.

㉡ 준비금(충당금을 포함함)의 손금산입
준비금의 손금산입은 이를 결산에 반영한 때에만 손금에 산입한다. 다만, 조세특례제한법에 따른 준비금 및 법인세법 시행령 또는 조세특례제한법시행령에 따른 일시상각충당금 또는 압축기장충당금은 신고조정에 의하여 손금에 산입할 수 있다.

ⓒ 준비금 등의 환입

- 손금에 계상한 사업연도의 다음 사업연도에 일시에 환입을 필요로 하는 준비금 및 충당금은 해당 중간예납기간에 이를 전액 익금으로 환입한다.
- 일정기간 거치 후 상세한 산액을 일시에 환입해야 하는 준비금은 해당 중간예납 기간이 속하는 사업연도에 환입해야 할 준비금을 해당 사업연도의 월수로 나눈 금 액에 해당 중간예납기간의 월수를 곱하여 산출한 금액을 익금에 환입한다.
- 일정기간 거치 후 사용분과 사용하지 않은 분으로 구분하여 균등 또는 일시 환 입되는 준비금은 해당 중간예납기간이 속하는 사업연도 종료일까지 전액을 사용 하는 것으로 보고 균등한 금액을 익금에 환입한다.
- 기타의 준비금은 법 소정의 규정에 따라 월할 계산하여 균등하게 익금에 환입 한다.
- 준비금 등의 환입계상은 결산에 반영함이 없이 세무조정계산서에 신고조정으로 익금에 산입할 수 있다.

ⓔ 감가상각비 등의 손금산입

- 감가상각비는 해당 중간예납기간의 감가상각범위액을 한도로 결산에 반영한 경우 에 손금에 산입한다.
- 기타 각종 비용에 대하여도 법에 특별한 규정이 있는 경우를 제외하고는 결산에 반영된 때에만 해당 중간예납기간의 손비로 본다.

② 중간예납세액의 계산

㉠ 공제감면세액의 계산

해당 사업연도에 적용될 감면범위에 의하여 계산한 감면세액상당액을 공제한다. 다만, 신청을 요건으로 하는 감면세액 등은 중간예납신고납부계산서에 해당 금액 을 계상하고 소정의 산출명세서를 제출하여야 하며, 이 경우에도 확정신고 때 제 출을 면제하지 아니하므로 확정신고 때 명세서를 다시 제출하여야 한다.

㉡ 최저한세의 적용

각종 준비금·특별상각·소득공제·세액공제 및 감면 등에 대하여는 중간예납세액 을 계산함에서도 조세특례제한법의 규정에 따른 최저한세를 적용한다.

(2) 직전 사업연도의 법인세액이 없는 법인 등의 경우

다음에 해당하는 법인은 반드시 해당 사업연도의 실적을 기준으로 한 중간예납세액을 계산하여 납부하여야 한다.

① 직전 사업연도의 법인세로서 확정된 산출세액(가산세는 제외함)이 없는 경우

② 직전 사업연도의 법인세액이 중간예납 만료일까지 확정되지 아니한 경우

③ 분할신설법인 및 분할합병의 상대방법인의 분할 후 최초 사업연도

4. 기 타

① 중간예납세액의 결정 특례

납세지 관할 세무서장이 필요하다고 인정하는 때에는 다음의 금액을 초과하지 아니하는 범위 안에서 해당 사업연도의 중간예납세액을 정할 수 있다

- **일반적일 때** : 한도 = 직전 사업연도 법인세

- **해당 사업연도의 실적을 기준으로 하는 경우** : 한도 = 중간예납세액 × $\dfrac{\text{해당 사업연도 월수}}{6}$

② 중간예납에 대한 수정신고 등

국세기본법의 규정에 따른 수정신고 또는 경정 등의 청구는 과세표준 신고서상의 누락·오류가 있는 때에 과세표준수정신고서 또는 경정청구서를 제출 또는 청구하는 것이므로 중간예납에 대하여는 이를 적용하지 아니한다.

③ 분 납

중간예납세액이 1,000만원을 초과하는 경우에는 나누어 낼 수 있다.

1. 납부기한

　법인세 과세표준 및 세액신고서에 기재된 납부할 세액을 과세표준 신고기한 내에 납부서를 작성하여 납부하여야 한다. 지방세인 지방소득세도 별도의 납부서를 작성하여 반드시 납부하여야 한다.

> ■ 법인세의 신고기한 및 납부기한 : 사업연도 종료일로부터 3월 이내
> 　(단, 신고기한의 말일이 공휴일이면 그다음 날까지 신고 · 납부한다.)

2. 납부할 세액의 계산

(1) 납부할 세액

> 납부할 세액 = 법 제55조의 산출세액 － 해당 사업연도 감면세액 · 세액공제액
> 　　　　　 － 중간예납세액 － 수시부과세액 － 원천징수세액

☞ 해당 사업연도 중간예납세액 · 수시부과세액 · 원천징수세액 : 가산세를 제외한 금액

(2) 법인세 산출세액

　법인세 산출세액이란 법인세 과세표준금액에 세율을 적용하여 계산한 금액을 말한다.

> 법인세 산출세액 = 과세표준 × 세율

(3) 사업연도가 1년 미만일 때 산출세액 계산

$$\text{법인세산출세액} = \left\{ \left(\text{과세표준} \times \frac{12}{\text{사업연도월수}} \right) \times \text{세율} \right\} \times \frac{\text{사업연도월수}}{12}$$

　이 경우 월수는 역에 따라 계산하되 1월 미만의 일수는 1월로 한다.

(4) 산출세액의 계산사례

사 례

① 각 사업연도 소득 198,000,000원

② 비과세소득 8,000,000원

③ 해당 법인의 정관상 사업연도는 1월 1일부터 12월 31일임

④ 설립등기일 2024.7.10.

⑤ 당 법인은 영리법인 중 일반법인임

계 산

① 법인세과세표준 = 198,000,000원 − 8,000,000원 = 190,000,000원

② 법인세산출세액 = {(190,000,000원 × 12/6) × 세율} × 6/12

    = (380,000,000원 × 세율) × 6/12

    = (200,000,000원 × 9% + 180,000,000원 × 19%) × 6/12

    = 26,100,000원

3. 분 납

가. 분납기한

① 일반법인 : 1월 이내

② 중소기업 : 2월 이내

나. 분납세액

① 납부할 세액이 2,000만원 이하인 경우 : 1,000만원을 초과하는 금액

② 납부할 세액이 2,000만원 초과하는 경우 : 그 세액의 50% 이하의 금액

4. 물 납

(1) 대상법인

법인세의 물납은 원칙적으로 허용되지 않는다. 다만, 공익사업을위한토지등의취득및보상에관한법률이 적용되는 공공사업의 시행자에게 토지 등을 양도하거나 토지수용법 기타 법률에 따라 수용됨으로써 발생하는 소득에 대한 법인세를 금전으로 납부하기 곤란한 경우에는 해당 토지 등의 대금으로 받은 채권으로 납부할 수 있다.

(2) 물납의 요건

- 공공사업의 시행자에게 양도하거나 수용될 것
- 토지 등을 양도한 사업연도의 납부세액이 1,000만원을 초과할 것

(3) 물납의 대상

- 토지 등의 양도대금 또는 수용대가로 받은 공공사업의 시행자가 발행한 보상채권

(4) 한 도

- 공공사업의 시행자에게 양도하거나 수용되어 발생한 양도차익에 대한 법인세액(가산세는 제외)

(5) 채권의 수납가액

- 물납하는 보상채권의 수납가액은 상속세및증여세법 제63조 제1항 제1호의 규정을 준용하여 평가한 가액으로 한다.

(6) 절 차

① 신 청

법인세를 물납하고자 할 때는 법인세 과세표준의 신고기한 10일 전까지 납세지 관할 세무서장에게 신청하여야 한다.

② 승 인

신청을 받은 납세지 관할 세무서장은 법인세 과세표준의 신고기한 전날까지 채권의 수납가액을 평가하여 그 물납에 대한 결정상황을 신청자에게 통지하여야 한다. 다만, 기획재정부장관이 세입 또는 통화의 조절에 있어 필요하다고 인정하는 경우에는 물납을 거부할 수 있다.

5. 법인세 산출세액 종합사례

예제)

다음은 제조업체인 ㈜경인의 제20기 사업연도 손익계산서와 세무조정사항에 관한 자료이다.

〈자료 1〉

손 익 계 산 서

㈜경인	제20기1월1일부터 제20기12월31일까지	(단위 : 원)
Ⅰ. 매　　출　　액		4,215,000,000
Ⅱ. 매　출　원　가		3,416,670,000
Ⅲ. 매　출　총　이　익		798,330,000
Ⅳ. 판　매　비　와　관　리　비		151,610,000
1. 급　　　　　여	87,700,000	
2. 퇴　직　급　여	9,500,000	
3. 세　금　과　공　과	2,560,000	
4. 감　가　상　각　비	32,200,000	
5. 수　　선　　비	3,450,000	
6. 접　　대　　비	14,700,000	
7. 판　매　수　수　료	500,000	
8. 대　손　상　각　비	500,000	
9. 잡　　　　　비	500,000	
Ⅴ. 영　　업　　이　　익		646,720,000
Ⅵ. 영　업　외　수　익		29,300,000
1. 이　자　수　익	8,950,000	
2. 배　당　금　수　익	5,350,000	
3. 외　화　환　산　이　익	10,000,000	
4. 채　무　면　제　이　익	5,000,000	
Ⅶ. 영　업　외　비　용		40,800,000
1. 이　자　비　용	16,600,000	
2. 기　　부　　금	8,700,000	
3. 외　화　환　산　손　실	15,000,000	
4. 잡　　손　　실	500,000	
Ⅷ. 법인세비용차감전순이익		635,220,000
Ⅸ. 법　인　세　비　용		107,044,000
Ⅹ. 당　기　순　이　익		528,176,000

〈자료 2〉

1. 제20기 사업연도 기말재고자산에 대한 자료이다.

① 재고자산평가에 관한 자료

구 분	제 품	원 재 료	저 장 품
평가방법의 신고	무신고	총평균법	총평균법
회사 계상액	73,000,000원	47,000,000원	37,000,000원
선입선출법 평가액	76,600,000원	45,500,000원	39,500,000원
후입선출법 평가액	70,000,000원	42,000,000원	36,500,000원
총평균법 평가액	73,000,000원	43,500,000원	37,000,000원

② 원재료는 신고한 평가방법에 따라 평가하였으나, 계산의 착오로 3,500,000원을 과다계상하였다.

③ 저장품에 대한 변경 전 신고방법은 후입선출법이나 제20기 10월 2일에 총평균법으로 변경신고하고, 변경신고 한 방법으로 재고자산평가에 적용하였다.

2. 급여계정에는 임원상여금 중 규정초과액 3,500,000원이 포함되어 있다.

3. 퇴직급여는 전부 확정기여형(DC) 퇴직연금에 가입되어 있으며, 동 금액을 전액 외부 금융기관에 예치한 것이다. 단, 내부에 적립된 퇴직급여충당부채는 없다고 가정한다.

4. 당기 감가상각비 범위액(즉시상각의제 감안 후)은 31,000,000원이다.

5. 수선비에는 자본적지출로 인정된 금액 600,000원(즉시상각의제에 해당함)이 포함되어 있다.

6. 잡비 중 업무와 관련 없는 경비 200,000원이 포함되어 있다.

7. 대손상각비는 외상매출금 25,000,000원에 대한 2% 상당하는 충당금을 설정한 금액이다.

   단, 전기이월 대손충당금잔액은 없는 것으로 가정한다.

8. 잡손실 중 벌금과 과료가 150,000원이 있다.

9. 기업업무추진비 계정의 내역은 다음과 같다.

① 기업업무추진비 중 500,000원은 대표이사가 사적으로 사용한 금액이다.

② 건설중인자산에 계상된 기업업무추진비가 45,000,000원이 있다(재무상태표상 건설중인자산 계정의 금액은 155,000,000원이다).

③ 모든 기업업무추진비 관련 지출은 신용카드를 사용하였다.

④ 매출액 중 특수관계인간 거래와 소비성서비스업의 매출액은 없다.

10. 세금과공과 중 재산세에 대한 가산금 300,000원과 부가가치세 신고불성실가산세 180,000원이 포함되어 있다.

11. 이자비용과 관련된 자료는 다음과 같다.

(1) 대주주 노심초氏에게 업무와 관련 없이 80,000,000원을 제20기 3월 10일 대여하였으며, 해당 사업연도 종료일 현재 미회수 상태이다. ㈜경인은 약정에 따라 노심초氏로부터 연3%의 이자를 받아 수입이자로 처리하고 있다.

(2) 대표이사 박만국氏에 대한 가지급금의 해당 사업연도 중 적수는 8,900,000,000원이며, 이 가지급금은 업무와 관련 없이 지급된 것이다. 단, 대표이사 박만국氏와 가수금은 없다.

(3) 이자비용의 내역과 차입금 적수는 다음과 같다.

차입처	차입금적수	지급이자	연이자율
㈜강화	6,935,000,000	1,900,000	10%
㈜천마	10,950,000,000	2,700,000	9%
㈜한라	25,550,000,000	5,600,000	8%
백두은행	32,850,000,000	6,300,000	7%
계	76,285,000,000	16,500,000	

(4) 국세청장이 정한 당좌차월이자율은 연 4.6%이다. 단, 가중평균이자율을 계산하지 못한다고 가정한다.

12. 채무면제이익은 결손금 보전을 위해 주주로부터 면제받은 것이며, 외화와 관련된 평가손익은 적절하게 계산하였다.

13. 기부금은 전액 일반기부금이다.

14. 차입금과다법인에 해당하지 않는다.

15. 중소기업에 해당한다.

16. 제20기 사업연도는 <u>윤년에 해당하지 않으며</u>, 계산과정에서 숫자는 원 단위 미만은 버리는 것으로 한다.

〈요구사항〉

(1) 법인의 각 사업연도소득을 계산하라.

(2) 법인세 과세표준 금액을 계산하라.

(3) 법인세 산출세액을 계산하라.

해답

결산서상 당기순이익		528,176,000
익금산입 및 손금불산입		139,801,344
1. 법인세비용	107,044,000	
2. 재고자산 과소평가	6,100,000	
3. 임원상여금한도초과액	3,500,000	
4. 감가상각비 부인액	1,800,000	
5. 업무무관경비	200,000	
6. 대손충당금한도초과액	250,000	
7. 벌금과 과료	150,000	
8. 직부인기업업무추진비	500,000	
9. 기업업무추진비 한도초과액	10,550,000[1]	
10. 세금과공과(가산금 등)	480,000	
11. 업무무관 이자비용	7,064,167[2]	
12. 가지급금 인정이자	2,163,177[2]	

손금산입 및 익금불산입		△8,500,000
1. 재고자산 과다계상	3,500,000	
2. 채무면제이익(결손금보전)	5,000,000	
차가감소득금액		659,477,344
기부금한도초과액		0
각사업연도소득금액		1659,477,344
과세표준		659,477,344
세 율		19%
산출세액		105,300,695

〈계산근거〉

1. 기업업무추진비

(1) 업무무관 기업업무추진비   500,000

(2) 기업업무추진비 = 손익계산서상 기업업무추진비 + 건설중인자산 상 기업업무추진비

    = (14,700,000 - 500,000) + 45,000,000 = 59,200,000

(3) 기업업무추진비 한도액 = 36,000,000 + 4,215,000,000 × 0.3% = 48,645,000

(4) 기업업무추진비 한도초과액 = 당기설정액 - 한도액 = 59,200,000 - 48,645,000
        = 10,555,000

2. 가지급금 인정이자 및 지급이자 손금불산입

(1) 구성비율

노심초	80,000,000 × 297일 =	23,760,000,000
박만국		8,900,000,000
계		32,660,000,000

(2) 개인별 인정이자

$$① 노심초 = 23,760,000,000 × 4.6\% × \frac{1}{365} - 80,000,000 × 3\% × \frac{297}{365}$$
$$= 2,994,410 - 1,952,876 = 1,041,534$$

$$② 박만국 = 8,900,000,000 × 4.6\% × \frac{1}{365} - 0 = 1,121,643$$

$$① + ② = 2,163,177$$

(3) 지급이자 손금불산입

$$이자비용 = 16,500,000 × \frac{32,660,000,000}{76,285,000,000} = 7,064,167$$

6. 법인세 과세표준 및 세액신고서와 조정계산서 작성사례

예제

다음 자료에 의하여 (주)계양(2024.1.1.~2024.12.31.)의 ① 법인세과세표준 및 세액신고서, ② 조정계산서를 작성하라. 단, (주)계양은 중소기업에 해당하는 법인임을 가정하자.

〈자료〉

(1) 익금산입 또는 손금불산입 내역

과 목	금 액	내 용
건 설 자 금 이 자	4,520,000	건설자금이자 과소계상액
수 입 배 당 액	1,000,000	수입계상누락분(미수금임)
재 고 자 산 평 가 감	770,000	재고자산평가감액임
퇴 직 연 금 충 당 금	840,000	한도초과액임
대 손 충 당 금	694,000	한도초과액임
퇴 직 금	220,000	임원퇴직금 한도초과액
인 정 이 자	130,000	대표자 가지급금 인정이자
세 금 공 과	654,000	토지매입에 따른 취득세
잡 비	75,000	벌과금임
미 지 급 기 부 금	2,340,000	전기 손금산입 유보분임
법 인 세 등	2,000,000	손금불산입
합 계	13,243,000	

(2) 손금산입 또는 익금불산입 내역

과 목	금 액	내 용
전 기 대 손 부 인 액	380,000	대손부인액 중 회수된 상각채권추심이익 계상액
재 고 자 산 평 가 감	4,110,000	전기손금불산입 유보분 중 당기사용해당분
감 가 상 각 비	1,340,000	전기부인누계액 중 당기용인액
수 입 이 자	22,000	국세환급금이자
대 손 금	2,720,000	소멸시효 완성된 외상매출금
합 계	8,572,000	

* 수입배당금 익금불산입 세무조정 생략

(3) 기타 내역

① 법인세 공제 후 당기순이익	263,394,000원
② 일반기부금 한도초과액	5,000,000원
③ 이월결손금(15년 미경과)	2,000,000원

④ 비과세소득 및 소득공제	없 음
⑤ 연구 및 인력개발비 세액공제	250,000원
⑥ 정규지출증빙 미수취 가산세	90,000원
⑦ 중간예납법인세	15,000,000원
⑧ 원천납부법인세	4,000,000원
⑨ 조정후 수입금액	3,000,000,000원

① 토지 등 양도차익에 대한 법인세 ⇨ 해당연도 해당사항 없음.

② 법인세과세표준 및 세액조정계산서의 작성·계산

- 과세표준   271,065,000

- 산출세액 : 271,065,000 × 19% = 31,502,350

- 분납할 세액 범위액에 가산세는 제외된다. 본 예제에서는 차감납부할 세액이 10,000,000원 초과하므로 분납할 세액은 2,342,350원이다.

③ 법인세과세표준 및 세액신고서 작성·계산

- 서식 중 ①~⑳까지는 빠짐없이 기재함

법인세 과세표준 및 세액신고서

※ 뒤쪽의 신고안내 및 작성방법을 읽고 작성하여 주시기 바랍니다. (앞 쪽)

①사업자등록번호		②법 인 등 록 번 호		
③법　　인　　명	㈜계양	④전　화　번　호		
⑤대 표 자 성 명	홍 길 동	⑥전 자 우 편 주 소		
⑦소　　재　　지	인천시 계양구 계양산로 63			
⑧업　　　　태	제 조	⑨종 목	화학재료	⑩주업종코드
⑪사　업　연　도	2024.01.01. ~ 2024.12.31.	⑫ 수 시 부 과 기 간	.　.　. ~ .　.　.	

⑬ 법　인　구　분	1. 내국 2.외국 3.외투(비율　%)		⑭조　정　구　분	1. 외부　2. 자기	
⑮ 종 류 별 구 분	중소	일반	당기순이익과세	⑯외 부 감 사 대 상	1. 여　　2. 부
영리 법인 상 장 법 인	11	12		⑰신 고 구 분	1. 정기신고
코스닥상장법인	21	22			2. 수정신고(가.서면분석, 나.기타)
기 타 법 인	30	40			3. 기한후 신고
비 영 리 법 인	60	70	50		4. 중도폐업신고
					5. 경정청구
⑱법 인 유 형 별 구 분		코드		⑲결 산 확 정 일	2019. 2. 28.
⑳신　　고　　일				㉑납　　부　　일	
㉒신고기한 연장승인	1. 신청일			2. 연장기한	

구 분	여	부	구 분	여	부
㉓주식변동	1	2	㉔장부전산화	1	2
㉕사업연도의제	1	2	㉖결손금소급공제 법인세환급신청	1	2
㉗감가상각방법(내용연수)신고서 제출	1	2	㉘재고자산등평가방법신고서 제출	1	2
㉙기능통화 채택 재무제표 작성	1	2	㉚과세표준 환산시 적용환율		
㉛동업기업의 출자자(동업자)	1	2	㉜국제회계기준(K-IFRS)적용	1	2

구　　　분	법 인 세		
	법 인 세	토지 등 양도소득에 대한 법인세	계
㉝수　입　금　액	(3,000,000,000)		
㉞과　세　표　준	271,065,000		
㉟산　출　세　액	31,502,350		
㊱총　부　담　세　액	31,342,350		
㊲기　납　부　세　액	19,000,000		
㊳차 감 납 부 할 세 액	12,342,350		
㊴분　납　할　세　액			2,342,350
㊵차 감 납 부 세 액			10,000,000

㊶조 정 반 번 호		㊸조정자	성　　　　　명
			사 업 자 등 록 번 호
㊷조 정 자 관 리 번 호			전　화　번　호

국세환급금 계좌 신고	㊹예　입　처	은행	(본)지점
	㊺예　금　종　류		
	㊻계　좌　번　호	예금	

신고인은 「법인세법」 제60조 및 「국세기본법」제45조, 제45조의2, 제45조의3에 따라 위의 내용을 신고하며, 위 내용을 충분히 검토하였고 신고인이 알고 있는 사실 그대로를 정확하게 적었음을 확인합니다.

2025년　　3월　　일

신고인(대표자)　　　　　　　　　　　　　　　(서명 또는 인)

세무대리인은 조세전문자격자로서 위 신고서를 성실하고 공정하게 작성하였음을 확인합니다.

세무대리인　　　　　　　　　　　　　　　　　(서명 또는 인)

세무서장 귀하

첨부서류	1. 재무상태표, 2. (포괄)손익계산서, 3. 이익잉여금처분(결손금처리)계산서, 4. 현금흐름표(「주식회사의 외부감사에 관한 법률」 제2조에 따른 외부감사의 대상이 되는 법인의 경우만 해당합니다), 5. 세무조정계산서	수수료 없 음

사업연도	2024.01.01. ~ 2024.12.31.	법인세 과세표준 및 세액조정계산서	법인명	㈜ 계 양
			사업자등록번호	

좌측

	항목	코드	금액
① 각 사업연도 소득 계산	⑩ 결산서상당기순손익	01	263 394 000
소득조정금액	⑩ 익 금 산 입	02	13 243 000
	⑩ 손 금 산 입	03	8 572 000
	⑩ 차가감소득금액(⑩+⑩-⑩)	04	268 065 000
	⑩ 기부금한도초과액	05	5 000 000
	⑩ 기부금한도초과이월액 손금산입	54	
	⑩ 각 사업연도소득금액 (⑩+⑩-⑩)	06	273 065 000
② 과세표준 계산	⑩ 각 사업연도소득금액(⑩=⑩)		273 065 000
	⑩ 이 월 결 손 금	07	2 000 000
	⑩ 비 과 세 소 득	08	0
	⑪ 소 득 공 제	09	0
	⑫ 과 세 표 준(⑩-⑩-⑩-⑪)	10	271 065 000
	⑲ 선 박 표 준 이 익	55	
③ 산출세액 계산	⑬ 과 세 표 준(⑫+⑲)	56	271 065 000
	⑭ 세 율	11	19%
	⑮ 산 출 세 액	12	31 502 350
	⑯ 지 점 유 보 소 득「법인세법」제96조	13	
	⑰ 세 율	14	
	⑱ 산 출 세 액	15	
	⑲ 합 계(⑮+⑱)	16	31 502 350
④ 납부할 세액 계산	⑳ 산 출 세 액(⑫=⑲)		31 502 350
	㉑ 최저한세 적용대상 공제감면세액	17	250 000
	㉒ 차 감 세 액	18	31 252 350
	㉓ 최저한세 적용제외 공제감면세액	19	
	㉔ 가 산 세 액	20	90 000
	㉕ 가 감 계(⑫-㉓+㉔)	21	31 342 350
기한내 납부세액	㉖ 중 간 예 납 세 액	22	15 000 000
	㉗ 수 시 부 과 세 액	23	
	㉘ 원 천 납 부 세 액	24	4 000 000
	㉙ 간접투자회사등의 외국납부세액	25	
	⑬ 소 계(㉖+㉗+㉘+㉙)	26	19 000 000
	⑬ 신고납부전가산세액	27	
	⑫ 합 계(⑬+⑬)	28	19 000 000

우측

	항목	코드	금액
	⑬ 감면분추가납부세액	29	
	차감납부할세액(⑮-⑫+⑬)	30	12 342 350
⑤ 토지등양도소득에 대한 법인세 계산	차익 ⑬ 등 기 자 산	31	
	⑬ 미 등 기 자 산	32	
	⑬ 비 과 세 소 득	33	
	과 세 표 준(⑬+⑬-⑬)	34	
	⑬ 세 율	35	
	⑭ 산 출 세 액	36	
	⑭ 감 면 세 액	37	
	⑫ 차 감 세 액(⑭-⑭)	38	
	⑬ 공 제 세 액	39	
	⑭ 동업기업 법인세 배분액(가산세 제외)	58	
	⑮ 가 산 세(동업기업 배분액 포함)	40	
	⑯ 가 감 계(⑫-⑬+⑭+⑮)	41	
기납부세액	⑭ 수 시 부 과 세 액	42	
	⑭ ( ) 세 액	43	
	⑭ 계(⑭+⑭)	44	
	⑮ 차 감 납 부 할 세 액(⑯-⑭)	45	
⑥ 세액계	⑮ 차 감 납 부 할 세 액 계(⑬+⑮)	46	12 342 350
	⑫ 사실과 다른 회계처리 경정세액공제	57	
	⑬ 분 납 세 액 계 산 범 위 액(⑮-⑫-⑬-⑮-⑫+⑬)	47	12 342 350
분납할세액	⑭ 현 금 납 부	48	2 342 350
	⑮ 물 납	49	
	⑯ 계(⑭+⑮)	50	2 342 350
차감납부세액	⑮ 현 금 납 부	51	10 000 000
	⑱ 물 납	52	
	⑯ 계(⑮+⑱)(⑯=⑮-⑫-⑯)	53	10 000 000

제17장 청산소득에 대한 법인세

제1절 청산소득의 개요

1. 청산소득에 대한 법인세의 의의

법인이 해산·합병 또는 분할로 소멸하는 경우에 각 사업연도 소득에 대한 법인세의 과세와는 별개로 소멸하는 법인의 자기자본을 초과하는 분배금액 또는 합병대가·분할대가를 청산소득으로 하여 법인세를 과세하는바, 이를 청산소득에 대한 법인세라 한다.

2. 청산소득에 대한 과세의 근거

현행 법인세법상 각 사업연도 소득에 대한 법인세는 영업활동 등을 통하여 실현된 소득에 대하여만 과세하도록 규정하고 있으므로 법인이 보유한 토지·건물 등의 유형자산과 투자자산 등은 그 자산의 실제 가치가 장부금액보다 증가하여도 이는 미실현이익에 불과하므로 법인세를 과세할 수 없다.

이처럼 미실현이익에 해당하여 법인세가 과세하지 아니하였거나 자산 및 부채의 평가에 있어서 착오 또는 오류 등으로 각 사업연도 소득에 대한 법인세로 과세하지 못하고 사내에 유보되었던 소득이 법인의 청산에 의한 환가절차를 통하여 비로소 소득으로 실현되므로 소득이 실현된 청산시점에서 일시에 과세하고자 하는 것이 해산을 원인으로 하는 청산소득에 대한 법인세로서, 이는 각 사업연도 소득에 대한 법인세의 과세가 실현된 소득에 국한된 것을 보완하여 순자산증가에 대한 과세를 종결하고자 하는 데 그 취지가 있는 것이다.

한편, 법인이 합병 또는 분할 때문에 소멸하는 경우에는 청산의 절차가 진행되지는 아니하지만 피합병법인에게 과세하지 못하였던 미실현소득, 자산 및 부채 평가의 착오 또는 오류 등에 따른 이익이 합병법인의 신주형태로 전환되어 피합병법인의 주주에게 교부되므로 피합병법인이 합병법인으로부터 받는 신주에 포함된 미실현소득 등에 대하여도 청산소득에 대한 법인세로 과세함으로써 해산의 경우와 같이 순자산증가에 대한 과세를 종결하고자 하는 데 그 취지가 있는 것이다.

3. 납세의무자

영리·내국법인이 해산·합병 또는 분할로 인하여 청산소득금액이 발생한 경우에는 청산소득에 대한 법인세의 납세의무가 있다. 비영리법인과 외국법인은 청산소득에 대한 납세의무가 없으며, 다음에 해당하는 경우에는 이를 청산으로 보지 아니하므로 청산소득에 대한 납세의무가 없는 것이다.

① 내국법인이 상법에 따라 조직변경을 하는 경우
② 특별법에 따라 설립된 법인이 특별법의 개정 또는 폐지로 인하여 상법에 따라 조직 변경하는 경우
③ 변호사법에 따라 법무법인이 법무법인(유한)으로 조직 변경하는 경우
④ 관세사법에 따라 관세사법인이 관세법인으로 조직 변경하는 경우
⑤ 변리사법에 따라 특허법인이 특허법인(유한)으로 조직 변경하는 경우
⑥ 협동조합기본법에 따라 협동조합으로 조직 변경하는 경우

1. 개 요

청산소득금액은 그 금액이 청산소득에 대한 법인세의 과세표준이 된다. 이와 같은 청산소득금액의 계산방법은 해산·합병 및 분할 등 청산소득의 과세원인에 따라 각각 달리 규정하고 있다.

2. 해산에 의한 청산소득금액의 계산

> 청산소득금액 = 해산에 의한 잔여재산의 가액 - 해산등기일 현재 자기자본의 총액

(1) 잔여재산가액의 계산

해산에 의한 청산소득금액을 계산하면서 잔여재산가액이란 자산총액에서 부채총액을 공제한 금액을 말한다.

이 경우 자산총액이란 해산등기일 현재의 자산의 합계액으로 하며, 추심할 채권과 환가처분할 자산에 대하여는 다음에 의하여 계산한다.

① 추심할 채권과 환가처분할 자산에 대하여는 추심 또는 환가처분한 날 현재의 금액
② 추심 또는 환가처분 전에 분배한 경우에는 분배한 날 현재의 시가에 의하여 평가한 금액

(2) 자기자본의 계산

> 자기자본 = 납입자본금 + 잉여금 ± 유보 - 이월결손금 + 환급되는 법인세액

① 납입자본금

자기자본을 계산하면서 납입자본금은 재무상태표상 자본금으로서 주식발행액면초과액, 감자차익 및 합병차익 등의 자본잉여금을 포함하지 아니한 금액을 말한다. 다만,

해산등기일 전 2년 이내에 자본금 또는 출자금에 전입한 잉여금이 있는 경우에는 해당 금액을 자본금 또는 출자금에 전입하지 아니한 것으로 보아 계산한다.

② 잉여금

자기자본을 계산하면서 잉여금이란 이익잉여금은 물론 자본잉여금도 포함한 금액을 말한다.

③ 이월결손금

■ 공제의 대상
자기자본의 계산에 있어서 공제하는 이월결손금은 법인세법상 결손금으로서 그 후 사업연도의 과세표준계산에 있어서 공제되지 아니한 것을 말한다. 따라서 각 사업연도 소득금액에 대한 과세표준계산에 있어서 공제되는 이월결손금과는 달리 결손금이 발생한 사업연도와는 무관한 것이다.

■ 공제의 한도
자기자본의 계산에 있어서 공제하는 이월결손금은 잉여금의 금액을 초과하지 못하는 것이며, 잉여금을 초과하는 이월결손금은 이를 없는 것으로 본다. 이 경우 잉여금이란 기업회계상 잉여금에서 법인세법상의 유보잔액을 가감한 금액을 말한다.

(3) 청산 중인 법인이 사업을 계속하는 경우

청산 중인 내국법인이 그 해산에 의한 잔여재산 일부를 주주 등에게 분배한 후 상법의 규정에 따라 사업을 계속하는 경우 청산소득금액은 다음과 같이 계산한 금액으로 한다. 이 경우 사업의 계속 등기를 한 경우 자본금은 상법의 규정에 따라 계산한 금액으로 한다.

청산소득금액 = 분배한 잔여재산의 총합계액 - 해산등기일 현재 자기자본 총액

(4) 청산기간 중의 각 사업연도 소득

내국법인의 해산에 의한 청산소득의 금액을 계산하면서 그 청산기간 중에 생기는 각 사업연도의 소득금액이 있는 경우에는 이를 그 법인의 해당 각 사업연도의 소득금액에 산입한다. 다만, 해산등기일 현재의 잔여재산 추심 또는 환가처분과 관련하여 발생한 각종 비용(계약서 작성비용, 공증비용, 인지대, 소개비 및 수수료, 청산인의 보수, 청산사무소의 비용 등)은 청산소득금액을 계산하면서 이를 공제한다.

예제) 청산소득의 계산

다음은 제조업을 영위하는 영리내국법인 ㈜동양이 제20기(2024.1.1.~2024.12.31.) 말에 해산하기로 결의한 후 해산등기일 현재 재무상태 등에 관한 자료이다. ㈜동양의 청산소득금액을 계산하라.

(1) 제20기 해산등기일(2024.12.31.) 현재 재무상태표는 다음과 같다.

재무상태표			(단위: 원)
토　지	35,000,000*	차　입　금	35,000,000
건　물	66,000,000*	자　본　금	50,000,000
기계장치	12,000,000*	자본잉여금	10,000,000
		이익잉여금	18,000,000
합　계	113,000,000	합　계	113,000,000

* 청산 중 토지는 40,000,000원, 건물은 70,000,000원, 기계장치는 15,000,000원으로 환가하여 차입금 상환 등에 사용되었다.

(2) 제20기말 현재 법인세법상 이월결손금은 37,000,000원이다.

(3) 합병이나 분할에 의한 해산이 아니며, ㈜동양은 「채무자의 회생 및 파산에 관한 법률」에 따른 회생계획인가 결정 또는 「기업구조조정촉진법」에 따른 경영정상화계획의 이행에 대한 약정을 체결한 법인이 아니다.

청산소득금액 = 해산에 의한 잔여재산의 가액 - 해상등기일 현재 자기자본의 총액

1. 해산에 의한 잔여재산의 가액
   = 40,000,000 + 70,000,000 +15,000,000 - 35,000,000 = 90,000,000
2. 자기자본
   = 자본금 + 잉여금 - 이월결손금 (단, 세법상 잉여금 범위 내에서 차감함)
   = 50,000,000 + 10,000,000 + 18,000,000 - min(37,000,000, 28,000,000)
   = 50,000,000
3. 청산소득금액 : 40,000,000

내국법인의 청산소득에 대한 법인세는 청산소득에 대한 과세표준에 법 제55조 제1항의 규정에 따른 세율을 적용하여 계산한 금액을 그 세액으로 한다.

【청산소득에 대한 법인세의 세율】

과 세 표 준	세 율
2억원 이하	과세표준의 9%
2억원 초과 200억원 이하	1천8백만원 + (2억원을 초과하는 금액의 19%)
200억원 초과 3,000억원 이하	37억8천만원 + (200억원을 초과하는 금액의 21%)
3,000억원 초과	625억 8천만원 + (3,000억원을 초과하는 금액의 24%)

1. 확정신고 및 납부

(1) 신고·납부기한

청산소득에 대한 법인세의 납부의무가 있는 내국법인은 잔여재산가액의 확정일이 속하는 달의 말일부터 3개월 이내에 청산소득에 대한 법인세의 과세표준과 세액을 납세지 관할 세무서장에게 신고하여야 한다. 이는 청산소득의 금액이 없는 경우에도 적용한다.

> **참고** 잔여재산가액의 확정일
>
> 1. 해산등기일 현재의 잔여재산 추심 또는 환가처분을 완료한 날
> 2. 해산등기일 현재의 잔여재산을 그대로 분배하는 경우에는 그 분배를 완료한 날

(2) 붙임서류

- 잔여재산가액 확정일 또는 계속등기일 현재 해산한 법인의 재무상태표
- 해산의 경우에는 해산한 법인의 본점 등의 소재지, 청산인의 성명 및 주소 또는 거소, 잔여재산가액의 확정일 및 분배예정일 기타 필요한 사항

2. 중간신고 및 납부

(1) 신고대상

내국법인이 다음에 해당하는 경우에는 청산소득에 대한 법인세를 납세지 관할 세무서장에게 신고하여야 한다.

① 해산에 의한 잔여재산가액이 확정되기 전에 그 일부를 주주 등에게 분배한 경우
② 해산등기일로부터 1년이 되는 날까지 잔여재산가액이 확정되지 아니한 경우. 다만, 국유재산법 제55조에 규정한 청산절차에 따라 청산하는 법인의 경우에는 이를 적용하지 아니한다.

(2) 신고·납부기한

청산소득에 대한 중간신고·납부는 잔여재산을 분배한 날 또는 해산등기일부터 1년이 되는 날이 속하는 달의 말일부터 1월 이내에 하여야 한다.

(3) 붙임서류

청산소득에 대해 중간신고를 함에 있어서는 해산등기일 및 분배한 날 또는 1년이 되는 날 현재의 재무상태표와 해산한 법인의 본점 등의 소재지, 청산인의 성명 및 주소 또는 거소, 잔여재산가액의 확정일 및 분배예정일 기타 필요한 사항을 기재한 서류를 첨부하여야 한다.

(4) 납부세액의 계산

① 일부를 분배한 경우

> 납부세액 = {(분배한 잔여재산의 총액 - 자기자본의 총액) × 세율}
> - 이전의 잔여재산 분배에 따른 중간신고 납부세액

② 1년 이내에 잔여재산가액이 확정되지 아니한 경우

> - 납부세액 = (잔여재산가액 예정액 - 자기자본의 총액) × 세율
> - 잔여재산가액 예정액 = 1년이 되는 날 현재 자산 총액(時價) - 부채총액

(5) 유의점

위의 중간신고 및 납부규정은 해산의 경우에만 적용됨에 유의하기 바란다.

3. 가산세 및 가산금

청산소득에 대한 법인세의 징수에서는 무기장·무신고, 과소신고 및 납부지연가산세의 규정을 준용하되, 청산소득에 대한 법인세액이 없는 경우에는 그러하지 아니하다. 한편, 청산소득에 대한 법인세를 징수하면서 국세징수법에 따른 가산금은 이를 적용하지 아니한다.

4. 제2차납세의무 등

법인이 해산한 경우 각 사업연도의 소득에 대한 법인세 또는 청산소득에 대한 법인세를 납부하지 아니하고 잔여재산을 분배한 때에는 청산인과 잔여재산의 분배를 받은 자는 각각 그 분배한 재산의 가액과 분배받은 재산의 가액을 한도로 그 법인세를 연대하여 납부할 책임을 진다.

제18장 토지 등 양도소득에 대한 법인세

제1절 토지 등 양도소득의 개요

종전의 토지 등의 양도차익에 대하여 과세해 오던 특별부가세 제도를 폐지하고, 이에 대체하여 규정한 제도가 토지 등 양도소득에 대한 법인세의 과세제도인 것이다.

이는 종전의 특별부가세 제도는 광범위한 과세대상과 그에 따른 감면의 확대 등으로 인하여 과세의 목적을 달성하는 데 한계가 있어 이를 폐지하고, 부동산가격이 급등하거나 급등할 우려가 있는 등 투기재발 등과 같은 시장의 변화에 따라 탄력적으로 과세할 수 있도록 도입된 제도인 것이다.

토지 등 양도소득에 대한 법인세는 수도권의 지역 및 개발사업이 진행 중이거나 예정된 지역 등에 소재하는 토지 등의 양도로 인하여 발생하는 소득에 대한 법인세를 각 사업연도 소득에 대한 법인세에 추가하여 납부하는 것이다.

1. 과세대상소득의 범위

내국법인(비영리법인을 포함)이 보유한 토지 및 건물 중 과세대상지역에 소재하는 토지 및 건물의 양도로 인하여 발생하는 소득과 법에 규정한 주택 및 비사업용 토지의 양도로 인하여 발생하는 소득에 대하여 토지 등 양도소득에 대한 법인세를 과세한다.

2. 과세대상지역의 범위

토지 등 양도소득에 대한 법인세의 과세대상이 되는 토지 및 건물은 다음과 같다.

(1) 특정 지역에 소재하는 토지 등

국토의계획및이용에관한법률 제125조의 규정에 따라 국토교통부장관이 조사한 해당 지역의 직전 분기의 평균지가가 직전전 분기 대비 3% 이상 상승하거나 전년도 같은 분기 대비 10% 이상 상승한 지역으로서 다음에 해당하는 지역 중 지가가 급등하거나 급등할 우려가 있는 지역으로서 기획재정부령이 정하는 지역으로 한다.

① 조세특례제한법 시행령 제56조 제2항의 규정에 따른 대도시권
② 개발이익환수에관한법률 제2조 제2호의 규정에 따른 개발사업이 진행 중이거나 예정된 지역 및 그 인근 지역

> **참고** 대도시권의 범위
>
> 대도시권이란 다음에 해당하는 지역을 말한다.
> 1. 「수도권정비계획법」 제6조 제1항 제1호의 규정에 따른 과밀억제권역(이하 "수도권 과밀억제권역"이라 함)
> 2. 부산광역시(기장군을 제외함)·대구광역시(달성군을 제외함)·광주광역시·대전광역시 및 울산광역시의 관할구역. 다만, 「산업입지 및 개발에 관한 법률」에 의하여 지정된 산업단지를 제외한다.

(2) 주 택

국내에 소재하는 주택(조합원 입주권, 분양권 포함)으로서 다음에 해당하지 아니하는 주택이 과세대상이 된다.

① 「임대주택법」에 의하여 5호 이상의 국민주택을 임대하고 있는 법인이 10년 이상 임대한 국민주택

② 해당 법인이 임대하는 「임대주택법」 규정에 따른 건설임대주택으로서 다음의 요건을 모두 갖춘 주택이 2호 이상일 때 그 주택

　가. 대지면적이 298㎡ 이하이고 주택의 연면적(주택으로 보는 부분과 주거 전용으로 사용되는 지하실 부분의 면적을 포함하고, 공동주택의 경우에는 전용면적을 말한다)이 149㎡ 이하일 것

　나. 5년 이상 임대하는 것일 것

　다. 해당 주택 및 이에 부수되는 토지의 기준시가의 합계액이 해당 주택의 양도 당시 6억원을 초과하지 아니할 것

③ 「부동산투자회사법」 규정에 따른 부동산투자회사 또는 「간접투자자산운용업법」 규정에 따른 부동산간접투자기구가 2008년 1월 1일부터 2008년 12월 31일까지의 기간 사이에 취득하여 임대하는 「임대주택법」 규정에 따른 매입임대주택으로서 다음의 요건을 모두 갖춘 주택이 5호 이상일 때 그 주택

　가. 대지면적 298㎡ 이하이고 주택의 전체면적(주택으로 보는 부분과 주거전용으로 사용되는 지하실부분의 면적을 포함하고, 공동주택의 경우에는 전용면적을 말함) 149㎡ 이하일 것

　나. 10년 이상 임대하는 것일 것

　다. 「수도권정비계획법」 규정에 따른 수도권 외의 지역에 소재할 것

④ 주주 등이나 출연자가 아닌 임원(소액주주 등 임원을 포함함) 및 사용인에게 제공하는 사택과 그밖에 무상으로 제공하는 법인 소유의 주택으로서 사택제공기간 또는 무상제공기간이 10년 이상인 주택

⑤ 저당권의 실행으로 인하여 취득하거나 채권변제를 대신하여 취득한 주택으로서 취득일부터 3년이 지나지 않은 주택

⑥ 그 밖에 부득이한 사유로 보유하고 있는 주택으로서 기획재정부령으로 정하는 주택

(3) 비사업용 토지

① 전·답 및 과수원(이하 '농지'라 함)으로서 다음 각 목의 어느 하나에 해당하는 것

㉮ 농업을 주업으로 하지 아니하는 법인이 소유하는 토지

㉯ 특별시·광역시(광역시에 있는 군지역을 제외함) 및 시지역(도·농복합형태의 시의 읍·면 지역을 제외함) 중 도시지역(녹지지역 및 개발제한구역은 제외함) 안의 농지

② 임야. 다만, 다음 각 목의 어느 하나에 해당하는 것을 제외한다.

㉮ 산림법에 따라 지정된 산림유전자원보호림·보안림·채종림·시험림 그밖에 공익 상 필요 또는 산림의 보호육성을 위하여 필요한 임야로서 대통령령이 정하는 것

㉯ 임업을 주업으로 하는 법인 또는 산림법에 따른 독림가인 법인이 소유하는 임야 로서 대통령령이 정하는 것

㉰ 토지의 소유자·소재지·이용상황·보유기간 및 면적 등을 고려하여 법인의 업무 에 직접 관련이 있다고 인정할 만한 타당한 이유가 있는 임야로서 대통령령이 정하는 것

③ 다음 각 목의 어느 하나에 해당하는 목장용지. 다만, 토지의 소유자·소재지·이용상 황·보유기간 및 면적 등을 감안하여 법인의 업무와 직접 관련이 있다고 인정할 만 한 타당한 이유가 있는 목장용지로서 대통령령이 정하는 것은 제외한다.

㉮ 축산업을 주업으로 하는 법인이 소유하는 목장용지로서 대통령령이 정하는 축산 용 토지의 기준면적을 초과하거나 특별시·광역시 및 시지역의 도시지역 안에 있 는 목장용지

㉯ 축산업을 주업으로 하지 아니하는 법인이 소유하는 목장용지

④ 농지, 임야 및 목장용지 외의 토지 중 다음 각 목을 제외한 토지

㉮ 지방세법 또는 관계 법률의 규정에 따라 재산세가 비과세되거나 면제되는 토지

㉯ 지방세법 제182조 제1항 제2호 및 제3호의 규정에 따른 재산세 별도합산 또는 분리과세대상이 되는 토지

㉰ 토지의 이용상황·관계 법률의 의무이행 여부 및 수입금액 등을 고려하여 법인의 업무와 직접 관련이 있다고 인정할 만한 타당한 이유가 있는 토지로서 대통령령 이 정하는 것

⑤ 주택 부수토지 중 주택이 정착된 면적에 지역별로 대통령령이 정하는 배율을 곱하여 산정한 면적을 초과하는 토지

⑥ 주거용 건축물로서 상시 주거용으로 사용하지 아니하고 휴양·피서·위락 등의 용도 로 사용하는 건축물(이하 "별장"이라 함)과 그 부수토지. 다만, 읍 또는 면에 소재하

고 대통령령이 정하는 범위와 기준에 해당하는 농어촌주택과 그 부수토지를 제외하며, 별장에 부속된 토지의 경계가 명확하지 아니할 때는 그 건축물 바닥면적의 10배에 해당하는 토지를 부속토지로 본다.

⑦ 그 밖에 ① 내지 ⑥과 유사한 토지로서 법인의 업무와 직접 관련이 없다고 인정할 만한 타당한 이유가 있는 대통령령이 정하는 토지

3. 비과세

2009.3.16.부터 2012.12.31까지 취득한 자산을 양도함으로써 발생한 소득에 대해서는 토지 등 양도소득에 대한 법인세를 과세하지 않는다. 또한, 다음에 해당하는 소득에 대하여는 토지 등 양도소득에 대한 법인세를 과세하지 아니한다. 다만, 미등기 토지 등에 대하여는 그러하지 아니하다.

(1) 파산선고로 인한 토지 등 양도소득

파산선고에 의한 토지 등의 처분으로 인하여 발생하는 소득에 대하여는 토지 등 양도소득에 대한 법인세를 과세하지 아니한다.

(2) 경작하던 농지의 양도소득

법인이 직접 경작하던 농지로서 소득세법 시행령 제153조 제1항의 규정에 해당하는 농지의 교환 또는 분합으로 인하여 발생하는 소득에 대하여는 토지 등 양도소득에 대한 법인세를 과세하지 아니한다.

소득세법 시행령 제153조 제1항의 규정에 해당하는 농지의 범위를 열거하면 다음과 같다.

① 국가 또는 지방자치단체가 시행하는 사업으로 인하여 교환 또는 분합하는 농지
② 국가 또는 지방자치단체가 소유하는 토지와 교환 또는 분합하는 농지
③ 경작상 필요로 교환하는 농지
   다만, 교환 때문에 새로이 취득하는 농지를 3년 이상 경작한 경우에 한한다.
④ 농어촌정비법·농지법·농업기반공사및농지관리기금법 또는 농업협동조합법에 따라 교환 또는 분합하는 농지

(3) 환지처분 등으로 인한 토지 등 양도소득

다음에 해당하는 소득에 대하여 토지 등 양도소득에 대한 법인세를 과세하지 아니한다.

① 도시개발법 및 그 밖의 법률에 따른 환지처분으로 지목 또는 지번이 변경되거나 체비지로 충당됨으로써 발생하는 소득. 이 경우 환지처분 및 체비지는 소득세법 시행령 제152조의 규정에 따른 것으로 한다.

② 적격분할, 적격물적분할, 적격현물출자(조특법 제38조 제1항의 요건을 갖춘 것에 한함), 조직변경 및 교환(법 제50조의 요건을 갖춘 것에 한함)으로 인하여 발생하는 소득

③ 한국토지공사법에 따른 한국토지공사가 토지개발사업으로 조성한 토지 중 주택건설용지로 양도함으로써 발생하는 소득

④ 주택을 신축하여 판매(임대주택법에 따른 건설임대주택을 분양하는 경우를 포함)하는 법인이 그 주택 및 주택에 부수되는 토지로서 그 면적이 다음의 면적 중 넓은 면적 이내의 토지를 양도함으로써 발생하는 소득

    ㉠ 주택의 전체면적(지하층의 면적, 지상층의 주차용으로 사용되는 면적 및 주민공동시설의 면적을 제외)

    ㉡ 건물이 정착된 면적에 5배(도시지역 밖의 토지의 경우에는 10배)를 곱하여 산정한 면적

⑤ 민간임대주택에 관한 특별법에 따른 기업형임대사업자에게 토지를 양도하여 발생하는 소득

⑥ 그 밖의 공공목적을 위한 양도 등 기획재정부령이 정하는 사유로 인하여 발생하는 소득

토지 등 양도소득의 귀속사업연도

1. 일반양도의 경우

토지 등 양도소득에 대한 법인세의 과세대상이 되는 토지 등 양도소득의 귀속사업연도는 원칙적으로 법인세법 시행령 제68조의 규정을 준용하므로 그 대금을 청산한 날이 속하는 사업연도로 하는 것이며, 다만 대금을 청산하기 전에 소유권 등의 이전등기(등록 포함)를 하거나 해당 자산을 인도 또는 상대방이 해당 자산을 사용수익하는 경우에는 그 이전등기일(등록일 포함)·인도일 또는 사용수익일 중 빠른 날로 한다.

2. 장기할부조건으로 양도한 경우

장기할부조건에 의하여 양도한 경우의 토지 등 양도소득의 귀속사업연도는 법인세법 시행령 제68조 제2항의 규정에도 불구하고 일반양도의 규정을 적용하도록 규정하고 있다. 따라서 그 대금을 청산한 날로 하되 대금을 청산하기 전에 소유권 등의 이전등기를 하거나 해당 자산을 인도 또는 상대방이 해당 자산을 사용수익하는 경우에는 그 이전등기일·인도일 또는 사용수익일 중 빠른 날로 한다.

3. 예약매출로 양도한 경우

예약매출에 의하여 토지 등을 양도한 경우의 토지 등 양도소득의 귀속사업연도는 해당 토지 등이 그 계약일에 양도한 것으로 보아 계약일이 속하는 사업연도에 귀속되는 것으로 한다.

1. 일반양도의 경우

토지 등의 양도소득은 토지 등의 양도금액에서 양도 당시의 세법상 장부금액을 차감하여 계산한다.

이 경우 같은 사업연도에 2 이상의 토지 등을 양도한 때에 있어서 토지 등 양도소득은 양도한 자산별로 계산한 양도소득을 합산한 금액으로 하는 것이며, 양도한 자산 중 양도차손이 발생한 경우에는 양도소득에서 이를 차감하여 토지 등 양도소득을 계산한다.

> - 자산별 양도차익 = 양도가액 - 장부금액
> - 자산별 양도차손 = 장부금액 - 양도가액
> - 각 사업연도의 토지 등 양도소득 = 자산별 양도차익 - 자산별 양도차손

2. 예약매출의 경우

예약매출에 의하여 토지 등을 양도한 경우 양도소득은 작업진행률을 기준으로 하여 계산한 수익과 비용 중 과세대상지역에 포함되는 기간에 상응하는 수익과 비용을 각각 해당 사업연도의 익금과 손금으로 하여 계산한다.

> - 법인세 산출세액 = $\dfrac{\text{해당 사업연도 말까지 발생한 총공사비누적액}}{\text{총공사예정비}}$
>
> - 익금 = 계약금액 × 작업진행률 - 직전 사업연도 종료일까지 익금 계상액
> - 손금 = 해당 사업연도에 발생한 총공사비

작업진행률을 적용하면서 법인이 비치·기장한 장부가 없거나 비치·기장한 장부의 내용이 충분하지 아니하여 작업진행률을 계산할 수 없는 경우에는 계약금액 및 총공사예정비를 그 목적물의 착수일부터 인도일까지의 기간에 균등하게 배분한 금액 중 과세대상지역에 포함되는 기간에 상응하는 금액을 각각 해당 사업연도의 익금과 손금으로 하여 계산한다.

예제) 토지 등 양도소득에 대한 법인세

다음의 자료를 이용하여 ㈜경인의 제20기(2024.1.1.~2024.12.31.) 사업연도에 대한 법인세와 토지 등 양도소득에 대한 법인세를 각각 계산하라.

1. 제20기 중 비사업용 토지(등기됨)를 양도하였다.

　　(1) 양도가액(실지거래가액)　　　　　200,000,000원

　　(2) 양도 당시 장부금액　　　　　　　105,000,000원

단, 비사업용 토지를 취득하면서 부당행위계산부인에 해당하는 금액은 없었으며, 다른 토지 등에 대한 양도는 더는 없었다.

2. 상기 비사업용 토지의 양도 외의 제20기 소득금액은 230,000,000원이며, 과세표준을 계산하면서 공제될 수 있는 이월결손금, 비과세소득 및 소득공제는 각각 7,000,000원, 5,000,000원, 3,000,000원이 있다.

각 사업연도 소득에 대한 법인세

토지의 양도 외의 소득금액	230,000,000
토지 등 양도소득	(+) 95,000,000
각 사업연도 소득금액	325,000,000
이월결손금	(−) 7,000,000
비과세소득	(−) 5,000,000
소득공제	(−) 3,000,000
과세표준	310,000,000
세율	19%
산출세액(=200,000,000×9%+110,000,000×19%)	38,900,000

2. 토지 등 양도소득에 대한 법인세

양도가액(실지거래가액)	200,000,000
양도 당시 장부금액	(−)105,000,000
토지 등 양도소득(과세표준)	95,000,000
세율	10%
산출세액(95,000,000×10%)	9,500,000

3. ㈜경인의 제20기 법인세 산출세액(=38,900,000+9,500,000)　　　48,400,000

1. 일반적일 때

해당 토지 등의 양도로 인하여 발생한 양도소득의 100분의 10으로 하되, 미등기 토지 등의 양도소득에 대하여는 100분의 40으로 한다.

2. 주택(그 부수토지를 포함함), 별장 및 주택을 취득하기 위한 권리(입주권, 분양권)

주택과 비사업용 토지를 양도한 경우에는 토지 등 양도소득의 100분의 20으로 하되, 미등기 토지 등의 양도소득에 대하여는 100분의 40으로 한다.

3. 미등기 토지 등의 범위

미등기 토지 등이란 토지 등을 취득한 법인이 그 취득에 관한 등기를 하지 아니하고 양도하는 토지 등을 말하는바, 다음의 경우에는 미등기 토지 등으로 보지 아니한다.

① 장기할부조건으로 취득한 토지 등으로서 계약조건에 의하여 양도 당시 그 토지 등의 취득등기가 불가능한 토지 등
② 법률의 규정 또는 법원의 결정에 따라 양도 당시 취득에 관한 등기가 불가능한 토지 등
③ 법인이 직접 경작하던 농지로서 교환 또는 분합에 따라 토지 등 양도소득이 비과세되는 농지

토지 등 양도소득에 대한 법인세는 각 사업연도 소득에 대한 법인세에 추가하여 납부하도록 규정하고 있으므로 각 사업연도의 종료일부터 3월 이내에 이를 납부하여야 한다.

제19장 비영리법인에 대한 법인세

제1절 비영리법인에 대한 과세의 근거

비영리법인은 타인의 기부금 등을 주된 재원으로 하여 정관상 목적사업인 공익사업 등에 지출하므로 법인세를 과세하지 않는 것이 타당할 것이다.

그러나 비영리법인이 영리법인과 유사한 수익사업 등을 영위한다면 소득이 발생할 뿐만 아니라 영리법인과 경쟁관계가 성립되므로 공평과세를 구현하기 위해서는 법인세를 과세할 필요가 있는 것이다. 만약, 비영리법인의 수익사업에 대해 법인세를 과세하지 아니한다면 비영리법인이 법인세를 회피하는 창구가 되리라는 것은 너무도 자명(自明)하므로 수익사업소득에 대하여 과세하는 것은 타당한 조치라 할 수 있다.

1. 각 사업연도 소득에 대한 법인세

다음에 열거하는 사업 또는 수입에서 생기는 소득에 대하여만 제한적으로 법인세를 과세하며, 법인세의 과세에서 제외된 기타의 순자산증가액에 대하여는 상속세 및 증여세로 보완하여 과세하고 있다.

(1) 과세대상

다음에 열거하는 사업 또는 수입(수익사업)에서 생긴 소득에 대하여만 각 사업연도 소득에 대한 법인세의 납세의무가 있다.

① 제조업, 건설업, 도매업, 소매업, 소비자용품수리업, 부동산·임대 및 사업서비스업 등의 사업으로서 수익이 발생하는 것
② 이자소득
③ 배당소득
④ 주식·신주인수권 또는 출자지분의 양도로 인한 수입
⑤ 고정자산의 처분으로 인한 수입. 다만, 고정자산의 처분일 현재 3년 이상 계속하여 법령이나 정관에 규정된 고유목적사업에 직접 사용한 고정자산의 처분이익에 대하여는 법인세를 과세하지 아니한다. 이 경우 고유목적사업에는 과세대상인 수익사업은 포함하지 아니하며, 해당 고정자산의 유지·관리 등을 위한 관람료·입장료수입 등 부수수익이 있는 경우에도 이를 고유목적사업에 직접 사용한 고정자산으로 본다.
⑥ 자산의 양도로 생기는 수입
⑦ 기타 대가를 얻는 계속적 행위로 인하여 생기는 수입으로서 채권 등의 매매차익

(2) 과세배제대상

비영리법인이 영위하는 다음의 사업에 대하여는 법인세를 과세하지 아니한다.

① 축산업(축산관련서비스업 포함)·조경수 식재 및 관련 서비스업 외의 농업
② 사업서비스업 중 연구 및 개발업. 다만, 계약 등에 의하여 그 대가를 받고 연구 및 개발용역을 제공하는 사업에 대하여는 법인세 과세한다.

③ 비영리외국법인이 국내에서 영위하는 선급공사용역. 이 경우 비영리내국법인이 외국에서 영위하는 선급공사용역에 대하여 해당 국가가 법인세를 부과하지 아니하는 때에만 이를 적용한다(상호 비과세주의).

④ 교육서비스업 중 유아교육법에 따른 유치원, 초·중등교육법 및 고등교육법에 따른 학교와 평생교육법에 따른 원격대학을 경영하는 사업

⑤ 보건 및 사회복지사업 중 사회복지사업법에 따른 사회복지사업

⑥ 다음의 연금 및 공제업
- 국민연금법에 따른 국민연금사업
- 특별법에 따르거나 정부로부터 인가 또는 허가를 받아 설립된 단체가 영위하는 기금조성 및 급여사업

⑦ 사회보장보험법 중 국민건강보험법에 따른 의료보험사업 및 산업재해보상보험법에 따른 산업재해보상보험사업

⑧ 주무관청에 등록된 종교단체가 공급하는 용역 중 부가가치세가 면세되는 용역을 공급하는 사업

⑨ 금융 및 보험관련서비스업 중 다음의 사업
- 예금자보호법·농업협동조합의 구조개선에 관한 법률·수산업협동조합법·새마을금고법·신용협동조합법과 산림조합법에 의한 예금보호제도를 운영하는 사업
- 금융기관부실자산등의효율적처리및한국자산관리공사의설립에관한법률에 의한 부실채권정리기금을 통한 부실채권의 인수 및 정리와 관련된 사업

⑩ 대한적십자사조직법에 따른 대한적십자사의 혈액사업

⑪ 한국장학재단이 학자금대출계정을 통해 운영하는 학자금 대출사업
- 취업 후 상환 학자금 대출
- 일반 상환 학자금 대출

⑫ 기타 「① 내지 ⑪」와 유사한 사업으로서 기획재정부령이 정하는 사업

2. 구분경리

비영리법인이 수익사업을 영위하는 경우에는 자산·부채 및 손익을 수익사업에 속하는 것과 기타의 사업에 속하는 것을 각각 별개의 회계로 구분하여 경리하여야 한다.

(1) 자산 및 부채의 구분경리

① 자본금의 계산

- 자본금 = 수익사업의 자산의 합계액 - 부채와 충당금의 합계액

  이 경우 수익사업과 기타의 사업에 공통되는 자산과 부채는 이를 수익사업에 속하는 것으로 보며, 고유목적사업을 위한 고정자산에 부수수익이 있는 경우에도 고유목적사업에 직접 사용하는 고정자산으로 본다.

② 자산의 전·출입에 대한 처리

- 비영리법인이 기타의 사업에 속하는 자산을 수익사업에 지출 또는 전입한 경우
  - 지출 또는 전입한 자산가액을 자본의 원입(元入)으로 경리한다. 이 경우 그 자산가액은 시가에 의하며, 시가가 불분명한 경우에는 법인세법 시행령 제89조 제2항의 규정을 준용하여 평가한 가액에 의한다.

- 비영리법인이 수익사업에 속하는 자산을 기타의 사업에 지출한 때
  - 지출한 자산가액 중 소득금액(잉여금 포함)을 초과하는 금액은 자본원입액의 반환으로 한다. 이 경우 소득금액(잉여금 포함) 범위 내의 금액은 다음의 금액과 순차적으로 상계하여야 한다.

    ㉮ 고유목적사업준비금 중 손금에 산입된 금액

    ㉯ 고유목적사업준비금 중 손금 부인된 금액

    ㉰ 법인세 과세 후의 수익사업소득금액

(2) 손익에 대한 구분경리

① 일반적일 때

- 공통 익금(과세표준이 되는 것에 한함)
  - 수익사업과 기타의 사업의 공통 익금은 수익사업과 기타의 사업의 수입금액 또는 매출액에 비례하여 안분계산한다.
- 공통 손금(익금에 대응되는 것에 한함)
  - 수익사업과 기타의 사업의 업종이 같은 경우

    수익사업과 기타의 사업의 수입금액 또는 매출액에 비례하여 안분계산한다.
  - 수익사업과 기타의 사업의 업종이 다른 경우

    수익사업과 기타의 사업의 개별 손금금액에 비례하여 안분계산한다.

② 일반원칙을 적용할 수 없거나 적용하는 것이 불합리한 경우

공통손금 이외의 개별손금이 없거나 기타의 사유로 일반원칙을 적용할 수 없거나 적용하는 것이 불합리한 경우에는 국세청장이 정하는 작업시간·사용시간·사용면적 등의 기준에 의하여 안분계산한다.

예제) **비영리법인의 수익사업 자본금과 소득금액의 계산**

비영리법인 경인은 수익사업과 기타의 사업을 겸영하고 있다. 구분경리에 의한 자산·부채와 익금·손금의 현황이 다음과 같은 경우 상황별로 수익사업의 자본금과 수익사업의 소득금액을 계산하라.

구 분	합계	수익사업	기타의 사업	공통
수 입 금 액	500,000,000	200,000,000	300,000,000	
자 산	830,000,000	350,000,000	400,000,000	150,000,000
부 채	390,000,000	100,000,000	250,000,000	50,000,000
익 금	670,000,000	280,000,000	340,000,000	100,000,000
손 금	480,000,000	150,000,000	250,000,000	80,000,000

〈사례 1〉 수익사업과 기타의 사업의 업종이 같은 경우
〈사례 2〉 수익사업과 기타의 사업의 업종이 다른 경우

〈사례 1〉 수익사업과 기타의 사업의 업종이 같은 경우

1. 수익사업의 자본금

= 수익사업의 자산의 합계액 – 부채와 충당금의 합계액

= (350,000,000 + 150,000,000) – (100,000,000 + 50,000,000) = 350,000,000

2. 수익사업의 소득금액

구 분	합계	개별 익금·손금	공통 익금·손금
익 금	320,000,000	280,000,000	40,000,000[주1]
손 금	182,000,000	150,000,000	32,000,000[주2]
소 득 금 액	138,000,000		

〈주1〉 공통익금은 수입금액을 기준으로 안분
〈주2〉 공통손금도 수입금액을 기준으로 안분 (∵ 업종이 같으므로)

〈사례 2〉 수익사업과 기타의 사업의 업종이 다른 경우

1. 수익사업의 자본금 : 350,000,000 (〈사례 1〉과 같다.)

2. 수익사업의 소득금액

구 분	합계	개별 익금·손금	공통 익금·손금
익 금	320,000,000	280,000,000	40,000,000[주1]
손 금	180,000,000	150,000,000	30,000,000[주3]
소 득 금 액	140,000,000		

〈주3〉 공통손금은 개별손금금액 기준으로 안분한다. (∵ 업종이 다르므로)

3. 청산소득에 대한 법인세

비영리법인이 청산하는 경우에는 원칙적으로 잔여재산을 분배할 수 없으므로 청산소득은 발생할 수 없는 것이며, 비영리법인이 청산하면서 잔여재산을 분배하는 경우에는 상속세 또는 증여세를 과세하게 되므로 청산소득에 대한 납세의무는 없다.

4. 토지 등 양도소득에 대한 법인세

(1) 일반적일 때

토지 등 양도소득에 대하여는 영리법인과 같게 과세하는 것을 원칙으로 한다.

(2) 소득세법의 양도소득에 대한 특례규정을 적용하는 경우

토지 등 양도소득에 대하여 소득세법상 자산양도소득의 규정을 적용하여 납세의무를 이행할 수 있도록 특례규정을 두고 있다. 이 경우에 소득세법상 양도소득세의 과세대상인 상장·비상장주식 등과 기타자산 중 특정주식·회원권 등과 유사한 주식 및 부동산을 과다보유하고 있는 특정업종을 영위하는 법인의 주식 등에 대하여도 이를 토지 등 양도소득에 대한 법인세의 과세대상에 포함한다.

1. 과세표준의 계산

(1) 원칙 : 종합과세

비영리법인의 각 사업연도 소득에 대한 법인세의 과세표준 및 세액의 계산 등에 대하여는 영리법인의 규정을 준용하되, 수익사업에서 발생한 소득에 대하여 고유목적사업준비금을 손금에 산입할 수 있다. 단, 고유목적사업준비금을 손금으로 계상한 사업연도의 종료일 이후 5년 이내 사용하지 아니한 경우에는 익금에 산입하며, 이 경우 익금에 산입한 금액에 대해서는 일정 이자율을 적용하여 계산한 이자상당액을 해당 사업연도의 법인세에 가산하여 납부하여야 한다.

(2) 특례 : 종합과세와 분리과세의 선택

비영리법인은 수익사업에서 발생한 소득 중 비영업대금의 이익을 제외한 이자소득 및 배당부 투자신탁수익의 분배금에 대하여는 종합과세하는 방법과 분리과세하는 방법 중 선택하여 적용할 수 있으며, 비영리법인이 분리과세를 선택하는 경우에는 원천징수로서 납세의무가 종결된다.

2. 세액의 계산

비영리법인의 각 사업연도 소득에 대한 법인세의 세율은 영리법인에 적용하는 세율을 같게 적용하여 산출세액을 계산한다.

■ **저자약력**

이 선 표

- 중앙대학교 대학원 졸업(경영학박사)
- 인천지방 국세청 국세심사위원(전)
- 세무사 출제위원(현)
- 계양세무서 국세심사위원(현)
- 전산세무회계 출제위원(현)
- 경인여자대학교 세무회계과 교수(현)

[저서] 회계원리 / 전산회계 / 재산세제의 이해

[논문] 부동산세제의 개선방안에 관한 연구
부동산투자회사의 회계처리 및 조세에 관한 고찰 외 다수

법인세법의 이해

제　4　판 : 2024년 3월 7일

저　　　자 : 이 선 표

발　행　인 : 허 병 관

발　행　처 : 도서출판 어울림

주　　　소 : 서울시 영등포구 양산로 57-5, 1301호 (양평동3가)

전　　　화 : 02) 2232-8607, 8602

팩　　　스 : 02) 2232-8608

등　　　록 : 제2-4071호

저자와의
협의하에
인지생략

ISBN　978-89-6239-935-6　13320

정 가 : 29,000 원

파본은 구입하신 서점이나 출판사에서 교환해 드립니다.